中 等 职 业 教 育 国 家 规 划 教 材
全国中等职业教育教材审定委员会审定

审计基础知识

（第4版）

宫相荣　赵盈科　主编

中国财经出版传媒集团
中国财政经济出版社

图书在版编目（CIP）数据

审计基础知识 / 宫相荣，赵盈科主编．--4 版．--
北京：中国财政经济出版社，2022.12
中等职业教育国家规划教材
ISBN 978 -7 -5223 -1820 -2

Ⅰ.①审…　Ⅱ.①宫… ②赵…　Ⅲ.①审计学 - 中等专业学校 - 教材　Ⅳ.①F239.0

中国版本图书馆 CIP 数据核字（2022）第 247459 号

责任编辑：田明晖　郭　颖　　　责任校对：张　凡
封面设计：华乐功

审计基础知识
SHENJI JICHU ZHISHI

中国财政经济出版社 出版
URL：http：//www. cfeph. cn
E - mail：cfeph@ cfeph. cn

社址：北京市海淀区阜成路甲 28 号　邮政编码：100142
营销中心电话：010 - 88191522　编辑部门电话：010 - 88190683
天猫网店：中国财政经济出版社旗舰店
网址：https：//zgczjjcbs. tmall. com
北京中兴印刷有限公司印刷　各地新华书店经销
成品尺寸：185mm×260mm　16 开　14.25 印张　342 000 字
2023 年 1 月第 4 版　2023 年 1 月北京第 1 次印刷
定价：36.00 元
ISBN 978 - 7 - 5223 - 1820 - 2
（图书出现印装问题，本社负责调换，电话：010 - 88190548）
本社质量投诉电话：010 - 88190744
打击盗版举报热线：010 - 88191661　QQ：2242791300

第4版前言

“百年大计，教育为本”。为了全面贯彻十八大以来党的教育思想和教育理念，落实《中华人民共和国职业教育法（2022 年）》对职业教育的要求，我们参考了《职业教育专业目录（2021 年）》，对中等职业教育国家规划教材《审计基础知识》进行了修订，以满足中等职业学校财经类专业教学的新需要。

本教材由宫相荣（广州工商学院）、赵盈科（广州工商学院）主编。在教材的编写过程中，我们参考和吸收了国内外优秀教材的经验与方法，对注册会计师审计的相关知识进行了系统全面的讲解；同时，为了坚持立德树人思想引领，我们在教材中融入了大量课程思政元素，以达到专业课中思政育人的目的。在相关知识的讲解上，本教材与审计师资格考试和注册会计师考试的审计教材保持一致，同时，为了更加适合中等职业教育教学的特点，本教材知识的阐述简明扼要、易懂易记，融入大量练习与案例，重视理论与实际相结合，有利于提高实际操作，为学生进一步学习专业知识和技能、提高综合素质打下良好的基础。本教材除适用于中等职业学校教学外，还可作为财经类职工中专、职业高中、技工学校、会计和审计岗位培训以及有关经济管理专业的教材，亦可作为自学考试的辅助教材。

本教材由宫相荣和赵盈科担任主编，由徐晨歌（广州工商学院）担任副主编。具体分工如下：宫相荣（第一章、第二章）、徐晨歌（第三章、第四章、第五章、第六章）、赵盈科（第七章、第八章、第九章、第十章、第十一章），全书最后由宫相荣和赵盈科进行修改和总纂。

由于时间仓促和水平所限，书中难免存在疏漏和不足，恳求读者批评指正。

编者

2022 年 7 月 16 日

目录

上篇　审计理论

上篇　审计理论

第一章 审计基本原理

学习目标

通过本章学习，能够描述政府审计、内部审计、注册会计师审计的发展背景；能够理解审计的概念；能够区分审计的不同种类。

案例引入

在日常生活中，很多人认为审计就是查账。事实是如此吗？请看如下事例：

案例一　当你在超市里购买一个物品时，围绕所购买的物品，营业员会不断地介绍相关的信息，其目的只有一个，让你认为物品的定价非常合理，你的购买行为物有所值。当然，大家可能对营业员喋喋不休的推介表示反感，对其所披露的信息表示怀疑，但此时如有一个第三者介入，并表示营业员所披露的信息是真实的，你可能会很快作出购买决定。

案例二　庐山公司向长江银行提出贷款申请，长江银行要求该公司提供与贷款相关的信息，如公司历史沿革、行业及产品分析、商业模式介绍、财务状况、资金预算及公司前景等方面的信息，以判断贷款的风险。庐山公司按要求提供了相关资料，但银行还需要有第三方对该公司提供的资料的鉴证文件，以判断这些资料的可靠性。

案例三　王一担任某县县长已经 5 年，刚刚获得调令去另一地区任职，在其离任前，需要对其任职以来的经济责任进行判断。因此，有关部门委托审计部门对其任职期间的相关经济责任进行了调查，并出具了相关报告。

第一节　审计的产生和发展

审计是一种社会生产力发展到一定阶段的必然产物。

一、政府审计的发展历程

在我国，政府审计的发展演进过程较为漫长，大致可分为6个阶段：西周初期形成阶段、秦汉时期最终确立阶段、隋唐至宋代日臻健全阶段、元明清停滞不前阶段、中华民国不断演进阶段、中华人民共和国振兴阶段。

我国古代的国家审计最早产生于西周。其主要标志是“宰夫”这一官职的出现。在西周，周王是奴隶社会的最高统治者，其下设六卿，即天、地、春、夏、秋、冬六官。大宰乃天官之长，六卿之首，这个官职相当于后世的宰相。其中，国家机构大体可分为两大系统：一是掌握财政收入的“地官司徒”系统；二是掌握财政支出、会计核算和审计监督的“天官大宰”系统。当时，在天官之下有中大夫小宰，小宰之下配备下大夫宰夫。据《周礼》记载：“宰夫之职，掌治朝法，以正王及三公、六卿、大夫群吏之位。掌其禁令，叙群吏之治。”可见，宰夫实施国家审计的职责，负责政治监察，掌管治理朝政之法，并监督官吏严格遵守和执行朝法。宰夫按照朝规，考核百官及地方各级官吏的政绩，凡奢侈浪费、支出不当以及虚列账册的，根据治朝之法报请冢宰加以诛伐；凡节省开支、财政充裕、库府盈余又善于理财的，则随时上报，予以奖励。对宰夫的具体职权，《周礼》称：“宰夫岁终，则令群吏正岁会；月终，则令正月要；旬终，则令正日成。而考其治，治以不时举者，以造而诛之。”“宰夫考其出入，而定刑赏。”即每逢年终、月终、旬终，由宰夫命令各部门官吏对财计收支的情况予以上报，宰夫就地考核，发现违法乱纪的，可以越级向天官乃至周王报告，请求对其加以处罚。宰夫审查收支情况的优劣，以此作为赏罚的依据。可见，宰夫虽然是独立于财计部门之外的官职，但承办监察业务，具有相当的权威性。与当时的社会经济发展水平相适应，西周时期的审计实际上具有国家审计的性质，审计工作具有一揽子性质，审计工作尚未具有超然独立的特征。总之，西周审计制度的确立标志着我国3 000多年以前就已孕育了审计的萌芽，开始初步发展并形成审计制度，它在我国审计史上具有深远的影响。

秦汉时期是我国封建社会的建立和成长时期。封建社会经济的逐步发展和政治的逐步完善，促使我国确立了封建王朝的国家审计制度。秦朝实行御史制度，御史大夫是全国最高的监察长官，辅佐皇帝对国家政治和财政进行监督；全国36郡设监督御史，对郡、县的政治和财政进行监察。这一时期，实行上计制度，即由皇帝亲自听取和审核各地方官吏的钱粮收支情况报告以决定赏罚，同时由御史大夫主持上计工作，这实际上就是掌管全国的民政、财政及财粮收支的审计工作。另外，秦朝还设置“治粟内史”掌管国家的财粮保管、财物收支、会计核算等工作；设置“少府”掌管皇室的财计工作，行使的是内部审计权。汉承秦制，仍由御史大夫接上计的职责，行使监察职权，还设立了“计相”“司隶校尉”“刺史”等官职，建立了多层次的监察体系。尤为重要的是，汉代制定了《上计律》，使上计制度有法可依，标志着我国审计立法的开始。秦汉开创了御史大夫行使监督权的先河，御史组织系统的建立强化了国家对整个财政经济的控制和监督。但这一时期还未设有专门的审计机构，御史大夫行使的监督权涉及政治、经济、军事等各个方面，具有一揽子性质。上计制度是一种遏制贪污舞弊的有效形式，也是我国历史上最早的一套审计监督制度。总之，秦汉时期是我国审计发展历史上的一个重要时期。

隋唐两朝是我国封建社会的鼎盛时期，也是我国审计发展的主要时期，其中最重要的标志就是比部审计体制的健全完善。隋朝时期，中央集权不断加强，官职系统日臻完善，社会经济快速发展，这对管理和监督提出了更高的要求。与之相适应，国家审计制度也相应地健全起来。隋朝开始设置比部（“比”就是考核审查的意思），隶属于都官或刑部，掌管国家财计监督，行使审计职权且具有司法监督的性质。唐朝改设三省六部，六部之中，刑部掌天下律令、刑法、徒隶等政令；比部仍置刑部之下，凡国家财计、军政内外，均实以钩稽，进行考核审理。唐朝比部开展审计的权力涵盖国家财政的各个领域，而且一直延伸至州、县。比部审查的范围极广，项目众多，而且具有很强的独立性和很高的权威性。唐朝比部不受财务行政机构控制而直接与刑法结合，行使经济监督的职权。形成一个比较完整、科学的审计监督体系，是我国古代审计监督在组织形式上的一次重大变革，特别是在组织机构建设、审计职权、审计方式、审计人员的选用和考察上都进行了较大的变革，处于当时世界审计的领先水平。与之相应，唐朝在发展国家审计的过程中还建立了一些审计制度，规定了各种审计程序、送审时间和审计处理要求等重要事项，尤其是制定了考核审计官员的标准。据《新唐书·百官志》记载，唐朝对所有官吏按其所执掌事务的不同，分别制定不同的考功标准，其中，对审计官员提出“明于勘复，稽失毋稳，为勾检之最”的准则，足以为后人鉴戒。可见，唐朝应属我国封建王朝健全审计机构、完善审计建制的国家审计兴盛时期。

进入宋朝，审计一度并无发展。宋初至元丰改制，取消比部，审计隶属于财政系统，实行财审合一。但这种财审合一的体制势必削弱审计的独立性和权威性，其弊端是显而易见的。元丰改制后，恢复了唐朝的财计官制，财审分离，审计重归于刑部之下的比部执掌，审计机构又独立出来。比部主要掌握中央及全国各地的账簿审计之事，无论是仓场粮粟，还是库署钱帛，凡属官有财务支出者，均在其审查范围之内。之后，专门设置“审计司”，隶属于太府寺（属内部审计性质），南宋初步设立了“审计院”。宋朝审计司（院）的建立标志着我国“审计”的正式定名，从此“审计”这个概念成为财政经济监督的专门用语。总之，宋代的审计监督制度是比较严格的，审计范围也较广，宋朝是我国审计发展史上的重要阶段。

元、明、清时期随着君主专制制度的日益强化，这一时期的审计总体而言处于停滞衰落状态。元朝取消比部，逐渐强化御史检查机构的审计职能，户部兼管财计报告的审查工作，独立的审计机构已告消亡，到元朝中后期，审计体制建设已成为一个非常薄弱的环节。明朝是我国君主专制走向极端的朝代，这一时期的国家审计也深深打上了为君主独裁政治服务的烙印，完成了国家审计体制由隋唐以来形成的司法模式向检查模式的过渡。明初设比部，不久即取消；洪武二十三年至明末，设都察院，以左右都察使的长官，审查中央财计。清承明制，继续设置都察院，执掌对君主进行规谏，对政务进行评价，对大小官吏进行纠弹，都察院成为当时国家最高的监察、监督、弹劾和建议的机构。尽管明、清两代实施的都察院制度使审计工作有所加强，但审计缺乏了独立性，特别是取消比部这种独立的审计机构，使国家审计职能严重削弱。总之，元、明、清三代的国家审计制度与隋唐相比已经明显衰落。

中华人民共和国成立后的一段时期内，我国没有设立独立的专职审计机构，基本上以会计检查和财政、银行、税务等专业经济监督方式替代审计监督。直到 1982 年，修订的

《中华人民共和国宪法》规定了实行国家审计监督制度，1983 年 9 月成立了国家审计署，县以上各级人民政府也先后成立审计机关，此后，国家又先后发布了《国务院关于审计工作的暂行规定》和《中华人民共和国审计条例》。1995 年 1 月 1 日起，我国开始实施《中华人民共和国审计法》（以下简称《审计法》），该法对我国政府审计机关的职责和权限作出了明确规定，从而在法律上确立了政府审计的地位。随着我国经济体制改革的逐步深入，政府审计工作的制度化、规范化、法制化程度也必将得到进一步加强。

二、内部审计的发展历程

西方国家的内部审计历史最早可追溯到奴隶社会时期，之后又经历了漫长的发展过程。正如“内部审计之父”劳伦斯·索耶所言：“内部审计在古代就有起源。但是，只有到近代这棵大树才开始根深叶茂。内部审计的历史从古到今，经历了一个缓慢而艰苦的过程。”在几千年的历史长河中，内部审计经历了从萌芽、发展到成熟三个历史阶段。现如今，内部审计已经成为企业内部控制与风险管理的重要组成部分，日益受到企业治理层与管理层的重视，尤其是对于那些已经进入成熟期的大型国有企业、上市公司、集团型企业、全球性跨国公司，内部审计更是受到前所未有的高度重视。

内部审计活动的萌芽最早出现在奴隶社会。当人类进入奴隶社会以后，奴隶主建立大庄园，使用大批奴隶种植葡萄、谷物、橄榄和开展畜牧业方面的生产，并将产品在市场上出售。奴隶主为了坐享其成，通常会将自己的私有财产委托给精明能干的代理人去经营管理，同时委派亲信审查财产经营管理者是否切实地为奴隶主的利益诚实经营。这些亲信实际上就充当了内部审计的角色，这时的内部审计服务的对象是奴隶主，其审计的对象则是代理人，同时，我们要注意，内部审计的服务是内向的。只不过除了审计业务外，他们还要负责其他管理事务。这就是最早的内部审计雏形，但其专业化水平尚未达到一定程度，内部审计并非由独立的人员来承担，审计只是这些人员的多种责任之一。在古罗马，人们采用“听证账目”的方式来检查负责财务的官员有无欺诈、舞弊行为。“审计”一词在拉丁文中意为“听账人”。这一时期的内部审计是伴随财产所有权和经营管理权分离及由此导致的受托经济责任而出现的一种自发性的简单行为，但是由于分权的程度和范围并不深入，内部审计活动尚未与其他管理职责分开，内部审计行为也并非由独立的人员来承担，且内部审计活动仅限于监督和验证。

我国内部审计的起源较晚。1983 年，新成立的国家审计署开始筹划我国的内部审计工作，培训内部审计人员，选择重点企业进行试点。1985 年，国务院和审计署先后发布《内部审计暂行办法》《关于内部审计若干规定》。自此，我国的部门内部审计与企业内部审计机构相继组建，内部审计事业得以快速发展。

1987 年 4 月，中国内部审计协会成立，同年 12 月加入国际内部审计师协会。1995 年 7 月，审计署颁布《关于内部审计工作的规定》，明确了我国内部审计的任务、职责、权限、机构设置、审计范围、审计程序及职业道德标准等，进一步规范了我国的内部审计工作。中国内部审计协会从 2000 年初即开始着手制定发布中国内部审计准则与内部审计人员职业道德规范。2003 年 6 月起，我国正式施行《内部审计基本准则》等在内的内部审计准则体系。随着这一内部审计准则体系的不断健全、完善，明确了我国内部审计机构和人员的责任，促使内部审计机构和人员按统一准则开展工作，保障内部审计机构和人员依法行使职权，在保证内部审计质量，提高内部审计效率，防范审计风险等方面都产生着积极影响。

三、注册会计师审计的发展历程

注册会计师审计起源于意大利合伙企业制度，形成于英国股份制企业制度，发展和完善于美国发达的资本市场，是伴随着商品经济的发展而产生和发展起来的。

16 世纪，意大利商业城市威尼斯出现了最早的合伙企业。合伙经营方式不仅提出了会计主体的概念，促进了复式簿记在意大利的产生和发展，也产生了对注册会计师审计的最初需求。尽管当时合伙制企业的合伙人都是出资者，但是有的合伙人参与企业的经营管理，有的合伙人则不参与，所有权与经营权开始分离。未参与企业经营管理的合伙人需要了解掌握企业的财务状况，而参与企业经营管理的合伙人有责任向他们证明合伙契约得到了认真履行，收益的计算与分配是正确、合理的，这就在客观上产生了一个与任何一方均无利害关系的第三者对合伙企业进行监督、检查的需求，于是人们开始聘请会计专家担任查账和公证的工作。于是，在 16 世纪的意大利，涌现出了一大批具有良好会计知识、专门从事查账和公证工作的专业人员。他们所进行的查账与公证工作，可以说是注册会计师审计的起源。1581 年，世界上第一个会计职业团体——威尼斯会计协会创立，其后米兰等城市的职业会计师也成立了类似的组织。

注册会计师审计真正产生并形成制度的历史进程是在英国完成的。1721 年英国的南海公司事件是促使注册会计师这一职业产生的直接原因。当时的南海公司以虚假会计信息诱骗投资者上当，最终导致公司破产，股东和债权人损失惨重。英国议会聘请会计师查尔斯·斯耐尔对南海公司进行审计，斯耐尔以“会计师”名义出具了“查账报告书”，从而宣告了独立会计师——注册会计师的诞生，查尔斯·斯耐尔也由此成为世界上第一位注册会计师。为了监督经营者的经营管理，防止其徇私舞弊，保护投资者、债权人利益，避免南海公司事件重演，1844 年，英国政府颁布《公司法》，规定股份公司必须设置一名以上的股东作为监察人，负责审查公司账目。1845 年，修订后的《公司法》要求股份公司账目必须经董事以外的人员审计。于是，独立会计师业务迅速发展，独立会计师队伍日益壮大。此后，英国政府对一批精通会计业务、熟悉查账知识的独立会计师进行了资格确认。1853 年，苏格兰爱丁堡创立了世界上第一个注册会计师的专业团体——爱丁堡会计师协会，这标志着注册会计师职业的诞生。1856 年，英国又对《公司法》进行修订，取消了审计师必须是股东的要求，允许从公司外部聘请审计师。1862 年，英国《公司法》确定注册会计师为法定的破产清算人，规定必须对有限责任公司进行年度审计，从而奠定了注册会计师审计的法律地位。

1844 年到 20 世纪初，是注册会计师审计形成的时期。这一时期英国注册会计师审计的主要特点是：注册会计师审计的社会地位得到了法确认；审计报告使用人主要是企业股东等；审计目的是查错防弊，保护企业资产的安全与完整；审计方法是对会计账目进行详细审计。

美国南北战争后，英国巨额资本开始流入美国，促进了美国经济的发展，同时出现了一些民间的会计师组织。为了保护广大投资者和债权人的利益，英国的注册会计师远涉重洋到美国开展审计业务。同时，美国本身也很快形成了自己的注册会计师队伍。1887年，美国公共会计师协会成立。

1980年12月14日，我国财政部颁布的《中华人民共和国中外合资经营企业所得税法实施细则》规定了外资企业财务报表由注册会计师进行审计，这为恢复我国注册会计师制度提供了法律依据。1980年12月23日，财政部发布《关于成立会计顾问处的暂行规定》，标志着我国注册会计师职业的复苏。1981年1月1日，中华人民共和国第一家会计师事务所——上海会计师事务所成立。1984年9月25日，财政部印发《关于成立会计咨询机构问题的通知》，明确了注册会计师应该办理的业务。1985年开始实施的《中华人民共和国会计法》（以下简称《会计法》）规定："经国务院财政部门批准组成会计师事务所，可按照国家有关规定承办查账业务。"1986年7月3日，国务院颁布中华人民共和国第一部注册会计师法规——《中华人民共和国注册会计师条例》，同年10月1日起实施。1988年11月15日，财政部领导下的中国注册会计师协会正式成立。1991年，我国恢复全国注册会计师统一考试。1993年10月31日，第八届人大常委会第四次会议审议通过中华人民共和国第一部注册会计师法律——《中华人民共和国注册会计师法》，于1994年1月1日起实施。1995年12月，我国正式颁布第一批独立审计准则，并于1996年1月1日起开始实施。1999年2月，我国发布第三批独立审计准则，并于1999年7月1日起开始实施。2006年2月15日，财政部发布了由中国注册会计师协会拟定、修改的48个中国注册会计师执业准则，并于2007年1月1日起实施。

第二节　审计的概述

审计是由专职的机构和人员，依照有关法律法规对被审计单位的财政收支、有关经济活动及会计资料的真实性、合法性和效益性等进行审查和鉴证，以确定或解除其经济责任，用以维护财经法纪，改善经营管理，提高经济效益，促进宏观调控的独立性经济监督活动。

从上述概念中可归纳出以下几个要点。

第一，审计的主体是专职的审计机构和人员。审计机构一般分为三类：国家审计机关、内部审计机构和注册会计师审计机构。相应地，审计人员也分为三类，即国家审计人员、内部审计人员和注册会计师审计人员。

第二，审计的客体（审计对象）是被审计单位的财政、财务收入及有关的经济活动，以及提供这些经济活动信息的载体——会计资料和其他有关资料。

第三，审计的依据是法律，包括法律、法规和法则等。

第四，审计的着眼点是被审计单位财政、财务收支及有关经济活动的真实性、合法性和效益性。

第五，审计的目的是通过查错揭弊来维护财经法纪，改善经营管理，提高经济效益，促进宏观调控。

第六，审计的性质是一项具有独立性的经济监督活动。

第三节 审计的分类

一、按审计主体分类

按审计主体分类，审计可分为国家审计、内部审计和注册会计师审计（民间审计）三种。

（一）国家审计

国家审计是指由国家审计机关所实施的审计，在我国一般称为政府审计。国家审计的主要目标是通过监督被审计单位财政收支、财务收支以及有关经济活动的真实性、合法性、效益性，维护国家经济安全，推进民主法治，促进廉政建设，保障国家经济和社会健康发展。

（二）内部审计

内部审计是指由部门、单位内部专门的审计机构和人员所实施的审计，包括部门内部审计和单位内部审计两类。这种审计是一种独立、客观的确认和咨询活动，它通过运用系统、规范的方法，审查和评价组织业务活动、内部控制和风险管理的适当性和有效性，具有显著的建设性和内向服务性，其目的在于帮助本单位健全内部控制，改善经营管理，提高经济效益，以促进组织完善治理、增加价值和实现目标。

（三）注册会计师审计（又称民间审计）

注册会计师审计是指由政府有关部门批准成立的民间审计机构所实施的审计，也称独立审计、社会审计、民间审计。我国注册会计师协会（CICPA）在其发布的《独立审计基本准则》中指出："独立审计是指注册会计师依法接受委托，对被审计单位的会计报表及其相关资料进行独立审查并发表审计意见。"

二、按审计内容和目的分类

按审计内容和目的分类，审计可分为财政财务审计、财经法纪审计、经济效益审计和经济责任审计。

（一）财政财务审计

财政财务审计是指通过对被审计单位会计资料及其相关资料的审查，查明被审计单位的财政收支和财务收支是否真实、合法、合规的一种审计。财政财务审计又分为财政审计和财务审计。财政审计又包括财政预算执行审计、财政决算审计和其他财政收支审计。财务审计则是指对企事业单位的资产、负债和损益的真实性和合法、合规性进行审查。由于企业的财务状况、经营成果和现金流量是以会计报表为载体集中反映的，因而财务审计通常又表现为财务报表审计。

（二）财经法纪审计

财经法纪审计也称法纪审计，是对被审计单位或被审计人员是否贯彻执行和严格遵守财经政策、法令、制度的一种审计。从严格的意义上讲，财经法纪审计是财政财务收支审计的一个特殊类别，包括在财政财务收支审计之中，但其内容突出以下两点：突出对违反财经法律行为的审查，诸如乱挤成本、乱摊费用、偷税漏税、化公为私等行为；突出对违法犯罪案件的审查，诸如贪污盗窃、投机倒把、行贿受贿等情况。该审计的目的在于通过监督、检查，促使被审计单位和有关人员遵守财经法纪，防止经济违法犯罪案件的发生。

（三）经济效益审计

经济效益审计是指对被审计单位经济活动的效益性所进行的审计。审计重点是审查和评价被审计单位经营管理活动的经济性、效率性和效果性。其中，经济性是对投入的要求；效率性是对速度的要求；效果性是对产出的要求。对这三个方面进行审计，实质是审查经济活动是否有效地进行。具体审计内容包括：对经营方针决策、各项计划目标和投资方案的经济性、合理性和可行性的审计；对管理素质和管理水平的审计；对经营活动中人力、物力、财力等资源利用的节约或浪费的专项审计；对生产经营成果和财务成果等效益实现程度及其影响因素的审计。

（四）经济责任审计

经济责任审计是指以审查经营者应负经济责任为主要目的的审计。经济责任审计有广义和狭义之分。广义的经济责任审计包括一切审计，审计产生的客观条件之一就是财产所有权与经营管理权的分离，其主要目的是保护财产的安全和完整，保证会计资料的真实和可靠，明确财产经营管理者的经营管理责任。因此，从根本上看，任何一种审计都是经济责任审计。狭义的经济责任审计则是特指我国在近些年来出现的旨在明确国家机关和国有企事业单位领导人经营管理责任而进行的一种审计活动，也就是通常所说的任期经济责任审计或者离任审计。狭义的经济责任审计所称的经济责任，是指领导干部在任职期间因其所任职务，依法对本地区、本部门（系统）、本单位的财政收支、财务收支以及有关经济活动应当履行的职责与义务。

三、审计按其他标准分类

审计还可以按其他标准进行分类。比如按实施审计的时间分类，可分为事前审计、事中审计和事后审计；按审计的范围可分为全部审计和局部审计；按审计工作的执行地点分为报送审计和就地审计；按审计工作是否具有强制性可分为强制审计和委托审计；按审计是否预告可分为预告审计和突击审计。

课后练习

一、单项选择题

1. 注册会计师审计产生的直接原因是（ ）。

A. 合伙企业制度的产生　　B. 股份制企业制度的形成

C. 资本市场的发展　　D. 所有权和经营权的分离

2. 从审计的性质和地位上看，较之于其他经济监督的主要区别在于（ ）。

A. 独立性　　B. 广泛性

C. 权威性　　D. 公正性

3. 审计的基本职能是（ ）。

A. 经济司法　　B. 经济监督

C. 经济鉴证　　D. 经济评价

4. 从历史上看，民间审计起源于（ ）。

A. 美国　　B. 中国

C. 法国　　D. 英国

5. 按审计主体的分类包括（ ）。

A. 事前审计　　B. 内部审计

C. 预告审计　　D. 全部审计

6. 强制审计也称法定审计，是指（ ）根据国家法律、法规所进行的审计。

A. 内部审计　　B. 联合审计

C. 民间审计　　D. 政府审计

7. 事前审计能起到防患于未然的作用，故也称为（ ）。

A. 预防审计　　B. 政府审计

C. 内部审计　　D. 联合审计

8. 在注册会计师审计发展过程中。标志着注册会计师职业诞生的是（ ）。

A. 1844 年，英国《公司法》规定了股份公司必须设监察人

B. 1845 年，英国《公司法》修订后，规定了股份公司的账目必须经董事以外的人员审计

C. 1853 年，苏格兰爱丁堡创立了爱丁堡会计师协会

D. 1862 年，英国《公司法》规定了注册会计师为法定的破产清算人

二、多项选择题

1. 我国审计体系由（ ）所构成。

A. 政府审计　　B. 合资审计

C. 民间审计　　D. 内部审计

2. 按审计主体分类，可将审计分为（ ）。

A. 政府审计　　B. 民间审计

C. 内部审计　　D. 全部审计

3. 按实施审计时间划分，可将审计分为（　　）。

A. 突击审计　　B. 事前审计

C. 事中审计　　D. 事后审计

4. 下列各项有关注册会计师审计的说法中，正确的有（　　）。

A. 注册会计师产生的直接原因是财产所有权和经营权的分离

B. 注册会计师审计要适应商品经济的发展

C. 注册会计师审计具有独立、客观、公正的特性

D. 注册会计师审计随企业管理的发展而发展

5. 审计目的的确定，主要受审计对象的制约，同时也与（　　）密切相关。

A. 审计的本质属性　　B. 委托人的具体要求

C. 审计职能　　D. 审计报告的格式与内容

6. 以下对审计分类的理解的表述中，恰当的有（　　）。

A. 如果按审计目的划分，审计可分为财务报表审计、经营审计和合规性审计

B. 如果按审计目的划分，审计可分为合理保证业务和有限保证业务

C. 如果按审计内容划分，审计可分为财务报表审计、经营审计和合规性审计

D. 如果按照执行审计的主体和被审计单位的关系划分，审计可分为内部审计和外部审计

三、判断题

1. 西周是我国国家审计制度初步形成阶段，民间审计和内部审计也在那时产生。（　　）

2. "宰夫"一职是我国政府审计的雏形。（　　）

3. 内部审计的结果只对本部门、本单位负责，对外不起鉴证作用。（　　）

4. 财产所有权与经营权的分离是注册会计师审计产生的客观基础。（　　）

5. 权威性是审计的最本质特征。（　　）

6. 1853年，苏格兰爱丁堡创立了第一个注册会计师的专业团队——爱丁堡会计师协会，标志着注册会计师职业的诞生。（　　）

四、分析题

资料：A会计师事务所接受了华兴股份有限公司的委托，对华兴公司2020年的财务报表进行审计。华兴股份有限公司是国有大型上市公司，目前承担了兴建大型水电站的项目。A会计师事务所接受委托后，即刻派注册会计师前往华兴公司开展2020年度的财务报表审计业务。注册会计师到达公司后，了解到如下情况：华兴公司审计委员会安排内部审计人员对公司的主要业务进行专项审计。审计署委派的某特派办对华兴公司正在兴建的大电站工程资金运用情况进行审计。

要求：

（1）以上三种审计活动是否可以相互替代？

（2）对比分析以上三种审计业务，论述其相同及其不同的地方。

（3）注册会计师能否利用内部审计工作的成果？如果可以的话，如何利用？

提示：

（1）以上三种审计活动不可以相互替代，因为政府审计、内部审计和注册会计师审

计三者的审计主体、审计目标、审计方式、审计标准、报告对象存在很大区别。

（2）审计署特派办的审计属于政府审计，目的是保证财政资金的依法合理使用，防止国有资产的损失浪费，维护国家财经法纪，提高财政资金使用效益，促进廉政建设，保障国民经济的健康发展。民间审计是由经政府有关主管部门审核批准的由注册会计师组成的会计师事务所进行的独立审计。内部审计是组织内部专职审计机构或人员实施的审计，是组织内部的一种独立客观的监督和评价活动，它通过审查和评价经营活动及内部控制的适当性、合法性和有效性来促进组织目标实现，审计目的是监督和评价本单位及所属单位财政收支、财务收支及经济活动的真实性、合法性和效益性，内部控制及风险管理的有效性。

（3）注册会计师可以利用内部审计的工作成果，因为内部审计是被审计单位内部控制的重要组成部分，内部审计和注册会计师审计在工作上具有一定程度的一致性，利用内部审计工作成果可以提高注册会计师的工作效率。

案例实训

英国南海股份公司审计案例

一、英国南海股份公司审计案例概述

300 多年前，英国成立了南海股份有限公司（以下简称“南海公司”）。由于经营无方，公司效益一直不理想。该公司董事会为了使股票达到预期价格，不惜采取散布谣言等手法，使股票价格直线上升。事情败露后，英国议会聘请了一位懂会计的人，审计了该公司的账簿，然后据此查处了该公司的主要负责人。于是，审核该公司账簿的人开创了世界注册会计师行业的先河，民间审计从此在英国拉开了序幕。

（一）大肆造假

1710 年，英国政府用发行中奖债券所募集到的资金创立了南海股份公司。经过近 10 年的经营，该公司业绩依然平平。1719 年，英国政府允许中奖债券总额的 70%，即约 1 000万英镑，与南海公司股票进行转换。该年年底，公司的董事们开始对外散布各种所谓的好消息，即南海公司在年底将有大量利润可实现，并煞有其事地预计，在 1720 年的圣诞节，公司可能要按面值的 60% 支付股利。

这一消息的宣布，加上公众对股价上扬的预期，促进了债券转换，进而带动了股价上升。1719 年，南海公司股价为 114 英镑，1720 年 3 月，股价劲升至 300 英镑以上，到了 1720 年 7 月，股票价格已高达 1 050 英镑。此时，南海公司老板布伦特又想出了新主意：以数倍于面额的价格，发行可分期付款的新股。同时，南海公司将获取的现金，转贷给购买股票的公众。这样，随着南海股价的扶摇直上，一场投机浪潮席卷全国。由此，170 多家新成立的股份公司股票以及原有的公司股票，都成了投机对象。

1720 年 6 月，英国国会通过了《泡沫公司取缔法》，该法对股份公司的成立进行了严格的限制，只有取得国王的御批，才能得到公司的经营执照。事实上，股份公司的形式基本上名存实亡。自此，许多公司被解散，公众开始清醒过来，对一些公司的怀疑逐渐扩展

到南海公司身上。从该年7月开始，外国投资者首先抛出南海公司股票，撤回资金。随着投机热潮的冷却，南海公司股价一落千丈，到1720年12月最终仅为124英镑。该年年底，政府对南海公司资产进行清理，发现其实际资本已所剩无几。

（二）一朝梦醒

“南海公司”倒闭的消息犹如晴天霹雳，惊呆了正陶醉在黄金美梦中的债权人和投资者。迫于舆论的压力，1720年9月，英国议会组织了一个由13人参加的特别委员会，对“南海泡沫”事件进行秘密查证。

在调查过程中，特别委员会发现该公司的会计记录严重失实，明显存在蓄意篡改数据的舞弊行为，于是特邀了一名叫查尔斯·斯内尔的资深会计师，对南海公司的分公司“索布里奇商社”的会计账目进行检查。查尔斯·斯内尔的商业审计实践经验丰富，理论基础扎实，在伦敦地区享有盛誉。查尔斯·斯内尔通过对南海公司账目的查询、审核，于1721年提交了一份对索布里奇商社会计账簿的检查意见。在该份报告中，查尔斯·斯内尔指出了公司存在舞弊行为、会计记录严重不实等问题，但没有对公司为何编制这种虚假的会计记录表明自己的看法。

议会根据这份查账报告，将南海公司董事之一的雅各希·布伦特以及他的合伙人的不动产全部予以没收。其中，一位叫乔治·卡斯韦尔的爵士，被关进了著名的伦敦塔监狱。

直到1828年，英国政府在充分认识到股份有限公司利弊的基础上，通过设立民间审计的方式，将股份公司中因所有权与经营权分离所产生的不足予以制约，才完善了这一现代化的企业制度。据此，英国政府撤销了《泡沫公司取缔法》，重新恢复了股份公司这一现代企业制度的形式。

二、该案例对注册会计师行业的影响与启示

英国南海公司的舞弊案例，对世界民间审计史具有里程碑式的影响。尽管在1720年之前，就有人认为已有了民间审计这一行业，但世界上绝大多数的审计理论工作者都认为，查尔斯·斯内尔是世界上第一位民间审计人员，他所撰写的查账报告，是世界上第一份民间审计报告。而英国南海公司的舞弊案例，也被列为世界上第一起比较正式的民间审计案例。由此可见，该案例对注册会计师行业来说，具有举足轻重的影响。

南海公司审计案的发生进一步说明，建立在所有权与经营权相分离基础上的股份有限公司，必须要有一个了解、熟悉会计语言的第三者，站在公正、客观的立场，对表达所有者与经营者利益的财务报表，进行独立的检查，通过提高会计信息的可靠性，来协调、平衡所有者与经营者之间的经济责任关系。

尽管经过200多年的发展，注册会计师的主要审计目标已由查找舞弊转向对账务报表公允性的评估，然而这并不等于注册会计师没有义务揭露客户的舞弊行为。从美国最近的社会调查来看，仍有约70%的人认为，注册会计师应该而且可以查找客户的舞弊行为。可见，从南海公司案例来看，注册会计师行业是因客户舞弊问题而产生的，但这一责任始终没有终结。我国注册会计师绝不要认为，只要审核财务报表是否公允就可以了。当发现客户的舞弊行为时，应遵照中国注册会计师《独立审计具体准则第8号——错误与舞弊》的要求，保持职业关注，执行必要的审计程序，并做适当披露。

问题：

(1) 英国南海股份公司的舞弊案例对世界民间审计有什么样的影响？它是否属于里程碑式的案例？

(2) 与20世纪以前相比，你认为当今社会对独立审计的需求是否更为强烈？如果是，主要是哪些因素造成对独立审计的迫切需求？

(3) 你认为当代注册会计师的主要责任是审核财务报表的公允性还是客户的舞弊行为？

分析提示：

(1) 南海股份公司的舞弊案例促进了民间审计的发展，英国在随后通过颁布和修订《公司法》确定了强制审计的要求，属于里程碑式的案例。

(2) 现代社会对于独立审计的需求更为强烈，因为两权分离带来的信息不对称性会给报表信息使用者带来诸多不便，因此，独立审计的要求也更高。本题还可从信息技术发展等角度展开。

(3) 当代注册会计师审计的责任是两者兼具的，既要审核财务报表公允性，也要合理保证被审计单位不存在由舞弊或错误导致的重大错报。

第二章
注册会计师的职业道德与法律责任

学习目标

通过本章学习，理解注册会计师的职业道德基本原则，明确注册会计师需要承担的法律责任。

案例引入

麦克逊·罗宾斯药材公司破产案

20世纪30年代，在美国经济发展进程中，上市公司自愿委托社会公认的会计师实施审计形成风气。麦克逊·罗宾斯药材公司（以下简称“麦克逊公司”）的有价证券在纽约交易所公开上市，并依法在证券交易所注册登记。该公司及其子公司10多年来的财务报表均由美国第一流的普赖斯·沃特豪斯会计公司执行审计，普赖斯·沃特豪斯会计公司对麦克逊公司的财务状况及经营成果一直出具无保留意见的审计报告。1938年年末，麦克逊公司突然宣布倒闭，债权人米利安汤普森公司遭受重大损失。

1938年年初，米利安汤普森公司在与麦克逊公司的经济往来中发现该公司的财务资料有异常之处。其一，该公司制药原材料部门是盈利较高的经营部门，但公司经营者都直接对其重新投资，而该部门还没有资金积累。其二，公司账面制药原材料存货的保险金额较少。前任公司董事会决定减少存货金额，并要求时任经理的菲利普科斯特仍执行这一决定。但1938年年末，公司存货却增加了100万美元。米利安汤普森公司对上述问题产生疑惑，要求公司管理人员提供有关制药原材料实际存货的证明，但未能取得该证据，而且其拒绝承认公司300万美元的债券。此后，美国证券交易委员会开始对麦克逊公司立案调查。事实真相是：①全部资产的20%以上并不存在。1937年12月31日的合并资产负债表上虚构存货1 000万美元、应收账款900万美元和银行存款7.5万美元，相应地虚构销售收入1 820万美元和毛利180万美元。②合谋舞弊公司。经理菲利普科斯特和他的3个兄弟都是犯有前科的诈骗犯，均用化名混入公司并爬上领导岗位，利用公司内部控制薄弱贪污巨款。③伪造存货和应收账款。存货的材料购买虚构了加拿大的卖主，天然药的销售虚构了代理商，代收款虚构了蒙特利尔银行。

一般认为，如果执行了有效的存货监盘和应收账款函证程序，麦克逊公司的财务舞弊案很可能被及时发现。但普赖斯·沃特豪斯会计公司认为，它们遵循了美国注册会计师协会1936年颁布的《独立注册会计师——对财务报表的检查》的各项规定，麦克逊公司的诈骗是由于经理部门串通舞弊所致。但在美国证券交易委员会的调停下，普赖斯·沃特豪斯会计公司退回历年来收取的审计费用50万美元，作为对债权人米利安汤普森公司部分债权损失的赔偿。

麦克逊公司破产案对美国民间审计准则的出台具有深远意义，它给美国民间审计界以极其具有说服力的警示，引起美国证券交易委员会对规范民间审计行为的重视，震动了美国职业会计师协会，促使其建立制定审计规范的组织机构，为1947年出台《审计标准草案》奠定了客观基础。从审计理论意义上讲，这一破产案证明了没有明确、严格的审计规范及审计理论作指导，审计实践必然出现盲目性，审计工作质量难以保证。

第一节 注册会计师的职业道德

职业道德是指某一职业组织以公约、守则等形式公布的，其成员自愿接受的职业行为标准。审计人员的职业道德是指审计人员职业品德、职业纪律、专业胜任能力及职业责任等的统称。审计人员职业道德是为指导审计人员在从事审计工作中保持独立的地位、公正的态度和约束自己行为而制定的一整套职业道德规范。

《中国注册会计师职业道德守则》规定了职业道德基本原则和职业道德概念框架。

职业道德基本原则包括诚信、独立性、客观和公正、专业胜任能力和应有的关注、保密以及良好职业行为。注册会计师在遵循基本原则的过程中如果受到自身利益、自我评价、过度推介等不利因素的影响，应采取各种措施消除不利影响或将不利影响降至可接受的水平。

职业道德概念框架是指解决职业道德问题的思路和方法，用来指导注册会计师识别对职业道德基本原则的不利影响；评价不利影响的严重程度；必要时采取防范措施消除不利影响或将其降至可接受水平。注册会计师在执业过程中，应当遵守职业道德基本原则，并能运用职业道德概念框架解决职业道德问题，更好地为社会公众服务。

一、注册会计师职业道德的基本原则

（一）诚信

诚信是指诚实守信。也就是说，一个人的言行与内心思想一致，不虚假，能够履行与别人的约定而取得对方的信任。诚信原则要求注册会计师应当在所有的职业关系和商业关

系中保持正直和诚实，秉公处事、实事求是。

（二）独立性

独立性是指不受外来力量拉制、支配，按照一定之规行事。独立性原则通常是对注册会计师而非执业会员提出的要求。在执行鉴证业务时，注册会计师必须保持独立性。在市场经济条件下，投资者主要依赖财务报表判断投资风险，在投资机会中作出选择。如果注册会计师与客户存在经济利益、关联关系，或屈从于外界压力，就很难取信于社会公众。

注册会计师执行签证业务时，应当从实质上和形式上保持独立性，不得因任何利害关系影响其客观性。实质上的独立性是一种内心状态，使注册会计师在提出结论时不受损害职业判断的因素影响，诚信行事，遵循客观和公正原则，保持职业怀疑态度。形式上的独立性是一种外在表现，使一个理性且掌握充分信息的第三方在权衡所有相关事实和情况后，认为会计师事务所或审计项目组成员没有损害诚信原则、客观和公正原则或职业怀疑态度。

会计师事务所在承办鉴证业务时，应当从整体层面和具体业务层面采取措施，以保持会计师事务所和项目组的独立性。

（三）客观和公正

其中，客观是指按照事物的本来面目去考察，不添加个人的偏见；公正是指公平、正直，不偏袒任何一方。客观和公正原则要求注册会计师应当公正处事、实事求是，不得由于偏见、利益冲突或他人的不当影响而损害自己的职业判断。

如果某一情形或关系导致偏见或者对职业判断产生不当影响，注册会计师不应当提供相关专业服务。

（四）专业胜任能力和应有的关注

1. 专业胜任能力

专业胜任能力是指注册会计师应当具备充分的专业知识、技能和经验，能够经济、有效地完成客户委托的业务。一个合格的注册会计师，不仅要充分认识自己的能力，对自己充满信心，更重要的是，必须清醒地认识到自己在专业胜任能力方面存在的不足，如果承接了难以胜任的业务，就可能给客户乃至社会公众带来危害。专业胜任能力可分为两个独立的阶段——获取与保持。注册会计师应当持续了解和掌握相关的专业技术和业务的发展，以保持专业胜任能力，使其能够胜任特定业务环境中的工作。

2. 应有的关注

要求注册会计师遵守执业准则和职业道德规范要求，勤勉尽责，按照有关工作要求，认真、全面、及时地完成工作任务。在审计过程中，注册会计师应当保持职业怀疑态度，运用专业知识、技能和经验，获取和评价审计证据。同时，注册会计师应当采取措施以确保在其授权下工作的人员得到适当的培训和督导。

（五）保密

保密原则要求注册会计师应当对在职业活动中获知的信息予以保密，不得出现下列行为：

（1）未经客户授权或法律、法规允许，向会计师事务所以外的第三方披露其所获知的涉密信息。

（2）利用所获知的涉密信息为自己或第三方谋取利益。

（3）注册会计师在社会交往中应当履行保密义务。

（4）注册会计师应当警惕无意泄露的可能性，特别是警惕无意向近亲属或关系密切的人员泄密的可能性。

注册会计师在下列情况下可以披露涉密信息：

（1）法律、法规允许披露，并且取得客户或工作单位的授权。

（2）根据法律、法规的要求，为法律诉讼、仲裁准备文件或提供证据，以及向有关监管机构报告发现的违法行为。

（3）在法律、法规允许的情况下，在法律诉讼、仲裁中维护自己的合法权益。

（4）接受注册会计师协会或监管机构的执业质量检查，答复其询问和调查。

（5）法律、法规、执业准则和职业道德规范规定的其他情形。

（六）良好的职业行为

良好的职业行为要求注册会计师应当遵守相关法律、法规，在推介自己和工作时，注册会计师不应对其能够提供的服务、拥有的资质以及积累的经验进行夸大宣传，不应对其他注册会计师的工作进行贬低或无根据的比较，避免发生任何损害职业声誉的行为。

二、影响注册会计师遵循职业道德基本原则的不利因素

可能对职业道德基本原则产生不利影响的因素包括自身利益、自我评价、过度推介、密切关系和外在压力。

（一）自身利益导致不利影响的情形

（1）鉴证业务项目组成员在鉴证客户中拥有直接经济利益；

（2）会计师事务所的收入过分依赖某一客户；

（3）鉴证业务项目组成员与鉴证客户存在重要且密切的商业关系；

（4）会计师事务所担心可能失去某一重要客户；

（5）鉴证业务项目组成员正在与鉴证客户协商受雇于该客户；

（6）会计师事务所与客户就鉴证业务达成或有收费的协议；

（7）注册会计师在评价所在会计师事务所以往提供的专业服务时，发现了重大错误。

（二）自我评价导致不利影响的情形

（1）会计师事务所在对客户提供财务系统的设计或操作服务后，又对系统的运行有效性出具鉴证报告；

（2）会计师事务所为客户编制原始数据，这些数据构成鉴证业务的对象；

（3）鉴证业务项目组成员担任或最近曾经担任客户的董事或高级管理人员；

（4）鉴证业务项目组成员目前或最近曾受雇于客户，并且所处职位能够对鉴证对象施加重大影响；

（5）会计师事务所为鉴证客户提供直接影响鉴证对象信息的其他服务。

（三）过度推介导致不利影响的情形

（1）会计师事务所推介审计客户的股份；

（2）在审计客户与第三方发生诉讼或纠纷时，注册会计师担任该客户的辩护人。

（四）密切关系导致不利影响的情形

（1）项目组成员的近亲属担任客户的董事或高级管理人员；

（2）项目组成员的近亲属是客户的员工，其所处职位能够对业务对象施加重大影响；

（3）客户的董事、高级管理人员或所处职位能够对业务对象施加重大影响的员工，最近曾担任会计师事务所的项目合伙人；

（4）注册会计师接受客户的礼品或款待；

（5）会计师事务所的合伙人或高级员工与鉴证客户存在长期业务关系。

（五）外在压力导致不利影响的情形

（1）会计师事务所受到客户解除业务关系的威胁；

（2）审计客户表示，如果会计师事务所不同意对某项交易的会计处理，则不再委托其承办拟议中的非鉴证业务；

（3）客户威胁将起诉会计师事务所；

（4）会计师事务所受到降低收费的影响而不恰当地缩小工作范围；

（5）由于客户员工对所讨论的事项更具有专长，注册会计师面临服从其判断的压力；

（6）会计师事务所合伙人告知注册会计师，除非同意审计客户不恰当的会计处理，否则将影响晋升。

第二节　注册会计师的法律责任

注册会计师可因为违约、过失、欺诈等行为从而承担法律责任。

违约是指合同的一方或多方未能履行合同条款规定的义务。当注册会计师违约给他人造成损失时，应负违约责任。比如，在商定的期间内未能提交纳税申报表，或违反了与客户订立的保密协议等。

过失是指在一定条件下，没有保持应有的职业谨慎。评价注册会计师的过失，是以其他合格注册会计师在相同条件下可做到的谨慎为标准的。当注册会计师过失给他人造成损失时，应负过失责任。过失可按程度不同区分为普通过失和重大过失。普通过失通常是指没有保持职业上应有的职业谨慎；对注册会计师而言，则是指没有完全遵循专业准则的要求。重大过失是指连起码的职业谨慎都没有保持；对注册会计师而言，则是指根本没有遵循专业准则或没有按照专业准则的基本要求执行审计。

欺诈又称舞弊，是以欺骗或坑害他人为目的的一种故意行为。对于注册会计师而言，欺诈就是为了达到欺骗他人的目的，明知委托单位的财务报表有重大错报，却加以虚伪的陈述，出具无保留意见的审计报告。

注册会计师因违约、过失或欺诈给被审计单位或其他利害关系人造成损失的，按照有关法律规定，可能被判承担行政责任、民事责任或刑事责任。

一、行政责任

行政处罚对注册会计师个人来说，包括警告、暂停执业、吊销注册会计师证书；对会计师事务所而言，包括警告、没收违法所得、罚款、暂停执业、撤销等。《中华人民共和国注册会计师法》第三十九条规定："会计师事务所违反本法第二十条、第二十一条规定的，由省级以上人民政府财政部门给予警告，没收违法所得，可以并处违法所得一倍以上五倍以下的罚款；情节严重的，可以由省级以上人民政府财政部门暂停其经营业务或者予以撤销。注册会计师违反本法第二十条、第二十一条规定的，由省级以上人民政府财政部门给予警告；情节严重的，可以由省级以上人民政府财政部门暂停其执行业务或者吊销注册会计师证书。"《中华人民共和国证券法》（以下简称《证券法》）第二百零一条规定："为股票的发行、上市、交易出具审计报告、资产评估报告或者法律意见书等文件的证券服务机构和人员，违反本法第四十五条的规定买卖股票的，责令依法处理非法持有的股票，没收违法所得，并处以买卖股票等值以下的罚款。"

二、民事责任

民事责任主要是指赔偿受害人损失。《中华人民共和国公司法》（以下简称《公司法》）第二百零八条规定："承担资产评估、验资的机构因出具的评估结果、验资或者验证证明不实，给公司债权人造成影响的，除能够证明自己没有过错，在其评估或者证明不实的金额范围内承担赔偿责任。"

三、刑事责任

刑事责任是指能触犯刑法所必须承担的法律后果。《公司法》第二百一十六条规定："违反本法规定、构成犯罪的，依法追究刑事责任。"《中华人民共和国刑法》第二百二十九条规定："承担资产评估、验资、会计、审计、法律服务等职责的中介组织的人员故意提供虚假证明文件；情节严重的，处五年以下有期徒刑或者拘役，并处罚金。"

这三种责任可单处，也可并处。一般来说，违约和过失可能使注册会计师承担行政责任和民事责任，欺诈可能使注册会计师承担民事责任和刑事责任。

注册会计师可以通过以下措施避免法律诉讼：

（一）严格遵循职业道德守则和执业准则的要求

注册会计师是否应承担法律责任，关键在于注册会计师是否有过失或欺诈行为。而判断注册会计师是否具有过失的关键在于注册会计师是否按照执业准则的要求执业。因此保持良好的职业道德行为，严格遵循执业准则的要求执行工作、出具报告，对于避免法律诉讼或在提起诉讼中保护注册会计师具有非常重要的作用。

（二）建立健全会计师事务所质量控制制度

质量控制是会计师事务所各项管理工作的核心和关键。如果一个会计师事务所质量控制不严，很有可能因某一个人或一个部门的原因导致整个会计师事务所遭受灭顶之灾。因此，会计师事务所必须建立健全一套严密的、科学的质量控制制度，并把这套制度落实到整个审计过程和各个审计环节，促使注册会计师按照执业准则的要求执业，保证审计业务质量。

课后练习

一、单项选择题

1. 审计准则又称（　　），是审计工作质量的权威性判断标准。

A. 审计假设　　B. 审计依据　　C. 审计标准　　D. 专业标准

2. 在审计过程中，如遇低层次的规定与高层次的规定相抵触时，应以（　　）的规定为标准，作出判断和评价。

A. 审计目标　　B. 审计依据　　C. 审计准则　　D. 审计任务

3. 审计准则的作用有（　　）。

A. 为审计人员提供了规范和指南

B. 为审计组织管理部门评价审计工作质量提供了衡量标准

C. 有利于维护社会公众和审计人员的合法权益

D. 可以提高审计工作的地位

4. 下列各项中，会计师事务所违反保密义务的是（　　）。

A. 接受委托后，后任注册会计师在取得了被审计单位口头授权后向前任注册会计师请求查阅审计工作底稿，前任注册会计师向后任注册会计师提供了支持

B. 某利害关系人向法院起诉会计师事务所，要求会计师事务所承担民事赔偿责任，会计师事务所未经被审计单位授权，向法院提交相关工作底稿作为抗辩的证据

C. 未经被审计单位授权，向监管机构报告发现的违反法规行为

D. 接受注册会计师协会依法进行的质量检查，并提供所要求的工作底稿，但未取得客户授权

5. 注册会计师的下列行为中，违反职业道德守则的是（　　）。

A. 注册会计师应按照业务约定和专业准则的要求完成委托业务

B. 注册会计师应当对执行业务过程中知悉的商业秘密保密，并不得利用其为自己或他人牟取利益

C. 除有关法规允许的情形外，会计师事务所不得以或有收费形式为客户提供各种鉴证服务

D. 注册会计师可以对其能够提供的服务、拥有的资质进行夸大宣传，但不得诋毁同行

6. 注册会计师在以下哪种情况下禁止披露客户的有关信息？（　　）。

A. 出于第三方利益使用客户信息

B. 取得客户的授权

C. 根据法规要求，为法律诉讼准备文件或提供证据，以及向监管机构报告发现的违规行为

D. 接受同业复核以及注册会计师协会和监管机构依法进行的质量检查

7.（　　）通常是指没有保持职业上应有的职业谨慎，对注册会计师而言，则是指没有完全遵循专业准则的要求。

A. 普通过失　　B. 重大过失　　C. 违约　　D. 欺诈

8. 注册会计师承担的（　　）主要是指赔偿受害人损失。

A. 行政责任　　B. 民事责任　　C. 刑事责任　　D. 过失责任

9. 注册会计师因违约、过失或欺诈给被审计单位或其他利害关系人造成损失的，按照有关法律规定，可能被判承担（　　）。

A. 行政责任　　B. 民事责任　　C. 刑事责任　　D. 保密责任

10. 会计师事务所和注册会计师不得对其能力进行广告宣传以招揽业务。下列陈述的原因中，不正确的是（　　）。

A. 广告可能导致同行之间的不正当竞争

B. 广告可以提高本会计师事务所的知名度

C. 广告可能损害专业服务的精神

D. 注册会计师的服务质量和能力无法由广告内容加以评估

二、多项选择题

1. 审计的独立性具体包括（　　）。

A. 经济独立　　B. 机构独立　　C. 人员独立　　D. 工作独立

2. 审计准则的作用有（　　）。

A. 为审计人员提供了规范和指南

B. 为审计组织管理部门评价审计工作质量提供了衡量标准

C. 有利于维护社会公众和审计人员的合法权益

D. 可以提高审计工作的地位

3. 审计人员运用依法审计原则时，当遇到问题，特别是地方法规与国家法规发生矛盾时，应坚持（　　）。

A. 慎重处理　　B. 利益兼顾　　C. 真实可靠　　D. 有法可依

4. 下列各项中，属于注册会计师应当遵守的职业道德基本原则的有（　　）。

A. 诚信　　B. 保密

C. 客观和公正　　D. 专业胜任能力和应有的关注

5. 除特定情况外，会计师事务所应当对业务工作底稿包含的信息予以保密。这些特定情况包括（　　）。

A. 取得客户的授权

B. 未取得客户授权，但根据法律、法规的规定，会计师事务所为法律诉讼准备文件或提供证据

C. 接受注册会计师协会和监管机构依法进行的质量检查

D. 未取得客户的授权，但会计师事务所向监管机构报告发现的违反法规行为

6. 下列关于注册会计师职业道德的说法中，正确的有（　　）。

A. 如果存在导致职业判断出现偏差的情形，注册会计师不得提供相关专业服务

B. 独立性有两个方面，实质上的独立和形式上的独立

C. 注册会计师不得无根据地比较其他注册会计师的工作

D. 在未经被审计单位允许的前提下，注册会计师不得接受注册会计师协会或监管机构的执业质量检查，答复其询问和调查

7. 会计师事务所对无法胜任或不能完成按时完成的业务，下列做法不正确的有(　　)。

A. 聘请其他专业人员帮助　　B. 转包给其他会计师事务所

C. 减少业务收费　　D. 拒绝接受委托

8. 以下哪些情形可能在经济利益方面威胁到会计师事务所和注册会计师的独立性(　　)

A. 会计师事务所与鉴证客户存在密切的经营关系

B. 会计师事务所与鉴证客户存在专业服务收费以外的直接经济利益或重大的间接经济利益

C. 合伙人过分担心失去某项业务

D. 鉴证客户与会计师事务所约定对鉴证业务采取或有收费的方式

9. 对注册会计师法律责任的认定包括（　　）。

A. 违约　　B. 过失　　C. 欺诈　　D. 串通

10. 下列各项中，符合注册会计师职业道德规范的有（　　）。

A. 会计师事务所没有以降低收费方式招揽业务

B. 会计师事务所为争取更多的客户对其能力做广告宣传

C. 会计师事务所允许有条件的其他单位以本所名义承办业务

D. 会计师事务所没有雇佣正在其他会计师事务所执业的注册会计师

三、判断题

1. 注册会计师保持应有关注的目的，是为了确保客户能够享受到高水平的专业服务。为了达到这一基本要求，注册会计师在执业过程中应保持职业谨慎，以质疑的思维方式评价所获取证据的有效性，并对产生怀疑的证据保持警觉。（　　）

2. 注册会计师有责任在执业时保持应有的关注和专业胜任能力，并在遵守公正性、客观性要求的限度内，为客户提供优质服务，遵守中国注册会计师执业准则、企业会计准则以及其他法律、法规和规章。（　　）

3. 按照独立性规范，会计师事务所与鉴证小组成员有义务识别和评价可能对独立性产生威胁的各种环境和关系，并采取适当行动消除这些威胁或运用防范措施将其降低至可接受的水平。（　　）

4. 对于审计客户，要求会计师事务所、审计项目组成员均独立于审计客户。（　　）

5. 会计师事务所和鉴证小组成员应当考虑执业环境、对独立性的威胁和能够消除威胁或将其降至可接受水平的防范措施，并将这一决策过程作出书面文件记录。（　）

6. 会计师事务所从银行或类似机构等鉴证客户取得贷款，或由这些客户作为会计师事务所的贷款担保人的情况下，只要贷款是按照正常的贷款程序、条件和要求进行的，而且贷款对于会计师事务所是重大的，就不会对独立性产生威胁。（　）

7. 注册会计师有义务对其在专业服务过程中以及提供专业服务终止后获得的有关客户的信息予以保密。（　）

8. 如果会计师事务所的收费多少以鉴证工作结果为条件，注册会计师为了多收费往往会发表不恰当的意见，作出违反社会公众利益的行为。（　）

9. 会计师事务所通过向他人支付佣金或收取他人支付的佣金而招揽业务不仅影响执业质量而且很容易导致形式上不独立，降低行业在社会公众中的形象。（　）

10. 会计师事务所从银行或类似机构等鉴证客户取得贷款，或由这些客户作为会计师事务所的贷款担保人的情况下，只要贷款是按照正常的贷款程序、条件和要求进行的，而且贷款对于会计师事务所是重大的，就不会对独立性产生威胁。（　）

四、案例分析题

ABC 会计师事务所负责审计甲公司 2018 年度财务报表，并委派 A 注册会计师担任审计项目组负责人。在审计过程中，审计项目组遇到下列与职业道德有关的事项：

（1）A 注册会计师与甲公司副总经理 H 同为京剧社票友，经 H 介绍，A 注册会计师从其他企业筹得款项，成功举办个人专场演出。

（2）审计项目组成员 B 与甲公司基建处处长 I 是战友，I 将甲公司职工集资建房的指标转让给 B，B 按照甲公司职工的付款标准交付了集资款。

（3）审计项目组成员 C 与甲公司财务经理 J 毕业于同一所财经院校。

（4）审计项目组成员 D 的朋友于 2017 年 2 月购买了甲公司发行的公司债券 20 万元。

（5）ABC 会计师事务所原行政部经理 E 于 2015 年 10 月离开事务所，担任甲公司办公室主任。

要求：

针对上述事项（1）~（5），分别指出是否对审计项目组的独立性构成威胁，并简要说明理由。

提示：

（1）对独立性产生威胁。项目组负责人 A 注册会计师与审计客户的高级管理人员副总经理 H 之间存在长期交往，产生密切关系对独立性的威胁。

（2）对独立性产生威胁。项目组成员 B 与审计客户的基建处处长 I 关系密切，而且因为 I 是基建处处长，所以很可能会对财务报表中的在建工程等产生重大影响。同时项目组成员 B 是按照甲公司职工的付款标准付款的，并不是市场上的公允价，所以构成对独立性的威胁。

（3）对独立性不产生威胁。项目组成员 C 与审计客户甲公司的财务经理是校友关系，但不构成密切关系，所以不构成对独立性的影响。

（4）对独立性不产生威胁。项目组成员 D 的朋友拥有甲公司的债券，并不能够视同是 D 拥有审计客户的经济利益关系，也没有说是密切的朋友，所以不构成对独立性的影响。

（5）对独立性不产生威胁。原会计师事务所行政部经理E进入审计客户担任办公室主任的职务。由于E在会计师事务所没有具体从事过对甲公司的审计业务，同时在审计客户担任的职务对财务报表审计业务也没有影响，而且时间已经相隔3年，所以不构成对独立性的影响。

案例实训

案例一

背景：ABC会计师事务所是一家新成立的事务所，最近制定了业务质量控制制度，有关内容摘录如下：

（1）合伙人考核和晋升制度规定，连续3年业务收入额排名前3位的高级经理晋级为合伙人，连续3年业务收入额排名后3位的合伙人降级为高级经理。

（2）内部业务检查制度规定，以每3年为1个周期，选取已完成的业务进行检查；如果事务所当年接受相关部门的外部检查，则当年暂停对所有业务的内部检查。

（3）项目质量控制复核制度规定，除上市公司审计业务外，其他需要实施质量控制复核的审计业务由审计项目组负责人执行项目质量控制复核。

（4）工作底稿保管制度规定，推行业务档案电子化，将纸质工作底稿经电子扫描后，存为业务电子档案，同时销毁纸质工作底稿。

（5）独立性政策规定，每年为需要保持独立性的人员提供关于独立性要求的培训，并要求高级经理以上（含高级经理）的人员每年签署遵守独立性要求的书面确认函。

（6）分所管理制度规定，分所可以根据自身的实际情况，自行执行业务质量控制制度。

问题：针对上述（1）～（6）项，分别指出ABC会计师事务所业务质量控制制度是否符合会计师事务所质量控制准则的规定，并简要说明理由。

分析提示：

（1）不符合事务所质量控制准则规定。会计师事务所制定的业绩评价、工薪及晋升程序应当强调，提高业务质量及遵守职业道德规范是晋升更高职位的主要途径，而不应当以业务收入额为标准和途径。

（2）不符合事务所质量控制准则规定。会计师事务所应当周期性地选取已完成的业务进行检查，周期最长不得超过3年。在确定检查范围时，会计师事务所可以考虑外部独立检查的范围或结论，但这些检查不能替代自身的内部检查。

（3）不符合事务所质量控制准则规定。项目质量控制复核是指会计师事务所挑选不参与该业务的人员，在出具报告前，对项目组作出的重大判断和在准备报告时形成的结论作出客观评价的过程。因此，审计项目组负责人不能作为复核人员执行本项目的质量控制复核工作。

（4）不符合事务所质量控制准则规定。如果原纸质记录经电子扫描后存入业务档案，会计师事务所应当保留已扫描的原纸质记录。

（5）不符合事务所质量控制准则规定。会计师事务所应当每年至少一次向所有受独立性要求约束的人员收取其遵守独立性政策和程序的书面确认函，而不是仅要求高级经理以上（含高级经理）的人员每年签署遵守独立性要求的书面确认函。

（6）不符合事务所质量控制准则规定。根据《会计师事务所质量控制准则》第五条规定，会计师事务所在制定质量控制政策和程序时，应当考虑自身规模和业务特征等因素。相关的质量控制制度是事务所整体（含分所）都要遵守的。

案例二

背景：上市公司甲公司系 ABC 会计师事务所的常年审计客户。2020 年 4 月 1 日，ABC 会计师事务所与甲公司续签了 2015 年度财务报表审计业务约定书。XYZ 会计师事务所和 ABC 会计师事务所使用同一品牌，共享重要的专业资源。ABC 会计师事务所遇到下列与职业道德有关的事项：

（1）ABC 会计师事务所委派 A 注册会计师担任甲公司 2020 年度财务报表审计项目合伙人。A 注册会计师曾担任甲公司 2015 年度至 2018 年度财务报表审计项目合伙人，但未担任甲公司 2019 年度财务报表审计项目合伙人。

（2）2020 年 9 月 15 日，甲公司收购了乙公司 80% 的股权，乙公司成为其控股子公司。A 注册会计师自 2019 年 1 月 1 日起担任乙公司的独立董事，任期 5 年。

（3）B 注册会计师系 ABC 会计师事务所的合伙人，与 A 注册会计师同处一个业务部门。2020 年 3 月 1 日，B 注册会计师购买了甲公司股票 5 000 股，每股 10 元，由于尚未出售该股票，ABC 会计师事务所未委派 B 注册会计师担任甲公司审计项目组成员。

（4）丙公司系甲公司的母公司，甲公司审计项目组成员 C 的妻子在丙公司担任财务总监。

（5）甲公司审计项目组成员 D 曾在甲公司人力资源部负责员工培训工作，于 2020 年 2 月 10 日离开甲公司，加入 ABC 会计师事务所。

（6）2020 年 2 月 25 日，XYZ 会计师事务所接受甲公司委托，提供内部控制设计服务。

问题：针对上述（1）～（6）项，逐项指出 ABC 会计师事务所及其人员是否违反中国注册会计师职业道德守则，并简要说明理由。

分析提示：

（1）违反。A 注册会计师担任关键审计合伙人 5 年轮换后，再次担任该客户的关键审计合伙人需要在 2 年后，否则因自我评价违反职业道德守则。

（2）违反。因企业合并导致乙公司成为 ABC 事务所的审计客户，A 注册会计师担任审计客户（乙公司）的独立董事，因自我评价违反职业道德守则。

（3）违反。A 注册会计师所在分部的其他合伙人在审计客户中拥有直接经济利益，因经济利益违反职业道德守则。

（4）违反。审计项目组成员的主要近亲属（其妻子）是审计客户的高级管理人员，其岗位职责对财务报表产生重大影响，因密切关系违反职业道德守则。

（5）不违反。审计项目组成员曾在审计客户（甲公司）负责员工的培训工作，其岗位职责对财务报表不产生重大影响，不存在密切关系违反职业道德守则。

（6）违反。ABC事务所和XYZ事务所属于网络事务所，XYZ事务所承担内部控制设计服务属于承担审计客户管理层职责，因自我评价违反职业道德守则。

案例三
亚太实业审计案

遵守职业道德守则，尤其是保持形式和实质上的独立是注册会计师从事审计业务的基石。独立性影响诚信、客观和公正，影响审计师是否能够在执业时保持职业怀疑态度并作出恰当的职业判断。本书结合亚太实业审计案，就保持审计独立性展开进一步探讨。

一、案例背景

亚太实业成立于1988年2月，1997年2月在深圳证券交易所上市，主营房地产开发与经营。济南固锝电子器件有限公司（以下简称“济南固锝”）系亚太实业的参股企业，2012年、2013年亚太实业持有济南固锝48%股权。瑞华会计师事务所（以下简称“瑞华所”）承接亚太实业2013年年报审计业务，并出具了标准无保留意见的审计报告，审计收费为人民币39万元，签字注册会计师为温某水、秦某。同时，瑞华所也担任了济南固锝2012年度和2013年度的财务报表审计师。

2015年6月，亚太实业涉嫌信息披露违法违规被立案调查。2016年1月，亚太实业因未能正确判断济南固锝索赔款会计处理不当对亚太实业财务报表的影响，未计提所持济南固锝长期股权投资减值准备，虚增房地产收入等被给予警告，并处以60万元罚款；相关责任人被给予警告，并处以相应罚款。2017年1月，瑞华所因在2013年亚太实业年报审计中未勤勉尽责，出具的审计报告存在虚假记载被责令改正，没收业务收入39万元，并处以78万元罚款；签字注册会计师被给予警告，并分别处以5万元罚款。

在本案例中，被审计单位的财务问题本身并不复杂，且并无迹象显示被审计单位存在财务舞弊的主观故意。一个突出特点是审计师在执业中违背了职业道德守则中的独立性原则。在所有的职业道德基本原则中，独立性是一个核心原则，是注册会计师这一行业存在的基石。独立性影响诚信、客观和公正，影响审计师是否能够在执业时保持职业怀疑态度并作出恰当的职业判断。

审计师执行审计、审阅及其他鉴证业务时，应当从实质上和形式上保持独立性，不得因任何利害关系影响其客观性。实质上的独立性是一种利益独立，使审计师在提出结论时不受损害地作出职业判断，诚信行事，遵循客观和公正原则，保持职业怀疑态度；形式上的独立性是一种外在表现，使一个理性且掌握充分信息的第三方，在权衡所有相关事实和情况后，认为审计师没有损害诚信、客观和公正原则。下文结合独立性违规的常见情形，对审计师如何保持独立性展开进一步探讨。

（一）独立性违规常见情形

在实务中，独立性违规的典型情况包括代编财务报表、在审计客户中拥有经济利益、违规提供咨询服务等。

1. 代编财务报表

按照适用的会计准则规定编制财务报表是管理层的职责，审计师向审计客户提供编制会计记录或财务报表等服务，可能因自我评价而对独立性产生严重不利影响。《中国注册会计师职业道德守则》指出，除非出现紧急或极其特殊的情况，并征得相关监管机构的同意，会计师事务所不得向属于公众利益实体的审计客户提供下列编制会计记录和财务报表的服务：工资服务；编制所审计的财务报表；编制所审计财务报表依据的财务信息。根据上述规定，审计师不能为其审计的上市公司提供编制会计记录和财务报表的服务。审计师在执行审计业务时，应严格区分管理层责任和注册会计师责任，不能逾越代行管理层职责的红线。

2. 在审计客户中拥有经济利益

在审计客户中拥有经济利益，可能因自身利益对独立性产生影响。不利影响存在与否及其严重程度取决于下列因素：拥有经济利益人员的角色；经济利益是直接的还是间接的；经济利益的重要性。

《证券法》规定，为股票发行出具审计报告、资产评估报告或者法律意见书等文件的证券服务机构和人员，在该股票承销期内和期满后六个月内，不得买卖该种股票。为上市公司出具审计报告、资产评估报告或者法律意见书等文件的证券服务机构和人员，自接受上市公司委托之日起至上述文件公开后五日内，不得买卖该种股票。

如果会计师事务所、审计项目组成员或其主要近亲属在审计客户中拥有直接经济利益或重大间接经济利益，将因自身利益产生非常严重的不利影响，导致没有防范措施能够将其降低至可接受的水平。会计师事务所应对审计人员的投资行为进行严格管理和监督，采取事前防范、事中监控、事后检查相结合的方法，防止、发现并纠正审计人员违规买卖股票的行为。

3. 违规提供咨询服务

会计师事务所提供的专业服务日益多元化，非审计服务在其业务收入中占比不断提高，如何在拓展业务的同时遵循独立性规定，是会计师事务所应重点关注的问题。会计师事务所向其审计客户提供咨询服务时，需要评估这些服务是否属于管理层职责，是否违反独立性规定。会计师事务所应当根据具体情况确定某项活动是否属于管理层职责。下列活动通常被视为管理层职责：制定政策和战略方针；指导员工的行动并对其行动负责；对交易进行授权；确定采纳会计师事务所或第三方提出的建议；负责按照适用的会计准则编制财务报表；负责设计、实施和维护内部控制。

以内部审计服务为例，涉及承担管理层职责的内部审计服务主要包括：制定内部审计政策或内部审计活动的战略方针；指导该客户内部审计员工的工作并对其负责；决定应执行来源于内部审计活动的建议；代表管理层向治理层报告内部审计活动的结果；执行构成内部控制组成部分的程序；负责设计、执行和维护内部控制；提供内部审计外包服务，包括全部内部审计外包服务和重要内部审计外包服务，并且负责确定内部审计工作的范围。

以信息技术系统服务为例，涉及承担管理层职责的非审计服务包括：建立和监督内部控制；因审计客户缺少具有胜任能力的管理人员，代其作出与系统设计和操作过程有关的管理决策；对系统运行以及系统使用或生成的数据负责。

（二）保持独立性的有关措施

对职业道德基本原则产生不利影响的因素包括自身利益、自我评价、过度推介、密切关系和外在压力。审计师应采取防范措施消除不利影响或将其降低至可接受的水平，或者终止业务约定或拒绝接受业务委托。审计师应当考虑：一个理性且掌握充分信息的第三方，在权衡审计师当时可获得的所有具体事实和情况后，是否很可能认为这些防范措施能够消除不利影响或将其降低至可接受的水平，以使职业道德基本原则不受损害。

《中国注册会计师职业道德守则第1号——职业道德基本原则》第十一条规定，会计师事务所在承办审计和审阅业务以及其他鉴证业务时，应当从整体层面和具体业务层面采取措施，以保持会计师事务所和项目组的独立性。

在具体业务层面，项目合伙人对项目组成员遵守与被审计单位相关的独立性规定负有总体责任，每个项目组成员也对保持独立性负有各自的责任。每个审计项目组需要针对本业务实施与独立性有关的审计程序，如项目组成员的独立性确认、非审计服务审批、关键审计合伙人轮换等。审计师需要在审计工作底稿中记录本项目中就独立性作出的评估及遵循情况。项目组层面的独立性措施是以事务所层面的独立性政策和程序为基础的。会计师事务所如何从整体层面保持自身的独立性呢？主要可以从以下四个方面展开：

一是在事务所内部设立独立性管理部门。会计师事务所通常需要专门部门为事务所及其从业人员履行独立性职责提供支持和协助。独立性事务部门通常需要独立于业务部门，具有足够的权威，并向事务所的高级管理层或治理层直接汇报。

二是制定全面系统的独立性政策和程序。事务所需要根据职业道德守则的规定，制定全面系统的独立性政策和程序，以书面形式发布，方便员工随时查询。事务所可以通过培训、发布提示和指南等方式向员工传达。这些政策和程序需要根据法律法规和职业道德守则的发展和修订做出及时更新。需要注意的是，事务所的独立性政策和程序，不仅适用于以会计师事务所形式设立的实体，而且适用于以咨询公司或其他名称和形式注册的网络事务所，涵盖其各个业务部门。

三是开展独立性的相关培训。事务所需要将独立性及其他职业道德守则的内容纳入培训范围，设计适合不同层级员工的培训课程，从而使事务所员工具备独立性相关知识和技能，强化对独立性重点问题的理解。事务所应在培训中指出非审计服务可能对审计独立性产生的不利影响以及应采取的防范措施。

四是监控及惩戒。事务所需要对事务所及其员工的独立性实施监控，可能包括：要求所有员工每年签署独立性确认函，确认其了解并遵守了相关政策规定，并汇报任何可能违反独立性规定的情况；建立违规行为投诉举报机制，可提供热线电话、专用电子邮件或信箱、指定联络人等举报渠道，并指定高级别人员对收到的举报进行调查处理，同时对举报人的身份信息保密；对合伙人及员工遵循独立性规定的情况执行定期检查，检查内容包括合伙人及员工本人及直系亲属和近亲属的个人信息、投资账户、董事任职、商业关系等。对于发现的问题，事务所应对问题进行整改，并对违规人员采取警告、罚款等惩罚措施，并考虑对其后续晋升的影响。

第三章 审计目标

学习目标

通过本章学习，能够理解审计总体目标、具体目标和管理层认定的含义。

案例引入

审计目标的重要性

诚信会计师事务所接受委托对华兴公司2010年度会计报表进行审计。为了出具恰当意见的审计报告，注册会计师了解了华兴公司的行业状况、公司性质、组织结构、筹资与投资和内部控制等方面的情况，评估出该公司的内部控制较好，整体风险较低，但应收账款金额较大，因此将应收账款确定为重点审计领域。

在对应收账款的审计过程中，从40户期末应收账款客户中，抽取出18户样本，占抽出样本总户数的45%，抽取样本的总金额为1 000万元，占期末应收账款余额的76%。收到回函的样本金额为969万元，占总样本的96.9%。

注册会计师对收回的样本回函进行了分析，发现有436万元的应收账款产生了差异。经追查，由于华兴公司业务往来的内部控制及其应收账款的管理混乱，华兴公司记错账的达364万元。据此，注册会计师作出了如下决定：扩大函证的范围或执行替代审计程序，以获取充分、适当的审计证据。

第一节 总体目标

审计目标是指在一定历史环境下，人们通过审计实践活动所期望达到的境地或最终结果。审计目标包括审计总体目标和审计具体目标两个层次。

审计的目的是提高财务报表预期使用者对财务报表的信赖程度，这一目的可以通过注册会计师对财务报表是否在所有重大方面按照适用的财务报告编制基础编制发表审计意见得以实现。因此，执行财务报表审计工作时，注册会计师审计的总体目标是：

对财务报表整体是否不存在由于舞弊或错误导致的重大错报获取合理保证，使注册会计师能够对财务报表是否在所有重大方面按照适用的财务报告编制基础编制发表审计意见；按照审计准则的规定，根据审计结果对财务报表出具审计报告，并与管理层和治理层沟通。

管理层认定与审计目标密切相关，注册会计师的基本职责就是确定被审计单位管理层对其财务报表的认定是否恰当。管理层认定是指被审计单位管理层在财务报表中作出的明确或隐含的表达，注册会计师将其用于考虑可能发生的不同类型的潜在错报。当管理层声明财务报表已按照适用的财务报告编制基础进行编制，在所有重大方面作出公允反映时，就意味着管理层对财务报表各组成要素的确认、计量、列报以及相关的披露作出了认定。注册会计师了解了认定，就很容易确定每个项目的具体审计目标，通过考虑可能发生的潜在错报，注册会计师运用认定评估风险，并据此设计审计程序以应对评估的风险。

管理层在财务报表中的认定包括对与所审计期间各类交易和事项相关的认定，与期末账户余额相关的认定及与列报和披露相关的认定。

一、与各类交易和事项相关的认定

注册会计师对各类交易和事项运用的认定包括：

（1）发生：记录的交易和事项已发生，且与被审计单位有关。

（2）完整性：所有应当记录的交易和事项均已记录。

（3）准确性：与交易和事项有关的金额及其他数据已恰当记录。

（4）截止：交易和事项已记录于正确的会计期间。

（5）分类：交易和事项已记录于恰当的账户。

二、与期末账户余额相关的认定

注册会计师对期末账户余额运用的认定包括：

（1）存在：记录的资产、负债和所有者权益是存在的。

（2）权利和义务：记录的资产由被审计单位拥有或控制，记录的负债是被审计单位应当履行的偿还义务。

（3）完整性：所有应当记录的资产、负债和所有者权益均已记录。

（4）计价和分摊：资产、负债和所有者权益以恰当的金额包括在财务报表中，与之相关的计价或分摊调整已被恰当记录。

三、与列报和披露相关的认定

注册会计师对列报和披露运用的认定通常分为以下类别：

（1）发生及权利和义务：披露的交易或者事项和其他情况已发生，且与被审计单位有关。

（2）完整性：所有应当包括在财务报表中的披露均已包括。

（3）分类和可理解性：财务信息已被恰当地列报和描述，且披露内容表述清楚。
（4）准确性和计价：财务信息和其他信息已公允披露，且金额恰当。

第二节 具体目标

一、与各类交易和事项相关的审计目标

（1）发生。由发生认定推导的审计目标是“已记录的交易是真实的”。例如，如果没有发生销售交易，但在销售日记账中记录了一笔销售，则违反了该目标。发生认定所要解决的问题是管理层是否把那些不曾发生的项目列入财务报表，它主要与财务报表组成要素的高估有关。

（2）完整性。由完整性认定推导的审计目标是“已发生的交易确实已经记录”。例如，如果发生了销售交易，但没有在销售日记账和总账中记录，则违反了该目标。

注意：发生和完整性两者强调的是相反的关注点，发生目标针对潜在的高估，而完整性目标则针对漏记交易（低估）。

（3）准确性。由准确性认定推导出的审计目标是“已记录的交易是按正确金额反映的”。例如，如果在销售交易中，发出商品的数量与账单上的数量不符，或是开账单时使用了错误的销售价格，或是账单中的乘积或加总有误，或是在销售日记账中记录了错误的金额，则违反了该目标。

准确性与发生、完整性之间存在区别。例如，若已记录的销售交易是不应当记录的（如发出的商品是寄销商品），则即使发票金额计算正确，仍违反了发生目标。又如，若已入账的销售交易是对正确发出商品的记录，但金额计算错误，则违反了准确性目标，但没有违反发生目标。在完整性与准确性之间也存在同样的关系。

（4）截止。由截止认定推导出的审计目标是“接近资产负债表日的交易记录于恰当的期间”。例如，如果本期交易推迟到下期，或下期交易提前到本期，均违反了截止目标。

（5）分类。由分类认定推导出的审计目标是“被审计单位记录的交易经过适当分类”。例如，如果将现销交易记录为赊销交易，将出售经营性固定资产所得的收入记录为营业收入，则导致交易分类的错误，违反了分类目标。

二、与期末账户余额相关的审计目标

（1）存在。由存在认定推导的审计目标是“记录的金额确实存在”。例如，如果不存在对某顾客的应收账款，但在应收账款明细账中却列入了对该顾客的应收账款，则违反了该目标。

（2）权利和义务。由权利和义务认定推导的审计目标是“资产归属于被审计单位，负债属于被审计单位的义务”。例如，将他人寄售商品列入被审计单位的存货中，则违反了权利目标；将不属于被审计单位的债务记入账内，则违反了义务目标。

（3）完整性。由完整性认定推导的审计目标是“已存在的金额均已记录”。例如，如果存在某顾客的应收账款，在应收账款明细账中却没有列入对该顾客的应收账款，则违反了完整性目标。

（4）计价和分摊。由计价和分摊认定推导的审计目标是资产、负债和所有者权益以恰当的金额包括在财务报表中，与之相关的计价或分摊调整已恰当记录。

三、与列报和披露相关的审计目标

（1）发生及权利和义务。由发生及权利和义务认定所推导的审计目标是确认与被审计单位有关的交易均已包括在财务报表中；将没有发生的交易、事项，或与被审计单位无关的交易、事项包括在财务报表中，则违反该目标。例如，复核董事会会议记录中是否记载了固定资产抵押等事项，询问管理层固定资产是否被抵押，即是对列报的权利认定的运用。如果固定资产被抵押，则需要在财务报表中列报，并说明与之相关的权利受到限制。

（2）完整性。由完整性认定所推导的审计目标是确认所有应当包括在财务报表中的披露均已披露；如果应当披露的事项没有包括在财务报表中，则违反该目标。例如，检查关联方和关联交易，以验证其在财务报表中是否得到充分披露，即是对列报的完整性认定的运用。

（3）分类和可理解性。由分类和可理解性认定所推导的审计目标是确认财务信息已被恰当地列报和描述，且表述清楚。例如，检查存货的主要类别是否已披露，是否将一年内到期的非流动负债列为流动负债，即是对列报的分类和可理解性认定的运用。

（4）准确性和计价。由准确性和计价认定所推导的审计目标是确认财务信息和其他信息已公允披露，且金额恰当。例如，检查财务报表附注是否分别对原材料、在产品和产成品等存货成本核算方法作了恰当说明，即是对列报的准确性和计价认定的运用。

认定是确定具体审计目标的基础。注册会计师通常将认定转化为能够通过审计程序予以实现的审计目标。针对财务报表每一项目所表现出的各项认定，注册会计师相应地确定一项或多项审计目标，然后通过执行一系列审计程序获取充分、适当的审计证据，以实现审计目标。

课后练习

一、单项选择题

1. 在财务报表审计中，有关管理层对财务报表责任的陈述中，不恰当的是（　　）。

A. 选择和运用恰当的会计政策

B. 保证财务报表不存在重大错报以减轻注册会计师的责任

C. 根据企业的具体情况，作出合理的会计估计

D. 选择适用的会计准则和相关会计制度

2. 以下说法中，不正确的是（　　）。

A. 职业怀疑态度并不要求注册会计师假设管理层是不诚信的，但也不能假设管理层的诚信毫无疑问

B. 如果从不同来源获取的审计证据或获取的不同性质的审计证据不一致，可能表明其中某项或某几项审计证据不可靠，因此，注册会计师应当追加必要的审计程序

C. 注册会计师通过不断修正的、系统的执业过程，获取充分、适当的审计证据，对财务报表整体发表审计意见，它提供的是一种高水平的绝对保证

D. 注册会计师不应将审计中发现的舞弊视为孤立发生的事项

3. 对于下列存货认定，通过向生产和销售人员询问是否存在过时或周转缓慢的存货，A注册会计师认为最可能证实的是（　　）。

A. 计价和分摊　　B. 权利和义务　　C. 完整性　　D. 存在

4. 在注册会计师所关心的下列各种问题中，能够实现截止目标的是（　　）。

A. 应收账款是否已经按照规定计提坏账准备

B. 年后开出的支票是否未计入报告期报表中

C. 存货的跌价损失是否已抵减

D. 固定资产是否有用作抵押的

5. 在注册会计师针对下列各项目分别提出的具体目标中，属于完整性目标的是（　　）。

A. 实现的销售是否均已登记入账

B. 关联交易类型、金额是否在附注中恰当披露

C. 是否将下期交易提前到本期入账

D. 有价证券的金额是否予以适当列示

6. 注册会计师在审计“应付账款”余额时，下列属于管理层明示性认定的是（　　）。

A. 存在　　B. 完整性　　C. 权利和义务　　D. 分类与可理解性

7. 注册会计师在审查销售部门的销货合同时，发现与A公司有一笔100万元销售未入账，通过函证A公司，检查该笔销货记录，证实A公司实际已购货且欠款100万元。那么，注册会计师首先认为管理层对“主营业务收入”账户的（　　）认定存在问题。

A. 发生　　B. 完整性　　C. 准确性　　D. 计价和分摊

8. 对于下列应收账款认定，通过实施函证程序，A注册会计师认为最可能证实的是（　　）。

A. 计价和分摊　　B. 分类　　C. 存在　　D. 完整性

9. 甲公司将2008年度的主营业务收入列入2009年度的财务报表，则针对2008年度财务报表错误的认定是（　　）。

A. 存在　　B. 发生　　C. 准确性　　D. 完整性

10. 在对资产存在认定获取审计证据时，正确的测试方向是（　　）。

A. 从财务报表到尚未记录的项目　　B. 从尚未记录的项目到财务报表

C. 从会计记录到支持性证据　　D. 从支持性证据到会计记录

二、多项选择题

1. 以下说法中，正确的有（　　）。

A. 审计目标包括财务报表审计目标以及与各类交易、账户余额、列报相关的审计目标两个层次

B. 财务报表审计能够提高财务报表的可信赖程度

C. 在财务报表审计中，被审计单位管理层和治理层与注册会计师承担着不同的责任，

不能相互混淆和替代

D. 审计目标界定了注册会计师的责任范围，决定了注册会计师如何发表审计意见

2. 以下对注册会计师执行财务报表审计的总体目标的理解中，恰当的有（　　）。

A. 合理保证财务报表整体是否不存在由于舞弊或错误导致的重大错报

B. 合理保证财务报表是否在所有重大方面按照使用的财务报告编制基础编制

C. 根据审计结果与管理层和治理层沟通，包括沟通审计意见的类型、内部控制重大缺陷等

D. 根据审计结果对财务报表出具恰当的审计报告

3. 具体审计目标是注册会计师根据被审计单位管理层对财务报表的认定推论得出的，具体审计目标一般包括（　　）。

A. 总体合理性与其他审计目标　　B. 与各类交易和事项相关的审计目标

C. 与期末账户余额相关的审计目标　　D. 与列报相关的审计目标

4. 注册会计师准备执行商业银行财务报表审计，在审计资产负债表表外业务时，注册会计师应当检查相应收入的来源，并实施相关审计程序，以证实（　　）。

A. 相关会计记录是否完整　　B. 金额是否正确

C. 计提的减值准备是否充分　　D. 披露是否充分

5. 被审计单位将固定资产已作抵押，但未在财务报表附注中披露，则涉及的认定包括（　　）。

A. 计价和分摊　　B. 完整性

C. 发生及权利和义务　　D. 分类和可理解性

6. 对于（　　）报表项目，注册会计师应侧重验证其“存在性”。

A. 存货　　B. 销售收入

C. 应收账款　　D. 现金

7. 完整性认定主要与下列（　　）项目的低估有关。

A. 应付账款　　B. 应收账款

C. 应付票据　　D. 应收票据

8. 注册会计师在审计股份有限公司会计报表中的存货项目时，能根据“计价和分摊”认定推论得出的审计目标有（　　）。

A. 存货账面数量与实物数量相符，金额的计算正确

B. 当存货成本低于可变现净值时，已调整为可变现净值

C. 年末采购、销售交易截止日期是恰当的

D. 存货项目余额与其各相关余额计数一致

9. 对存货项目而言，甲注册会计师能够根据被审单位管理层的计价和分摊认定推论得出的具体审计目标是（　　）。

A. 存货入账的期间是恰当的　　B. 存货项目的合计数与总账一致

C. 存货的所有权是明确的　　D. 可变现净值减少时已作适当冲减

10. 下列（　　）程序是对财务报表列报的分类和可理解性认定的运用。

A. 检查存货的主要类别是否已披露

B. 检查是否将1年内到期的长期负债列为流动负债

C. 检查存货是否计提了足够的跌价准备

D. 检查是否将1年内到期的长期债券投资列为流动资产

三、判断题

1. 当被审计单位面临财务困境时，被审计单位会计报表存在舞弊的可能性增加。（ ）

2. “存在”或“发生”认定所要解决的问题是，管理层是否把那些不应包括的项目挤入了会计报表，并不涉及所报告的金额是否正确。（ ）

3. “存在”或“发生”认定解决的问题是，管理当局是否把应包括的项目遗漏或省略了，而“完整性”认定所解决的问题是管理当局是否把不应包括的项目挤入了财务报表。（ ）

4. 对“计价和分摊”的认定，注册会计师应关注其金额是否遵守企业会计准则，适当地运用了成本、配比及一贯性等会计原则。（ ）

5. 注册会计师对列报运用的认定通常分为下列类别：发生及权利和义务、完整性、分类和可理解性、准确性和计价。（ ）

6. 如果被审计单位在账簿中登记了未发生的经济业务，则其违反了完整性的认定。（ ）

7. 如果被审计单位为了取得某笔借款而将其固定资产用作担保、抵押，则应以暗示性的方式在会计报表的附注中予以认定。（ ）

8. “完整性”认定主要与财务报表组成要素的低估有关，若被审计单位登记了未发生的经济业务，则其违反了完整性认定。（ ）

9. 如果被审计单位未将“一年内到期的长期借款”在“流动负债”项目内反映，则违反了“分类及可理解性”认定。（ ）

10. 新华公司于当年12月30日向黄河公司发出商品80万元，次年1月8日办妥托收手续。新华公司在发出商品时确认收入，则其违反了“完整性”认定。（ ）

案例实训

案例一

注册会计师小王在了解A公司的过程中，通过分析性程序发现该公司的销售收入有异常，怀疑该公司账面的收入不真实，小王应如何安排下一步的审计程序？

分析提示：小王怀疑A公司账面的收入不真实，就是说A公司账面收入有可能多记，因此小王此时的具体审计目标应该是收入的真实性。那么，多记的收入在哪里能找到呢？其一定是被混在真实的收入中，也就是说在销售明细账中。小王应该以销售明细账为起点，抽取一定量的样本，然后追查至记账凭证和原始凭证。比如，抽取12月3日凭证，账面显示取得收入80万元，查看凭证后附的原始单据发票、货运单据以及销售合同，如果货运单据或者销售合同注明是在下个年度交货，则此笔80万元的收入就可以认定是不真实的。

案例二

珠江会计师事务所李明和李豪注册会计师在对大粤公司2020年度财务报表进行审计时，发现该公司财务报表、期末账户余额及各类交易和事项可能存在下列导致重大错报的情况：

（1）在销售交易中（针对主营业务收入），发出商品的数量与账单上的数量不符。

（2）期末存货的盘点可能存在较大的差错。

（3）准备持有至到期投资摊余成本计算可能存在较大的差错。

（4）可能存在未入账的应付账款。

（5）长期借款中可能有一部分年内将要到期。

（6）在销售交易中，将现销记录为赊销。

要求：根据上述六个事项，完成表3－1。

表3－1

情况序号	管理层认定	实质性审计程序	审计目标
(1)			
(2)			
(3)			
(4)			
(5)			
(6)			

第四章
审计证据和审计工作底稿

学习目标

通过本章学习，能够理解审计证据和审计工作底稿的概念，熟悉审计证据的种类，熟悉审计工作底稿的编制目的和复核要求。

案例引入

安然事件中的证据

美国安达信会计师事务所是美国五大会计师事务所之一，在全世界84个国家拥有合伙人4 700名，专业人员85 000人，在世界各地的合作伙伴超过了2 000家。安达信会计师事务所2001年财政年度的收入为93.4亿美元，相当于中国所有会计师事务所年收入的10倍。自美国能源业巨头安然公司1985年成立以来，安达信会计师事务所一直负责其审计工作，并同时为其提供咨询服务。2000年，安达信会计师事务所从安然公司获得高达5 200万美元的收入。利益驱使安达信会计师事务所帮助安然公司造假，出具虚假审计报告。

2001年10月，安然公司重新公布了1997—2000年期间的财务报表，结果累积利润比原先减少了5.91亿美元，而债务却增加6.38亿美元。事发之后，安达信会计师事务所故意销毁了安然公司的大量电子文件、审计文件，以及与安然公司财务审计有关的信息资料，试图逃避美国证券交易委员会的调查。

美国司法部门于2002年10月16日宣判：安达信会计师事务所被判5年禁止并将缴纳50万美元罚款。这是安达信会计师事务所因妨碍司法而受到的最严厉的惩罚。安达信会计师事务所还可能被处以超出非法行为带来的利润或损失2倍的罚款。整个事件真相暴露后，安达信会计师事务所信誉受损，客户流失，这使具有89年历史的安达信会计师事务所，从此退出审计业务。

讨论题：安达信会计师事务所为什么要销毁安然公司的大量电子文件、审计文件以及与安然公司财务审计有关的信息资料？

第一节 审计证据

一、审计证据的概念

恰当的审计结论建立在注册会计师收集的审计证据基础之上。审计证据是指注册会计师为了得出审计结论、形成审计意见而使用的所有信息，包括财务报表依据的会计记录中含有的信息和其他信息。

财务报表依据的会计记录一般包括初始分录的记录和支持性记录，如支票、电子资金转账记录、发票、合同、总账、明细账、记账凭证和未在记账凭证中反映的对财务报表的其他调整，以及支持成本分配、计算、调节和披露的手工计算表和电子数据表。

依据会计记录编制财务报表是被审计单位管理层的责任，注册会计师应当测试会计记录以获取审计证据。如果会计记录中含有的信息本身并不足以提供充分的审计证据作为对财务报表发表审计意见的基础，注册会计师还应获取用作审计证据的其他信息。

其他信息包括有关被审计单位所在行业的信息、被审计单位的内外部环境的其他信息等。可以用作审计证据的其他信息包括：

（1）注册会计师从被审计单位内部或外部获取的会计记录以外的信息，如被审计单位会议记录、内部控制手册、询证函回函、分析报告、与竞争者的比较数据等。

（2）注册会计师通过询问、观察和检查等审计程序获取的信息，如通过检查存货获取存货存在性的证据等。

（3）注册会计师自身编制或获取的可以通过合理推断得出结论的信息，如注册会计师编制的各种计算表、分析表等。

财务报表依据的会计记录中包含的信息和其他信息共同构成了审计证据，两者缺一不可。如果没有前者，审计工作将无法进行；如果没有后者，审计人员可能无法识别重大错报风险。只有将两者结合在一起，才能将审计风险降至可接受的低水平，为注册会计师发表审计意见提供合理保证的基础。

二、审计证据的分类

在审计实务中，审计证据的种类繁多，其外在形式、取得方式、取得途径等方面均有所不同。对审计证据进行合理、科学的分类，有利于有效地收集、恰当地使用和评价审计证据。

（一）审计证据按来源分类

1. 外部证据

外部证据是指产生于被审计单位外部的审计证据。外部证据可进一步分为：

（1）未经过被审计单位的外部证据。未经过被审计单位的外部证据是指由被审计单位以外的组织机构和人士编制，并由其直接交给审计人员的审计证据。例如，应收账款的函证回函，被审计单位的律师或其他独立专家出具的关于被审计单位或有负债、或有资产所有权等的证明函件等。

（2）经过被审计单位的外部审计证据。经过被审计单位的外部审计证据是指由被审计单位以外的机构或人士编制，但为被审计单位持有并提交给审计人员的审计证据。例如，银行对账单、购货发票、应收票据、有关的契约合同等。

2. 内部证据

内部证据是指产生于被审计单位内部的审计证据。例如，各类会计凭证、会计账簿、被审计单位编制的各种试算平衡表和汇总表、管理当局声明书、重要的计划、重要的合同等。

3. 亲历证据

亲历证据是指审计人员亲眼目睹或亲自在被审计单位执行某些活动而取得或编制的证据。例如，审计人员亲自参与盘点或监督盘点编制的盘点表，审计人员重新计算的被审计单位的成本，审计人员观察取得的关于被审计单位内部控制执行情况的证据。

（二）审计证据按形态分类

1. 实物证据

实物证据是指审计人员通过实际观察、实地盘点等方法确定某些实物资产的存在性的证据。最好的实物证据是审计人员进行的实物资产检查。其典型的形式是各类实物盘点表。实物证据适用的资产包括现金、有价证券、存货、固定资产。实物证据只能证明实物的存在性，但不能证明资产的所有权和资产计价的正确性。实物证据是证明力最强的审计证据。

2. 书面证据

书面证据是指审计人员获取的各种以文件为记录形式的证据。书面证据是审计证据的主要组成部分，包括各种凭证、账簿、管理制度等。书面证据分为三类：从被审计单位取得的书面证据；从被审计单位以外其他单位或个人取得的书面证据；审计人员自行编制的书面材料。书面证据是适用范围最广的审计证据，并具有比较强的证明力，但比实物证据的证明力差。

3. 口头证据

口头证据是指被审计单位的有关人士对于审计人员提出的问题所作的口头答复所形成的证据。口头证据证明力较弱，但可以提供重要线索。

4. 环境证据

环境证据是指对被审计单位产生影响的各种情况。环境证据包括被审计单位面临的外部环境，被审计单位的内部状况，企业的内部控制状况，企业管理人员的素质，各种管理条件和管理水平。环境证据有助于了解被审计单位的状况，它的证明力弱。

三、审计证据的特征

审计证据的质量直接关系注册会计师审计工作的水平，因此必须明确审计证据的要求。合理的审计证据要求具备两方面的特征，即充分性与适当性。注册会计师执行审计业务，应当在取得充分、适当的审计证据后，形成审计意见，出具审计报告。

（一）审计证据的充分性

审计证据的充分性是对审计证据数量的衡量，是指审计证据的数量足以支持注册会计师的审计意见。因此，它是注册会计师为形成审计意见所需审计证据的最低数量要求。

客观公正的审计意见必须建立在有足够数量的审计证据的基础之上，但是这并不是说审计证据的数量越多越好。为了使注册会计师进行有效率、有效益的审计，注册会计师通常需要把审计证据的范围降到最低限度。因此，每一个审计项目对所需审计证据的数量，以及取得这些证据的途径和方法，应当根据该项目的具体情况来定。在某些情况下，由于时间、空间或成本的限制，注册会计师不能获取最为理想的审计证据时，可考虑通过其他的途径或用其他的审计证据来替代。注册会计师只有通过不同的渠道和方法取得认为足够的审计证据时，才能据以发表审计意见。

（二）审计证据的适当性

审计证据的适当性是对审计证据质量的衡量，即审计证据在支持各类交易、账户余额、列报（包括披露，下同）的相关认定，或发现其中存在错报方面具有相关性和可靠性。相关性和可靠性是审计证据适当性的核心内容，只有相关且可靠的审计证据才是高质量的。

1. 审计证据的相关性

审计证据要有证明力，必须与注册会计师的审计目标相关。例如，注册会计师在审计过程中怀疑被审计单位发出存货却没有给顾客开票，需要确认销售是否完整。注册会计师应当从发货单中选取样本，追查与每张发货单相应的销售发票副本，以确定是否每张发货单均已开具发票。如果注册会计师从销售发票副本中选取样本，并追查至与每张发票相应的发货单，由此所获得的证据与完整性目标就不相关。

审计证据是否相关必须结合具体审计目标来考虑。在确定审计证据的相关性时，注册会计师应当考虑以下几点：

（1）特定的审计程序可能只为某些认定提供相关的审计证据，而与其他认定无关。例如，检查期后应收账款收回的记录和文件可以提供有关存在和计价的审计证据，但是不一定与期末截止是否适当相关。

（2）针对同一项认定可以从不同来源获取审计证据或获取不同性质的审计证据。例如，注册会计师可以分析应收账款的账龄和应收账款的期后收款情况，以获取与坏账准备计价有关的审计证据。

（3）只与特定认定相关的审计证据并不能替代与其他认定相关的审计证据。例如，有关存货实物存在的审计证据并不能够替代与存货计价相关的审计证据。

2. 审计证据的可靠性

审计证据的可靠性是指证据的可信程度。例如，注册会计师亲自检查存货所获得的证据，就比被审计单位管理层提供给注册会计师的存货数据更可靠。审计证据的可靠性受其来源和性质的影响，并取决于获取审计证据的具体环境。注册会计师在判断审计证据的可靠性时，通常会考虑下列原则：

（1）从外部独立来源获取的审计证据比从其他来源获取的审计证据更可靠。从外部独立来源获取的审计证据由完全独立于被审计单位以外的机构或人士编制并提供，未经被审计单位有关职员之手，从而减少了伪造、更改凭证或业务记录的可能性，因而其证明力最强。比如，银行询证函回函、应收账款询证函回函、保险公司等机构出具的证明等。相反，从其他来源获取的审计证据，由于证据提供者与被审计单位存在经济或行政关系等原因，其可靠性应被质疑。比如，被审计单位内部的会计记录和会议记录等。

（2）内部控制有效时比内部控制薄弱时内部生成的审计证据更可靠。如果被审计单位有着健全的内部控制且在日常管理中得到一贯执行，会计记录的可信赖程度将会增加。如果被审计单位的内部控制薄弱，甚至不存在任何内部控制，被审计单位内部凭证记录的可靠性就大为降低。例如，如果与销售业务相关的内部控制有效，注册会计师就能从销售发票和发货单中取得比内部控制不健全时更加可靠的审计证据。

（3）直接获取的审计证据比间接获取或推论得出的审计证据更可靠。例如，注册会计师观察某项控制的运行得到的证据比询问被审计单位某项内部控制的运行得到的证据更可靠。间接获取的证据有被涂改及伪造的可能性，降低了可信赖程度。推论得出的审计证据，其主观性较强，人为因素较多，可信赖程度也受到影响。

（4）以文件、记录形式（无论是纸质、电子或其他介质）存在的审计证据比口头形式的审计证据更可靠。例如，会议的同步书面记录比讨论事项事后的口头表述更可靠。口头证据本身并不足以证明事实的真相，仅仅提供一些重要线索，为进一步调查确认所用。例如，注册会计师在对应收账款进行账龄分析后，可以向应收账款负责人询问逾期应收账款收回的可能性。如果该负责人的意见与注册会计师自行估计的坏账损失基本一致，则这一口头证据就可成为证实注册会计师对有关坏账损失的判断的重要证据。但在一般情况下，口头证据往往需要得到其他相应证据的支持。

（5）从原件获取的审计证据比从传真件或复印件获取的审计证据更可靠。注册会计师可审查原件是否有被涂改或伪造的迹象，排除伪证，提高证据的可信赖程度。而传真件或复印件容易是编造或伪造的结果，可靠性较低。

注册会计师在按照上述原则评价审计证据的可靠性时，还应当注意可能出现的重要例外情况。例如，审计证据虽是从独立的外部来源获得，但如果该证据是由不知情者或不具备资格者提供，审计证据也可能是不可靠的。同样，如果注册会计师不具备评价证据的专业能力，那么即使是直接获取的证据，也可能不可靠。例如，如果注册会计师无法区分人造玉石与天然玉石，那么他对天然玉石存货的检查就不可能提供有关天然玉石是否实际存在的可靠证据。

3. 充分性和适当性之间的关系

充分性和适当性是审计证据的两个重要特征，两者缺一不可，只有充分且适当的审计证据才是有证明力的。

注册会计师需要获取的审计证据的数量受审计证据质量的影响。审计证据质量越高，需要的审计证据数量可能越少。也就是说，审计证据的适当性会影响审计证据的充分性。例如，被审计单位内部控制健全时生成的审计证据更可靠，注册会计师只需获取适量的审计证据，就可以为发表审计意见提供合理的基础。

需要注意的是，尽管审计证据的充分性和适当性相关，但如果审计证据的质量存在缺陷，那么注册会计师仅靠获取更多的审计证据可能无法弥补其质量上的缺陷。例如，注册会计师应当获取与销售收入完整性相关的证据，实际获取到的却是有关销售收入真实性的证据，审计证据与完整性目标不相关，即使获取的证据再多，也证明不了收入的完整性。同样，如果注册会计师获取的证据不可靠，那么证据数量再多也难以起到证明作用。

四、审计证据的整理

第一步，分类，即将各类审计证据按照证明力的强弱，或按照与审计目标的关系是否直接等分门别类排列成序。

第二步，计算，即按照一定的方法对数据方面的审计证据进行计算，并从计算中得出所需要的新证据。

第三步，比较，其包含两方面的内容：第一，将各类审计证据进行比较，分析被审计单位经济业务的变动趋势及特征。第二，与审计目标进行比较，判断审计证据是否符合要求；若不符合，需继续收集相关审计证据。

第四步，小结，即在上述工作的基础上，对审计证据进行归纳、总结，得出具有说服力的局部的审计结论。

第五步，综合各种证据，是指注册会计师对各类审计证据及其所形成的局部审计结论进行综合分析，以形成整体的审计意见。

五、审计证据的分析与评价

（一）评价充分性和适当性时的特殊考虑

1. 对文件记录可靠性的考虑

审计工作通常不涉及鉴定文件记录的真伪，注册会计师也不是鉴定文件记录真伪的专家，但应当考虑用作审计证据的信息的可靠性，并考虑与这些信息生成和维护相关的控制的有效性。

如果在审计过程中识别出的情况使其认为文件记录可能是伪造的，或文件记录中的某些条款已发生变动，注册会计师应当作出进一步调查，包括直接向第三方询证，或考虑利用专家的工作以评价文件记录的真伪。例如，如果发现某银行询证函回函有伪造或篡改的迹象，注册会计师应当作进一步的调查，并考虑是否存在舞弊的可能性。必要时，应当通过适当方式聘请专家予以鉴定。

2. 使用被审计单位生成信息时的考虑

如果在实施审计程序时使用被审计单位生成的信息，注册会计师应当就这些信息的准确性和完整性获取审计证据。例如，在审计收入项目时，注册会计师应当考虑价格信息的准确性及销售量数据的完整性和准确性。在某些情况下，注册会计师可能需要确定实施额外的审计程序，如利用计算机辅助审计技术来重新计算这些信息，测试与信息生成有关的控制等。

3. 证据相互矛盾时的考虑

如果针对某项认定从不同来源获取的审计证据或获取的不同性质的审计证据能够相互印证，与该项认定相关的审计证据则具有较强的说服力。例如，注册会计师通过检查委托加工协议发现被审计单位有委托加工材料，且委托加工材料占存货比例较大，经发函询证后证实委托加工材料确实存在。委托加工协议和询证函回函这两个不同来源的审计证据互相印证，证明委托加工材料真实存在。

如果从不同来源获取的审计证据或获取的不同性质的审计证据不一致，表明某项审计证据可能不可靠，注册会计师应当追加必要的审计程序。如果注册会计师发函询证后证实委托加工材料已加工完成并返回被审计单位，委托加工协议和询证函回函这两个不同来源的证据不一致，委托加工材料是否真实存在应当质疑。这时，注册会计师应追加审计程序，确认委托加工材料收回后是否未入库或被审计单位收回后予以销售而未入账。

4. 获取审计证据时对成本的考虑

注册会计师可以考虑获取审计证据的成本与所获取信息的有用性之间的关系，但不应以获取审计证据的困难和成本为由减少不可替代的审计程序。

在保证获取充分、适当的审计证据的前提下，控制审计成本也是会计师事务所增强竞争能力和获利能力所必需的。但为了保证得出的审计结论、形成的审计意见是恰当的，注册会计师不应将获取审计证据的成本高低和难易程度作为减少不可替代的审计程序的理由。例如，在某些情况下，存货监盘是证实存货存在性认定的不可替代的审计程序，注册会计师在审计中不得以检查成本高和难以实施为由而不执行该程序。

（二）分析与评价审计证据时应注意的问题

为使审计证据的分析与评价工作更加科学、合理、有效，注册会计师在整理和分析审计证据的过程中，应着重注意解决好以下问题：

（1）审计证据的取舍。审计证据取舍的目标是保证审计证据总体的有效性。审计结论应该是建立在相关审计证据基础上的一种综合判断结果，并不是对各项审计证据反映的简单汇总。然而，在相关审计证据体系中，各项审计证据的重要性程度及其对综合结论的影响性质是不同的。因而，在编制审计报告之前，注册会计师必须对原有的反映不同内容的审计证据进行适当的取舍，舍弃那些无关紧要的、不支持审计意见的次要证据，只选择那些具有代表性的、典型的、支持审计意见的重要证据在审计报告中加以反映。审计证据的取舍标准应考虑两个方面：一是金额的大小，注册会计师应当把金额大、足以对被审计单位财务状况或经营成果的反映产生重大影响的证据，作为重要的审计证据予以保留；二是问题的性质严重程度，有些审计证据本身所揭露问题的金额也许并不很大，但其性质却较为严重，可能导致其他重要问题的产生或与其他可能存在的重要问题有关，则注册会计师也应将这类审计证据作为重要的审计证据加以保留。

（2）分清事实的现象与本质。有些审计证据所反映的情况可能只是一种现象，注册会计师不能被这些表面现象所迷惑，而应该能够通过现象找出本质之所在。

（3）排除伪证。有时，审计证据的提供者出于某种动机而伪造证据，有关方面基于某些主观或客观原因而提供虚假证据。这些伪证或因精心炮制而以假乱真，或与被审事实之间存在某种巧合，如果不认真排除，辨明真相，往往会干扰注册会计师形成正确、恰当的审计结论和意见。

第二节　审计工作底稿

审计工作底稿是记录审计证据的载体，设计合理与否直接关系到审计结论是否准确。

一、审计工作底稿的含义与作用

（一）审计工作底稿的含义

审计工作底稿是审计证据的载体，是审计人员在审计过程中所形成的审计记录，获取相关的审计证据，得出审计结论的资料。审计工作底稿也是审计人员在审计工作过程中形成的记录和获取的有关资料，形成于审计过程，也反映整个审计过程。

（二）审计工作底稿的作用

审计工作底稿在审计工作中占有十分重要的地位，主要表现在以下几个方面：审计工作底稿是联系整个审计工作的纽带，是形成审计结论、发表审计意见的直接依据，用于佐证和解释审计报告，是明确审计责任、考评审计人员专业能力和工作业绩的重要证据，对未来审计业务具有参考价值。

二、审计工作底稿的种类

审计工作底稿可按性质、时间等不同标准进行分类。

（一）审计工作底稿按性质分类

（1）综合类工作底稿，是指审计人员在审计计划阶段和审计报告阶段为规划、控制和总结整个审计工作，发表审计意见所形成的工作底稿，主要包括被审计单位的基本情况表、审计业务约定书、审计计划书、审计总结、试算平衡表、审计报告以及审计人员对整个审计过程所有记录和资料。

（2）业务类工作底稿，是指审计人员在审计实施阶段，为执行具体审计程序所形成的审计工作底稿，如各种抽查表、测试表、审计程序表等。

（3）备查类工作底稿，是指审计人员在审计过程中形成的，对审计工作一般仅具有参考、备查作用的审计工作底稿，如批准书、营业执照、重要合同、协议、会议记录等文件的复印件。

（二）审计工作底稿按使用期限分类

（1）长久性档案的工作底稿，是指记录的内容固定，具有长期使用价值，并对以后审计工作具有重要影响和直接作用的审计工作底稿。

（2）当期档案的工作底稿又称一般档案的工作底稿，是指记录内容经常变动，只供当期审计使用和下期审计参考的审计工作底稿。

三、审计工作底稿的基本内容

（1）被审计单位的名称。

（2）审计项目名称。审计项目主要有两类：一类是对会计报表进行的实质性测试，如存货审计；另一类是在对某一业务循环目标进行的审计，如销售及收款循环审计。

（3）审计项目时点或期间。审计项目的时点指某一资产负债表项目的报告时点，如“2011 年 12 月 31 日”；审计项目的期间是指某一损益项目的报告期间，如“2011 年度”。

（4）审计过程记录，即审计人员对审计项目实施测试所作的记录。

（5）审计标识及其说明，是指审计人员为简洁表达审计含义而采用的符号。

（6）审计结论，即审计人员通过实施必要的审计程序，对审计项目所作的专业判断。

（7）索引号和页次，是指某一审计项目审计工作底稿的特定编号。

（8）编制者姓名及编制日期。编制审计工作底稿的审计人员必须在审计工作底稿上签名和签署日期。

（9）复核者姓名及复核日期。审计复核人员必须在其复核过的审计工作底稿上签名和签署日期。

（10）其他应说明事项，即审计人员根据专业判断，认为应在审计工作底稿中予以记录的其他事项。

四、审计工作底稿的形成与复核

（一）审计工作底稿的形成

（1）编制要求。审计工作底稿在内容上应做到资料翔实、重点突出、繁简得当、结论明确；在形式上应做到要素齐全、格式规范、标识一致、记录清晰。

（2）获取要求。审计工作底稿应注明资料来源，实施必要的审计程序，形成审计记录。

（二）审计工作底稿的复核

由于一份单独的审计工作底稿往往由一名审计人员编制完成，难免会在资料引用、专业判断和计算分类方面存在误差。因此，对已经编制完成的审计工作底稿必须安排有关专业人员进行复核，以保证审计意见的正确性和审计工作底稿的规范性。

（1）审计工作底稿复核制度，是审计机关或会计师事务所对有关复核人员的级别、复核人员的职责等作出的明文规定。

（2）审计工作底稿复核要点如下：

①审计工作底稿形式上各要素是否齐全，是否规范。

②审计工作底稿记录的事项所引用的资料是否翔实可靠。

③各种审计程序是否按计划实施并取得相应的证据。

④各种审计证据是否充分适当。

⑤审计判断是否有理有据。

⑥审计结论是否恰当。

（3）审计工作底稿复核的基本要求。复核审计工作底稿不仅关系到审计工作的效率与效果，而且也关系到审计质量及质量控制，是实施质量控制、降低审计风险的重要程序。因此，必须认真进行复核工作，制定明确的复核规则和要求。通常，复核时应注意以下要求：

①记录存在问题的答复与处理。如果复核中发现有不正确或不完善的问题，复核人员应指示有关人员予以答复和处理，并做出相关文字记录。

②签署姓名和日期。每一级的复核人员完成复核工作后，应在审计工作底稿中规定的位置签署姓名和复核日期，以分清复核责任，也便于上级复核人对下级复核人的监督。

③签署复核意见。各级复核人员完成复核工作后应明确地表示复核意见，并签署在审计工作底稿上。

④督促编制人员及时修正存在问题，完善补充有关资料。

（4）审计工作底稿三级复核制度。审计工作底稿三级复核制度是指以主任会计师、部门经理（或签字注册会计师）和项目负责人（或项目经理）为复核人，依照规定的程序和要点对审计工作底稿进行逐级复核的制度。三级复核制度的第一级复核称为详细复核，指由项目经理（或项目负责人）负责，对注册会计师编制或取得的审计工作底稿逐张进行复核，其目的在于按照准则的规范要求，发现并指出问题，及时加以修正完善。三级复核制度目前已成为较为普遍采用的形式，对于提高审计工作质量、加强质量控制起到重要的作用。

课后练习

一、单项选择题

1. 审计人员收集的审计证据的数量能足以证明被审计事项的真相，体现了审计证据的（　　）。

A. 充分性　　B. 可信性　　C. 重要性　　D. 真实性

2. 在审计抽样使用系统抽样法时，从1 200张凭证中抽取30张凭证作为样本进行审查，则抽样间隔为（　　）。

A. 30　　B. 40　　C. 50　　D. 60

3. 审计证据的（　　），即审计证据必须与审计监督内容的范围有关，与被审计事项有关。

A. 客观性　　B. 相关性　　C. 合法性　　D. 经济性

4. （　　）是指以实物形态来证明被审计事物真相的证据。

A. 环境证据　　B. 加工证据　　C. 书面证据　　D. 实物证据

5. （　　）是指审计人员在审计过程中随时可以获得的，不需要加工就能证明被审计事项真相的证据。

A. 基本证据　B. 辅助证据　C. 自然证据　D. 加工证据

6. （　）是对被审计事物有间接证明作用，有助于证明被审计事项真相的证据。

A. 直接证据　B. 辅助证据　C. 自然证据　D. 加工证据

7. 下列证据中属于实物证据的有（　）。

A. 现金盘点　B. 会计凭证　C. 会计账簿　D. 会计报表

8. 注册会计师执行财务报表审计业务获取的下列审计证据中，可靠性最强的是（　）。

A. 会议的同步书面记录　B. 应收账款函证回函

C. 采购订货单副本　D. 销售发票

9. 充分性和适当性是审计证据的两个重要特征，下列关于审计证据的充分性和适当性的表述中，不正确的是（　）。

A. 审计证据质量越高，需要审计证据的数量可能越少

B. 充分性和适当性两者缺一不可，只有充分且适当的审计证据才是有证明力的

C. 如果审计证据的质量存在缺陷，仅靠获取更多的审计证据可能无法弥补其质量上的缺陷

D. 审计证据的充分性与适当性密切相关，审计证据的充分性一定会影响其适当性

10. 审计工作底稿归整形成审计档案，以下关于审计档案的表述不恰当的是（　）。

A. 对每项具体审计业务，注册会计师应当将审计工作底稿归整为审计档案

B. 永久性档案是指那些记录内容相对稳定，具有长期使用价值，并对以后审计工作具有重要影响和直接作用的审计档案

C. 当期档案是指那些记录内容经常变化，主要供当期审计使用的审计档案

D. 永久性档案需要永久保存，当期档案至少保存10年

11. 审计工作底稿的归档期限是（　）。

A. 审计报告日或审计业务中止后60天内

B. 审计报告日后30天

C. 审计业务中止后90天

D. 审计业务约定书签订后60天

12. 关于审计工作底稿的存在形式，以下陈述中，恰当的是（　）。

A. 仅以纸质形式存在

B. 应当以纸质或电子形式存在

C. 可以以纸质、电子或其他介质形式存在

D. 不能以纸质和电子形式以外的形式存在

二、多项选择题

1. 按审计证据的表现形式分类，可分为（　）。

A. 实物证据　B. 书面证据　C. 口头证据　D. 基本证据

2. 按审计证据的来源分类，可分为（　）。

A. 亲历证据　B. 环境证据　C. 外部证据　D. 内部证据

3. 下列属于实物证据的有（　）。

A. 库存现金　　B. 有价证券　　C. 应收账款　　D. 存货

4. 下列属于书面证据的有（　　）。

A. 会计凭证　　B. 账簿　　C. 会计报表　　D. 合同

5. 下列关于审计证据的充分性和适当性的说法中，正确的有（　　）。

A. 审计证据的适当性是对审计证据质量的衡量

B. 审计证据的充分性是对审计证据数量的衡量

C. 注册会计师可以依靠获取更多的审计证据来弥补其质量上的缺陷

D. 错报风险越大，需要的审计证据可能越多；审计证据质量越高，需要的审计证据可能越少

6. 在确定审计证据的数量时，下列说法中错误的有（　　）。

A. 当评估的重大错报风险水平较高时，可以通过调高重要性水平的方式来减少审计程序的数量，以控制审计成本

B. 审计证据的质量越高，则需要的审计证据数量可能越少

C. 如果注册会计师获取的证据不可靠，可以通过增加审计证据的数量来增强证明力

D. 评估的重大错报风险水平越低，需要的审计证据越少

7. 注册会计师通过对财务报表的审计，获取的下列审计证据中，属于被审计单位内部证据的有（　　）。

A. 被审计单位管理层声明书

B. 被审计单位提供的销售合同

C. 被审计单位提供的供应商开具的发票

D. 被审计单位提供的律师事务所的律师声明书

8. 按审计证据的表现形态分类，可以分为（　　）。

A. 环境证据　　B. 实物证据　　C. 书面证据　　D. 口头证据

9. 注册会计师在被审计单位收集的环境证据主要包括（　　）。

A. 管理条件、管理水平　　B. 内部控制是否良好

C. 关联方交易　　D. 管理人员素质

10. 以下文件可以列为审计工作底稿的有（　　）。

A. 总体审计策略和具体审计计划　　B. 管理层声明书

C. 管理建议书　　D. 业务约定书

三、判断题

1. 会计记录中含有的信息本身并不足以提供充分的审计证据作为对财务报表发表审计意见的基础，注册会计师还应当获取用作审计证据的其他信息。（　　）

2. 为了证实审计结论，审计人员取得相关的审计证据越多越好。（　　）

3. 注册会计师需要获取的审计证据的数量也受审计证据质量的影响。审计证据质量越高，需要的审计证据可能越少。（　　）

4. 以文件记录形式（无论是纸质、电子或其他介质）存在的审计证据比口头形式的审计证据更可靠。（　　）

5. 如果在实施审计程序时使用被审计单位生成的信息，注册会计师应当就这些信息的准确性和完整性获取审计证据。（　　）

6. 在评估认定层次重大错报风险时，预期控制的运行是有效的，注册会计师可以不实施控制测试。（　　）

7. 注册会计师可能得到的审计证据很多是说服性而非结论性的，因此，绝对肯定的审计意见是难以形成的。（　　）

8. 口头证据往往需要得到其他相应证据的支持。（　　）

9. 实物证据的存在本身就具有很大的可靠性，所以实物证据具有较强的证明力。（　　）

10. 环境证据是指对审计事项产生影响的各种环境事实，一般属于主要的审计证据。（　　）

案例实训

案例一

背景：XYZ公司2020年12月31日财务报表显示，其应收账款余额为20万元，备抵坏账6 000元。注册会计师小王运用所有的审计程序审核了上述两个账户，认为表述恰当，符合会计准则要求。但在2021年1月15日外勤工作尚未结束时，XYZ公司的主要客户ABC公司因遭受火灾而无力偿还应付XYZ公司的债务。2020年12月31日的账面显示，当时XYZ公司应收ABC公司的账款金额为44 000元。现注册会计师小王与XYZ公司的财务经理讨论有关火灾情况。小王认为，报表上要调整这一火灾损失。而财务经理认为，不应调整这一损失，因为火灾发生在2021年。

问题：

（1）小王应如何取得证据证明这一损失是发生在2021年，而不是在2020年？

（2）哪些证据将成为调整2020年财务报表的依据？

分析提示：

（1）注册会计师应通过取得有关部门对火灾的鉴定报告，来证实火灾确实发生在2021年而不是在2020年，如消防保险以及公安部门等。

（2）根据这些报告日期，可以基本确认坏账发生在2015年的年度财务报表结算日之后，所以可确认2020年XYZ公司财务状况良好，欠款可以收回。故2020年不应增加提取场坏账准备。但由于该项损失重大，因此，应在2020年财务报表的附注中予以说明，或者另行编制调整后的财务报表以供参考，披露ABC公司无力偿债后对XYZ公司财务状况的影响。

案例二

背景：A注册会计师在对甲公司2020年度财务报表进行审计时，收集到以下六组审计证据：

（1）收料单与购货发票。

（2）销货发票副本与产品出库单。

（3）领料单与材料成本计算表。

（4）工资计算单与工资发放单。

（5）存货盘点表与存货监盘记录。

（6）银行询证函回函与银行对账单。

问题：请分别说明每组审计证据中哪项审计证据较为可靠，并简要说明理由。

分析提示：

（1）购货发票比收料单可靠。这是因为购货发票来自于公司以外的机构或人员；而收料单是公司自行编制的。

（2）销货发票副本比产品出库单可靠。这是因为销货发票是在外部流转，并获得公司以外的机构或个人的承认；而产品出库单只在公司内部流转。

（3）领料单比材料成本计算表可靠。这是因为领料单预先被连续编号，并且经过公司不同部门人员的审核；而材料成本计算表只在会计部门内部流转。

（4）工资发放单比工资计算单可靠。这是因为工资发放单需经会计部门以外的工资领取人签字确认；而工资计算单只在会计部门内部流转。

（5）存货监盘记录比存货盘点表可靠。这是因为存货监盘记录是注册会计师自行编制的；而存货盘点表是公司提供的。

（6）银行询证函回函比银行对账单可靠。这是因为银行询证函回函是注册会计师直接获取的，未经公司有关职员之手；而银行对账单经过公司有关职员之手，存在伪造、涂改的可能性。

案例三

注册会计师在对某公司进行审计时，发现该公司内部控制不健全。在此情况下，注册会计师能否依赖下列证据：①销售发票副本；②存货监盘盘点表；③律师声明书；④管理层声明书；⑤会计记录；⑥对行业成本变化趋势的分析。

分析提示：

（1）不能依赖。销售发票副本属于被审计单位自己提供的，在内部控制制度具有严重缺陷的情况下，其可靠性较低，所以不能依赖。如果该销售发票副本与向购货单位函证的结果一致，则可靠性高一些。

（2）可以依赖。监盘客户的存货是注册会计师亲自实施的，证明力较强，其可靠程度一般不受内部控制的影响，但不能确定存货所有权归属及其价值情况。

（3）可以依赖。律师声明书属于被审计单位外部人员提供的，在内部控制具有严重缺陷的情况下，其证明力仍较强。

（4）不可依赖。被审计单位管理层声明书是一种可靠性较低的证据。在内部控制具有严重缺陷时，它的可靠性更低。

（5）不可依赖。会计记录属于被审计单位自己编制和记录的，在内部控制具有严重缺陷时，出现错误舞弊的可能性较大，所以不可依赖。

（6）可以依赖。对行业成本变化趋势的分析，是注册会计师通过分析程序取得的证据，这类证据在内部控制具有严重缺陷时，会显示重大的异常波动，更应引起注册会计师的关注。所以，这类证据也可以依赖。

第五章 审计程序和审计方法

学习目标

通过本章学习，能够理解各类审计程序的作用，熟练运用审计方法获取审计证据。

案例引入

美国联区金融集团租赁公司审计案

美国联区金融集团租赁公司是一家从事金融服务的企业，公司有可公开交易的债券上市，美国证券交易委员会要求它定期提供财务报表。经过7年的发展，联区金融集团租赁公司的雇员已超过4万名，在全国各地设有10个分支机构，未收回的应收租赁款接近4亿美元，占合并总资产的35%。

1981年年底，联区金融集团租赁公司进攻型市场策略的弊端开始显现出来，债务拖欠率日渐升高，该公司不得不采用多种非法手段，来掩饰其财务状况已经恶化的事实。美国证券交易委员会指控联区金融集团租赁公司在其定期报送的财务报表中，始终没有对应收租赁款计提充足的坏账准备金。1981年以前，坏账准备金为1.5%，1981年调增至2%，1982年调增至3%。尽管这种估计坏账损失的会计方法，美国证券交易委员会是认可的，但该联邦机构一再重申，联区金融集团租赁公司的管理当局应该早就知晓，它们所选用的固定比率，百分比实在太小了。事实上，截至1982年9月，该公司应收账款中拖欠期超过90天的金额，已高达20%以上。对坏账准备金缺乏应有的控制所引起的一个直接后果是，财务报表中该账户的金额被严重低估。

美国证券交易委员会对塔奇·罗丝会计师事务所在联区金融集团租赁公司1981年度审计中的表现极为不满。联邦机构指责该年度的审计“没有进行充分的计划和监督”。美国证券交易委员会宣称，会计师事务所在编制联区金融集团租赁公司1981年度的审计计划及设计审计程序时，没有充分考虑存在于该公司的大量审计风险因素。事实上，美国证券交会发现，1981年度的审计计划“大部分是以前年度审计计划的延续”。该审计计划缺陷如下：

(1) 塔奇·罗丝会计师事务所没有对超期应收租赁款账户的内部会计控制加以测试。由于审计计划没有测试公司的会计制度是否能准确地确定应收租赁款的超期时间，审计人员无法判断从客户那里获取的账龄汇总表是否准确。

(2) 塔奇·罗丝会计师事务所的审计计划只要求测试一小部分（8%）未收回的应收租赁款。由于把大部分注意力集中在金额超过5万美元、拖欠期达120天的超期应收租赁款上，塔奇·罗丝会计师事务所忽略了相当一部分无法收回的应收租赁款。

(3) 尽管审计计划要求对客户坏账核销政策进行复核，但并没有要求外勤审计人员去确定该政策是否被实际执行。事实上，该公司并没有遵循其坏账核销政策。联区金融集团租赁公司实际采用的是一种核销坏账的预算方法，可以随时将大量无法收回的租赁款冲销坏账准备，而事先却根本没有对这些应收租赁款计提坏账准备金。据美国证券交易委员会称，某些无法收回的应收租赁款挂账多达几年。

(4) 塔奇·罗丝会计师事务所无视联区金融集团租赁公司审计的复杂性以及非同寻常的高风险性，在所分派的执行1981年度审计聘约的审计人员中，大多数人对客户以及租赁行业的情况非常陌生。事实上，该公司的会计主管后来作证说，塔奇·罗丝会计师事务所第一次分派了一些对租赁行业少有涉猎或缺乏经验甚至一无所知的审计人员来执行审计。

美国证券交易委员会决定对该事务所进行惩罚，并批评了塔奇·罗丝会计师事务所负责监督指导联区金融集团租赁公司1980—1982年度审计工作的合伙人。

由案例可见，审计计划是审计人员为了高效地完成某项审计业务而制定的预期性的、整体性的工作安排。塔奇·罗丝会计师事务所在审计计划中忽视了联区金融集团租赁公司审计的复杂性及高风险性，在人员的分工与计划的执行上都有漏洞，结果导致了审计失败。联区金融集团租赁公司审计案例的发生，说明在具体实施审计之前要非常重视总体审计策略的编制，在制定可行的总体审计策略的基础上，还应当注重总体审计策略的执行。同时，为了降低审计风险，要充分考虑负责审计的注册会计师的专业胜任能力，进行合理的分工。

第一节 审计程序

为了完成审计工作，实现审计目标，审计人员必须在审计工作一开始就要作出相关的决策，如怎样收集审计证据，选取什么样的审计证据等。决策失误可能导致延长审计时间，增加审计费用，降低审计工作效率；也可能所用时间虽短，费用较低，但未取得充分的证据，致使审计结论不准确，影响审计质量。对收集到的审计证据还需要逐个加以鉴定，判断其内容的真伪和效用，使证据的潜在证明力转化为现实的证明力，再将筛选保留的证据按审计目标加以归纳综合，使其成为具有充分证明力的一系列证据，从而形成审计意见和结论。

注册会计师可以通过以下审计程序来获取审计证据。

一、检查记录或文件

检查记录或文件是指注册会计师对被审计单位内部或外部生成的，以纸质、电子或其他介质形式存在的记录或文件进行审查。检查记录或文件的目的是对财务报表所包含或应包含的信息进行验证。例如，被审计单位通常对每一笔销售交易都保留一份顾客订单、一张发货单和一份销售发票副本。这些凭证对注册会计师验证被审计单位记录的销售交易的正确性是有用的证据。

（一）原始凭证的检查

检查原始凭证上反映的经济业务是否符合规定。

检查原始凭证上记载的抬头、日期、数量、单价、金额等方面的字迹是否清晰、数字是否相符，有无涂改情况。

审查填制原始凭证的单位名称、地址和公章，审查凭证的各项手续是否完备。如有不符合规定的情况，就可能存在问题。

（二）记账凭证的检查

检查记账凭证是否附有合法的原始凭证。

检查记账凭证的审批传递手续是否符合规定程序，有无制单、复核、记账和主管人员的签章。

检查记账凭证上载明的所附原始凭证张数是否与原始凭证的张数一致，记账凭证的记录是否符合会计制度的规定，会计分录编制及金额是否正确，是否正确记入总账、明细分类账，业务摘要是否与原始凭证记载的经济活动内容相一致。

（三）账簿的检查

检查账簿启用手续、使用记录和交接记录是否齐全完整；期初和期末余额的结转、承前页、转下页、月结和年结是否符合规定。

检查账簿各项记录是否规范和完备，如业务摘要、对应科目是否齐全，有无涂改痕迹，是否按规定的方法更正记账错误。

检查账簿记录的内容是否真实、正确。特别是注意检查应收应付账款、材料成本差异、长期待摊费用、管理费用、制造费用等容易掩盖错弊和经常反映会计转账事项的账簿。

（四）财务报表的检查

检查财务报表的编制是否符合会计准则及国家有关财务会计制度规定。

检查财务报表项目是否完整，各项目的对应关系和勾稽关系是否正确，相关数据是否一致。

检查财务报表附注是否对应予以揭示的重大问题作了充分的披露。

（五）其他书面资料的检查

检查计划、预算和定额时，可结合上期拟定的计划、预算和定额与实际的执行结果和完成情况，检查计划、预算和定额的制定偏高还是偏低，是否适度，有无冒进或保守的情况，还要根据本期的计划、预算和定额的执行情况，查看各项指标是否完成。

检查合同时，主要检查合同的签订是否合法，是否有效；检查合同内容是否符合《中华人民共和国民法典》的规定，合同条款是否齐全，合同签订手续是否完整，实际执行结果是否与合同一致。

检查规章制度时，主要检查单位内部制定的规章制度是否符合企业的实际情况；检查内部控制制度是否健全等。

二、检查有形资产

检查有形资产按照方式不同分为直接盘存和监督盘存两种形式。

（1）直接盘存是指注册会计师亲自到现场盘点实物，并要求被审计单位有关人员协同执行，以证实书面资料同有关的财产物资是否相符的方法。这种方法在实际中应用较少，常用于数量较小容易出现舞弊行为的贵重财产物资，如贵重文物、珠宝、贵重材料的盘点。

（2）监督盘存是指注册会计师现场监督被审计单位对各种实物资产及现金、有价证券等进行盘点，并进行适当的检查。一般而言，实物资产的盘点是被审计单位管理当局的责任，应由被审计单位进行计划、组织和实施，注册会计师只进行现场监督并适当抽查复点。注册会计师抽点部分如发现差异，除应督促被审计单位更正外，还应扩大抽查范围，如发现差错过大，则应要求被审计单位重新盘点。

检查有形资产只能对实物资产是否确实存在提供有力的审计证据，但无法验证实物资产的所有权和计价情况。因此，注册会计师在盘点之前，还应采取其他方法验证实物资产的所有权和计价情况。

三、观察

观察是指注册会计师察看相关人员正在从事的活动或执行的程序。例如，对客户执行的存货盘点或控制活动进行观察。观察可以提供与执行有关的过程或程序的审计证据，但观察所提供的审计证据仅限于观察发生的时点，而且被观察人员的行为可能因为接受观察而受到影响，这会使观察提供的审计证据受到限制。

在运用观察程序取证时，注册会计师需要做到：一是认真、仔细、有深度，不以偏概全；二是在被审计单位不知晓的情况下进行观察，以取得真实资料；三是做好观察记录，如有必要，可以采用摄影和录像的方法收集证据；四是要注意与其他类型的审计证据相互印证。

四、询问

询问是指注册会计师以书面或口头方式，向被审计单位内部或外部的知情人员获取财务信息和非财务信息，并对答复进行评价的过程。作为其他审计程序的补充，询问广泛应用于整个审计过程中。

知情人员对询问的答复可为注册会计师提供审计线索，也可作为佐证证据。知情人员对询问的答复可能与注册会计师已获取的信息存在重大差异，此时，注册会计师应当根据询问结果修改审计程序或追加审计程序。但是由于被询问者的答复渗透着个人的主观意识，因此询问结果可靠性较差，询问本身不足以发现认定层次存在的重大错报，也不足以测试内部控制运行的有效性，注册会计师还应当实施其他审计程序以获取充分、适当的审计证据。

五、函证

函证是指注册会计师为了获取影响财务报表或相关披露认定的项目的信息，通过直接来自第三方的对有关信息和现存状况的声明，获取和评价审计证据的过程，如对应收账款或银行存款余额的函证。

（一）函证对象

注册会计师应当对银行存款、借款及金融机构往来的其他重要信息、应收账款以及其他事项（如交易性金融资产、应收票据、其他应收款、预付账款，其他单位代为保管、加工和销售的存货、长期股权投资、应付账款、预收账款、或有事项、重大或异常交易等）实施函证程序。可见，函证通常用于账户余额及其组成部分，但不局限于这些项目。例如，为确认合同条款是否发生变动及变动细节，注册会计师可函证被审计单位与第三方签订的合同条款。

（二）函证范围

根据对被审计单位的了解、评估的重大错报风险以及所测试总体的特征等，注册会计师可以确定从总体中选取特定项目进行测试。选取的特定项目应包括金额较大的项目，账龄较长的项目，交易频繁但期末余额较小的项目，重大关联方交易项目，重大或异常的交易项目，可能存在争议、舞弊或错误的项目等。

（三）函证时间

注册会计师通常以资产负债表日为截止日，在资产负债表日后适当时间内实施函证。如果重大错报风险评估为低水平，注册会计师可选择资产负债表日前适当日期为截止日实施函证，并对所函证项目自该截止日起至资产负债表日止发生的变动实施实质性程序。

（四）函证方式

注册会计师可采用积极的或消极的函证方式实施函证，也可以将两种方式结合使用。

1. 积极的函证方式

积极的函证方式，要求被询证者在所有情况下必须回函。积极的函证方式又分为两种：在询证函中列明拟函证的账户余额或其他信息，要求被询证者确认所函证的款项是否正确；在询证函中不列明账户余额或其他信息，要求被询证者填写有关信息。

在采用积极的函证方式时，只有注册会计师收到回函，才能为财务报表认定提供审计证据。注册会计师没有收到回函，可能是由于被询证者根本不存在，或是由于被询证者没有收到询证函或没有理会询证函。

2. 消极的函证方式

消极的函证方式，只要求被询证者在仅在不同意询证函列示信息的情况下才予以回函。

对消极式询证函而言，未收到回函并不能表明被询证者已经收到询证函或已经核实了询证函。因此，消极式询证远不如积极式询证提供的审计证据有说服力。当同时存在下列情况时，注册会计师应考虑采用消极的函证方式：重大错报风险评估为低水平，涉及大量余额小的账户，预期不存在大量的错误，没有理由相信被询证者不认真对待函证。

注册会计师可将两种方式结合使用。以应收账款为例，当应收账款的余额由少量的大额应收账款和大量的小额应收账款构成时，注册会计师可以对大额应收账款样本采用积极的函证方式，而对小额应收账款样本采用消极的函证方式。

（五）函证的实施与评价

1. 函证实施过程的控制

当实施函证时，注册会计师应当采取下列措施对函证过程进行控制：

（1）将被询证者的姓名、单位名称和地址与被审计单位有关记录核对；

（2）将询证函中列示的账户余额和其他信息与被审计单位有关资料核对；

（3）在询证函中列明直接向会计师事务所回函；

（4）询证函经被审计单位签章后，由注册会计师直接发出；

（5）将发出询证函的情况形成审计工作记录；

（6）将收到的回函形成审计工作记录，并汇总审计函证结果。

2. 对电子形式回函的处理

对于电子形式的回函（如传真或电子邮件），由于回函者的身份及其授权情况很难确定，对回函的更改也难以发觉，因此可靠性存在风险。注册会计师和回函者应采用一定的程序为电子形式的回函创造安全环境，降低该风险。电子函证程序可以采用多种确认发件人身份的技术，如加密技术、电子数码签名技术、网页真实性认证程序等。

3. 评价函证的可靠性

函证所获取的审计证据的可靠性主要取决于注册会计师设计询证函、实施函证程序和评价函证结果等程序的适当性。在评价函证的可靠性时注册会计师应当考虑：对询证函的设计、发出及收回的控制情况，被询证者的胜任能力、独立性、回函情况、对函证项目的了解及其客观性，被审计单位施加的限制或回函中的限制。

如果认为询证函回函不可靠，注册会计师应当采取应对措施。例如，注册会计师可以通过直接打电话给被询证者等方式以验证回函的内容和来源。

4. 对不符事项的处理

询证函回函中的不符事项可能显示财务报表存在错报。当识别出错报时，注册会计师要评价该错报是否表明存在舞弊。但某些不符事项并不表明存在错报，例如，询证函回函的差异是由于函证时间安排、计量或书写错误造成的。

（六）重新计算

重新计算是指注册会计师以人工方式或使用计算机辅助审计技术，对记录或文件中数据计算的准确性进行核对。重新计算可通过手工方式和电子方式进行，注册会计师需要验证的主要包括以下内容：

（1）对凭证、账簿、报表中有关项目的小计、合计、总计、差额、乘积等进行计算。

（2）对固定资产折旧率、汇兑损益、职工福利费的提取、有关税金的计算进行重新计算，验算其结果是否正确。

（3）对成本、费用归集和分配的结果进行验算。

（4）对会计补充资料，如流动比率、负债率、资产周转率、利润率等指标进行验算。

（七）重新执行

重新执行是指注册会计师以人工方式或使用计算机辅助审计技术，重新独立执行作为被审计单位内部控制组成部分的程序或控制。例如，注册会计师利用被审计单位的银行存款日记账和银行对账单，重新编制银行存款余额调节表，并与被审计单位编制的银行存款余额调节表进行比较。

（八）分析程序

分析程序是指注册会计师通过研究不同财务数据之间及财务数据与非财务数据之间的内在关系，对财务信息作出评价。例如，注册会计师可以对被审计单位的财务报表和其他会计资料中的重要比率及其变动趋势进行分析性复核，以发现其异常变动项目。对于异常变动项目，注册会计师应重新考虑其所采用的审计方法是否合适。必要时，应追加适当的审计程序，以获取相应的审计证据。分析程序还包括调查与其他相关信息不一致或与预期数据严重偏离的波动。一般而言，在整个审计过程中，注册会计师都将运用分析程序。在实务中，可使用的方法主要包括账户分析法、比较分析法、比率分析法、趋势分析法、因素分析法和合理性测试法等。

（1）账户分析法。这是指利用账户之间的对应关系，对发生额、余额进行分析，从中发现错误和异常。注册会计师通常对容易发生问题的明细账，如应收应付和费用账户进行分析，从中发现问题，为下一步审计提供线索。

（2）比较分析法。这是指将报表项目与既定标准进行比较，这种标准可以是计划数、预算数或同行业标准等。

（3）比率分析法。这是指将报表中的某一项目同相关项目进行比较，比率分析可将不可比的指标数据转化为可比的指标数据。比率分析包括构成比率（如流动资产占全部资产比率）分析和相关比率（如流动比率）分析。

（4）趋势分析法。这是对某一项目连续若干期数据的变动金额及其百分比进行计算后，分析该项目的变动方向和增减幅度。通过趋势分析，注册会计师可以确定被审项目在被审期内是否发生重大变化、有无新的发展趋势。

（5）因素分析法。这是指将影响某一事项的各个因素分离出来，在此基础上分析各因素变动对该事项的影响程度，以查明原因的一种分析方法。如产品销售利润的影响因素可分解为销售量、销售价格、销售成本费用、销售税金等，通过测定各因素的变动对销售利润的影响程度，找出存在问题。

（6）合理性测试。这是指利用项目之间的关联关系，测试某项目金额是否合理。例如，注册会计师对制造业的营业收入进行分析时，可以将营业收入与运费、电费、水费、办公费等联系起来作配比分析。

在整个审计过程中，注册会计师都可以运用以下分析程序：

（1）用作风险评估程序。审计人员实施风险评估程序的目的在于了解被审计单位及其环境，评估重大错报风险。在风险评估过程中使用分析程序也是服务于这一目的。分析程序可以帮助审计人员发现财务报表中的异常变化，识别存在重大错报风险的领域。例如，注册会计师根据对被审计单位及其环境的了解，得知本期在生产成本中占较大比重的原材料成本大幅上升。因此，注册会计师预测在销售收入未有较大变化的情况下，由于销售成本的上升，毛利率应相应下降。但是注册会计师借助分析程序发现，本期与上期的毛利率变化不大，注册会计师可据此认定销售成本存在重大错报风险。

（2）用作实质性程序。当使用分析程序比细节测试能更有效地将认定层次的检查风险降至可接受的水平时，分析程序可以用作实质性程序。在实施进一步审计程序时，审计人员可以将分析程序作为实质性程序的一种，单独或结合其他细节测试，收集审计证据。此时运用分析程序可以减少工作量，节约审计成本，降低审计风险，使审计工作更有效率和效果。

（3）用作总体复核。在审计结束或临近结束时，注册会计师运用分析程序的目的是确定财务报表整体是否与其对被审计单位的了解一致。审计人员应当运用分析程序，对财务报表整体的合理性作最终把握，评价报表仍然存在重大错报风险而未被发现的可能性，考虑是否需要追加审计程序，以便为发表审计意见提供合理基础。

一般而言，注册会计师所收集到的初始证据往往是分散、零乱、无序和孤立的，证据形式也是复杂多样的。要使其变成系统、有序、彼此联系，并具有充分、适当证明力的证据，必须按照一定的程序、目的和方法进行科学的整理、分析和评价，使之条理化、系统化。这样，注册会计师才能对各种审计证据合理地进行审计小结，对被审计单位财务报表等有关会计资料形成比较完整的认识，并在此基础上，正确评价其是否恰当地反映了被审计单位的财务状况、经营成果及现金流量。通过对审计证据的分析和整理，还可以发现证据的不足之处，及时进行补充收集，以便获取新的证据材料，把审计工作引向深入。

第二节　审计方法

一、审计方法相关概念

（一）审计方法的含义

审计方法是指审计人员检查和分析审计对象，收集审计证据，并按照审计依据或标准进行评价，从而形成审计结论和意见的各种专门技术手段的总称。全面掌握和正确运用审计方法，对于实现审计的目标和任务，提高审计工作的质量是十分必要的。从狭义上讲，审计方法是指与取得审计证据有关的各种基本方法和手段，即审计取证方法。

（二）审计方法的意义

审计方法是从长期审计实践中总结和积累起来的，是为实现审计目标和完成审计任务服务的。不同的审计目标和要求，所选用的审计方法也有所不同。审计方法的选用是否恰当，与审计结果的正确与否有着密切的联系。

选用恰当的审计方法，可以尽快发现问题，弄清事实真相，缩短审计时间，节约人力、物力，提高工作效率，收到事半功倍的效果。反之，如果采用的审计方法与审计特定目标和被审计事项的实际情况不相适应，不但不能以一定的人力、物力取得必要的审计证据，而且还会误入歧途，导致错误的审计意见和结论。因此，学好审计方法，并加以正确运用，对做好审计工作、发挥审计作用有着重要的意义。

目前，我国常用的审计的方法一般可分为审计的基本方法和审计的技术方法。

二、审计的基本方法

审计的基本方法是以审计工作先后顺序和审计工作的范围或详细程度而进行划分的某种方法，是各种审计通用的、普遍性的方法。可将其概括为以下几个方面：

（1）审计审查，是指依据财经法律法规审查被审计单位的会计资料和有关资料。

（2）审计分析，是指审计审查后进行审计分析，查明问题的原因，是过失错误导致还是舞弊行为。

（3）审计调整，是指通过审查后发现问题，按公司法、税法、企业会计制度以及会计处理原则，对错误进行处理或对经济业务进行调整，通过调整使之正确无误。

（4）审计报告，是指在审计结束后，根据发现的问题，比照审计依据确定其性质，然后形成的书面文件及其意见。

三、审计的技术方法

不同的审计目标，需要收集或取得不同的证据，因而也需要采用不同的审计方法。收集审计证据的方法种类繁多，但归纳起来可分为审查书面资料和证实客观事物两大类。

（一）审查书面资料的方法

审查书面资料的方法主要是指对书面凭证进行审计的方法，包括对会计凭证、会计账簿和财务报表进行审计。

1. 审阅法

审阅法是指通过仔细审查和翻阅会计凭证、会计账簿和会计报表，以及计划、预算和可行性研究报告等书面资料，查明书面资料及其反映的经济业务的真实性、合法性和效益性，从中发现错弊或疑点，以收集书面证据的一种审查方法。

（1）审阅会计凭证包括审阅原始凭证和记账凭证。审阅原始凭证主要查看原始凭证所反映的经济业务是否符合规定，凭证上记载的抬头、日期、数量、单价、金额等方面的字迹是否清晰，填写原始凭证的单位名称、地址、名章、手续是否完整清楚，字迹、数字有无涂改情况。审阅记账凭证主要审阅记账凭证的记载内容是否符合会计制度的规定，所记账户名称和会计分录是否正确，有无错用账户或记错方向等情况。

（2）审阅账簿主要是审查日记账、分类账、备查簿的会计科目及其金额。必要时，还需查对记账凭证的原始凭证，以查明反映的经济业务是否正常。在审阅明细分类账时，要审查明细分类账的记载是否符合会计制度的规定。若明细分类较多时，可选择重点内容进行审阅，尤其是那些容易隐藏错弊的账户，如材料成本差异账户、应收应付款项账户等。

（3）审阅财务报表应注意审阅其编制是否符合《企业会计准则》及其他有关规定，以及财务报表附注是否按照《企业会计准则第1号——存货》等38项具体会计准则要求对相关的内容作了充分的披露。

（4）对计划资料、经济合同和其他有关经济资料进行审阅时，应重点查验资料来源是否可靠，数据计算是否正确，业务内容是否符合法规政策，营运管理是否符合经营管理原理、方法和规章制度，有助于较全面地掌握情况并发现问题。

2. 核对法

核对法是指对凭证、账簿和报表等书面资料之间的关系进行相互对照审查，借以查明证、账和表之间是否相符，从而取得有关错弊的书面证据的一种复核查对方法，包括下列内容：

（1）原始凭证之间、原始凭证与记账凭证、记账凭证与汇总记账凭证之间的核对，主要核对日期、内容、数量、金额等是否相符。

（2）记账凭证或原始凭证与所记账簿核对，主要核对凭证的日期、会计科目、明细科目、金额，同记入或过入序时账簿、分类账簿、备查账簿的相应记录是否相符，以及各种账簿转次页、承前页的金额是否相符。

（3）明细分类账与总分类账核对，主要核对期初余额、本期发生额和期末余额。

（4）明细分类账与报表核对，主要核对明细分类账的时间、总额同有关报表的项目、时间、金额是否相符。

（5）报表之间有关项目的核对，主要核对会计报表上数字计算是否正确无误，核对相关会计报表之间的相关数字是否相符。

（6）计划、预算、核算、可行性研究报告、合同等书面资料中的项目和数据，应同业务核算、统计核算、会计核算等书面资料核对。

3. 顺查法

顺查法又称正查法，是指按照会计账务处理的程序，依次对会计凭证、会计账簿和会计报表各个环节进行审查核对的一种方法。具体操作流程：首先审查原始凭证是否真实正确、合理合法，并核对记账凭证；然后再以记账凭证核对账簿，审查账证是否一致，总分类账余额同所属明细分类账余额的合计是否一致；最后以账簿核对会计报表，审查调整结账事项同所编的报表是否一致。顺查法的优点是系统全面，可以查明证证、账证、账账以及账表是否相符，可避免差错和遗漏。但是，如果凭证繁多，就会造成工作量过大，耗费人力和时间太多，影响对重点问题的检查。因此，顺查法一般适用于管理及会计工作和经济活动比较简单的单位的财务收支和专案审计。

4. 逆查法

逆查法又称倒查法，是按照会计账务流程的相反方向，依次对会计报表、会计账簿、会计凭证各个环节审查核对的一种方法。首先审核财务报表，再由报表核对账簿，最后由账簿核对凭证，便于抓住主要问题，可以节省时间，但不易把所有问题揭露出来。逆查法的适用范围非常广泛，除了管理非常混乱、账目资料不全的单位，以及某些特别重要的审计项目外，其余场合均能采用。

5. 查询法

查询法是指审计人员对审计过程中发现的疑点和问题，通过向有关方面调查询问，弄清事实取得证据的一种方法。查询法采用审阅、核对、重算等方法，发现书面资料未能提供充分可靠信息，以及书面资料本身存在不足之处，从而取得切实可靠的审计证据。查询必须形成书面记录，并由答询人员签字盖章，作为查询证实的证据。查询证据包括面询法和函询法两种。

（1）面询法是指直接对经手人、关系人、责任人、知情者及其他有关人员进行谈话，征询意见，了解情况。个别谈话、访问、座谈会、前往外地直接找有关人员征询，都是面询。

（2）函询法是指注册会计师为了获取影响财务报表或相关披露认定的项目的信息，通过直接来自第三方对有关信息和现状的声明，获取和评价审计证据的过程。该方法通常用于了解某项经济业务的实际情况或核对某些往来账目。

6. 比较法

比较法是指对被审计单位有关的书面资料同相关的数据或指标进行比较，确定它们之间的差异，发现问题，经过分析取得审计证据的一种方法。

7. 分析法

分析法是指将有关的经济指标或经济事项进行分解，然后对各项因素中组成部分之间的相互联系、变化过程进行分析，提出问题，取得审计证据的一种方法。

（二）证实客观事物的方法

1. 盘存法

盘存法又称盘点法，是指对被审计单位各项资产进行实地盘点，以确定数量、品种、规格及其金额等实际状况，借以证实有关实物账户的余额是否真实，从中收集审计证据的一种方法。盘存法一般可分为直接盘存法和监督盘存法两种。

（1）直接盘存法是指审计人员直接对实物进行盘点。这种方法适用于对贵重物品和少数实物的盘点，盘点必须有经办人在场，以明确责任。盘点后应填写盘点记录，由有关人员共同签字。

（2）监督盘存法是指审计人员在场对库存财产物资进行监督抽查。这一方法只用于财产物资数量较大的盘点。审计人员除了监督盘查外，还应抽查其中一部分物资，抽查的比例应根据具体情况确定，一般为10%。如果发现问题较大，可以扩大抽查范围，必要时也可以要求重新盘存。

2. 调节法

调节法是指检查某一项目时，发现现成的数据同需要证实的数据在时点（或其他原因）上不一致，需对其中某些因素进行必要的增减调整，如银行存款余额调节表的编制。

3. 观察法

观察法是指审计人员亲自到被审计单位，通过对被审计项目有关情况的实地观察，借以收集书面资料以外的审计证据的一种方法。由于有些书面资料容易造成假象，审计人员必须深入现场亲自观察才能查明真相。

4. 鉴定法

鉴定法是指对书面资料、实物和经济活动等内容的分析与鉴别超过审计人员的能力和知识水平，从而邀请有关专业部门或人员运用专门技术进行确定和识别的一种方法。

在审计过程中，对于某些带有技术性的审计对象，审计人员无法运用一般的审计方法确定其结构、性能和质量等问题，而需通过专业技术人员进行识别、测试和鉴定，如聘请工程师、评估师等。

第三节　抽样技术在审计中的运用

现代审计的重要特征之一就是审计抽样的广泛运用。它大大降低了审计成本，提高了工作效率，是审计理论和实践的重大突破。

一、审计抽样的含义

审计抽样是指审计人员对某类交易或账户余额中低于百分之百的项目实施审计程序，所有抽样单元都有被选取的机会。审计抽样使审计人员能够获取和评价与被选取项的某些特征有关的审计证据，以形成或帮助形成对样本的总体结论。

在设计审计程序时，审计人员应当使用适当的方法选取测试项目，以获取充分、适当的审计证据，实现审计目标。审计人员可以根据具体情况，单独或综合使用选取全部项目、选取特定项目和测试方法。

（1）任意抽样，是当审计从详查法向抽查法演变时最先运用的一种审计抽样方法。它是在被审查的资料中，任意抽取一部分样本进行审查，并以样本的审查来推断总体的一种方法。

（2）判断抽样又称重点抽样，是指审计人员根据被审计单位会计核算的质量、内部控制制度的有效程度、审计目的和任务等实际情况，凭实际经验和主观判断来抽取样本，并以样本的某项结果来推断总体的结果。

（3）统计抽样，是指审计人员运用概率论原理，遵循随机原则，从审计对象总体中抽取一部分样本进行审查，然后以样本的审查结果来推断总体的一种抽样方法。

统计抽样的依据是概率统计原理和健全的内部控制制度。通过随机选取样本，运用概率论评价样本结果和抽样风险，从而形成充分有效的审计证据。

统计抽样的特点是统计抽样能科学地确定抽样规模；能够客观地计量抽样风险，并通过调整样本规模精确地控制风险；抽样结果科学可靠；能够促进审计工作更加规范化。

二、审计抽样的应用

1. 属性抽样法

属性抽样法是指在一定精确度和可靠度的条件下，为了测定总体特征的发生概率而采用的一种审计抽样方法。属性抽样用于符合性测试方面的审计抽样。

（1）属性抽样的一般步骤：确定预计差错发生率；确定精确度；确定可靠程度；确定样本数量；选择随机抽样方法。

（2）随机抽样方法包括以下几个方法：

①随机数表法，是指任意组成五位数字，同时把这五位数字完全随机地纵横排列所构成的一种表格。使用随机数表或计算机辅助审计技术选样又称随机数选样。使用随机数选样需以总体中的每一项目都有不同的编号为前提。审计人员可以使用计算机生成的随机数，也可以使用随机数表获得所需的随机数。

②系统抽样法又称等距抽样法或间隔抽样法，是以总体中的某一标志排列为出发点，按照固定的顺序，每隔一个固定间隔抽出一个样本的随机抽样方法。

系统抽样法的主要优点是使用方便，比其他选样方法节省时间，并可用于无限总体；对总体中的项目不需要编号，审计人员只要简单数出每一个间距即可。但是，该方法要求总体必须是随机排列，否则容易发生较大的偏差。例如，应收账款明细表每页的记录均以账龄的长短按先后次序排列，则选中的200个样本可能多数是账龄相同的记录。

为克服系统抽样法的缺点，可采用两种办法：一是增加随机起点的个数；二是在确定选样方法之前对总体特征的分布进行观察。如果发现总体特征的分布呈随机分布，则采用系统抽样法；否则，可考虑使用其他选样方法。

③分层抽样法又称分组抽样法，是指按照一定标准将总体划分为若干层次，然后对每一层次进行随机抽样，以判断总体的一种方法。

④整群抽样法又称整体抽法，是先将总体项目按某一标志分在若干群，然后使用随机数表法或系统抽样法抽样，整体地抽取样本的方法。

2. 变量抽样法

变量抽样法是指审计人员用来估计总体金额所处区间的一种统计抽样方法，是用于实质性测试方面的统计抽样方法。变量抽样是通过审查会计资料及有关账户是否真实、合法来取得审计证据，从而作出审计结论，适用于企业存货、应收款项等项目的估计。在实际操作中，变量抽样又可分为平均值估计、差异估计和比率估计等多种形式。

课后练习

一、单项选择题

1. 下列事项中，难以通过观察的方法来获取审计证据的是（　　）。

A. 实物资产的存在　　B. 内部控制的执行情况
C. 存货的所有权　　D. 经营场所

2. 下列关于审计程序的说法中，不正确的是（　　）。
A. 检查有形资产可提供权利和义务的全部审计证据
B. 观察提供的审计证据仅限于观察发生的时点
C. 对于询问的答复，注册会计师应当通过获取其他证据予以佐证
D. 分析程序包括调查识别出的、与其他信息不一致或与预期数据严重偏离的波动和关系

3.（　　）是指审计人员实地观察被审计单位的经营场所、实物资产、有关业务活动、内部控制的执行情况等，以获取审计证据的方法。
A. 函证法　　B. 询问法　　C. 分析程序法　　D. 观察法

4. 注册会计师利用被审计单位的银行存款日记账银行对账单，重新编制银行存款余额调节表，并与被审计单位编制的银行存款余额调节表进行比较，运用的是（　　）。
A. 重新执行法　　B. 分析程序法　　C. 重新计算法　　D. 观察法

5. 注册会计师通过监盘、观察等审计方法，可以获取（　　）。
A. 实物证据　　B. 书面证据　　C. 口头证据　　D. 环境证据

6. 以下审计程序中，不属于分析程序的是（　　）。
A. 根据增值税申报表估算全年主营业务收入
B. 分析样本误差后，根据抽样发现的误差推断审计对象总体误差
C. 将购入的存货数量与耗用或销售的存货数量进行比较
D. 将关联方交易与非关联方交易的价格、毛利率进行对比，判断关联方交易的总体合理性

7. 下列有关函证的表述中，正确的是（　　）。
A. 函证是指仅依靠信函的方式来获取证据
B. 函证仅适用于银行存款和往来款项等项目
C. 询证函应当以被审计单位的名义发出
D. 如果回函结果表明不存在差异，说明该事项不存在错报

8. 为了帮助注册会计师对财务报表形成总体结论而设计和实施分析程序的阶段是（　　）。
A. 初步业务活动　　B. 实质性程序　　C. 风险评估程序　　D. 总体复核阶段

9. 在下列情况下，注册会计师一定要使用分析程序的是（　　）。
A. 了解被审计单位及其环境，识别重大错报风险
B. 用作实质性程序，识别重大错报
C. 执行控制测试，测试内部控制的运行有效性
D. 对舞弊等特别风险实施的程序

10. 下面有关分析程序的表述不正确的是（　　）。
A. 了解被审计单位及其环境的过程中，分析程序是必须执行的程序
B. 实质性分析程序是细节测试的一种补充，注册会计师仅仅依靠实质性分析程序难以获取充分、适当的审计证据

C. 在对同一认定实施细节测试的同时，可实施实质性分析程序

D. 分析程序的资料主要涉及财务信息，但注册会计师视需要也可以利用非财务信息

二、多项选择题

1. 审计的基本方法是进行各种审计通用、普遍的方法，包括（　　）。

A. 审计审查　　B. 审计分析　　C. 审计调整结论　　D. 审计报告

2. 审阅法的审计范围应包括（　　）。

A. 凭证　　B. 账簿　　C. 报表　　D. 计划

3. 在审计方法中，证实客观事务的方法有（　　）。

A. 分析法　　B. 审阅法　　C. 盘存法　　D. 调节法

4. 对询证函的以下处理方法中，不正确的有（　　）。

A. 在粘封询证函时未进行统一编号

B. 寄发询证函，并将重要的询证函复制给被审计单位进行催收货款

C. 有 10 封询证函直接交给被审计单位的业务员，由其到被询证单位盖章后取回

D. 询证函要求被询证单位将原件盖章后直接寄至会计师事务所

5. 下列有关函证实施过程的控制说法恰当的有（　　）。

A. 注册会计师应当亲自负责询证函的收发

B. 询证函应当以被审计单位的名义寄发

C. 询证函由被审计单位盖章后，可以由被审计单位相关人员寄发，但是询证函应直接寄回至会计师事务所

D. 发出询证函的情况要形成审计工作记录

6. 下列有关获取审计证据方法的表述中，正确的有（　　）。

A. 询问是注册会计师以书面或口头方式，向被审计单位内部或外部的知情人员获取信息，并对其答复进行评价的过程

B. 知情人员对询问的答复可能为注册会计师提供尚未获悉的信息

C. 注册会计师有可能会根据询问的结果修改或追加审计程序

D. 询问运用于对内部控制的测试时，能够为测试内部控制运行的有效性提供充分、适当的审计证据

7. 下列各项中，为获取适当审计证据所实施的审计程序与审计目标相关的有（　　）。

A. 对应收账款进行函证，以确定资产负债表日应收账款是真实存在的

B. 重新计算被审计单位固定资产累计折旧，以确定固定资产的计价正确性

C. 对存货进行监盘，以确定存货的计价正确性

D. 对应付账款进行函证，以确定应付账款的完整性

8. 下列有关询问程序的说法中，错误的是（　　）。

A. 询问适用于风险评估、控制测试和实质性程序

B. 询问可以以口头或书面方式进行

C. 注册会计师应当就管理层对询问作出的口头答复获取书面声明

D. 询问是指注册会计师向被审计单位内部或外部的知情人员获取财务信息和非财务信息，并对答复进行评价的过程

9. 为了证实 XYZ 公司业务收入是否真实，执行的下列审计程序中有效的有（　　）。

A. 对销售毛利率进行分析比较

B. 检查收入的确认计量是否符合会计准则

C. 以业务收入明细账为起点追查发票及发运凭证

D. 以发票为起点追查发运凭证和业务收入明细账

三、判断题

1. 现代审计已建立和运用完善的抽样技术，因此详查法已不适用。（ ）

2. 对于大额应收账款余额注册会计师必须采用积极式函证予以证实。（ ）

3. 注册会计师对应收账款进行函证时，如果函证结果表明存在审计差异，注册会计师则应进一步扩大函证范围。（ ）

4. 应收账款的重要性水平越高所需要的函证数量越大。（ ）

5. 注册会计师对企业应收账款账龄进行分析的目的在于取得应收账款可收回性及坏账准备充分性方面的证据。（ ）

6. 本年计提折旧额/固定资产总成本，将此比率同上年比较，旨在发现累计折旧核算的错误。（ ）

7. 函证应付账款，应选择较大金额的债权人以及那些在资产负债表日金额不大甚至为零的但为企业重要供货人的债权人作为函证对象。（ ）

8. 对存货周转率进行分析性复核，可以证实被审计单位“存在或发生”认定。（ ）

9. 存货盘点是注册会计师的责任，因此，注册会计师应亲自制订盘点计划。（ ）

10. 注册会计师监盘的时间必须在会计期末以前。（ ）

四、案例分析题

注册会计师通常依据各类交易、账户余额和列报的相关认定确定审计目标，根据审计目标设计审计程序。表5－1给出了应收账款的相关认定。

表5－1

应收账款相关的认定	审计目标	审计程序
存在		(1) (2)
权利		(1) (2)
完整性		(1) (2)
计价		(1) (2)

要求：请根据表5－1中给出的应收账款的相关认定确定审计目标，并针对每一目标简要设计两项审计程序。

提示（如表5－2所示）：

表 5－2

应收账款相关的认定	审计目标	审计程序
存在	应收账款是否存在	（1）向被审计单位的债务人发函询证 （2）检查销售合同、销售发票副本和发运凭证
权利与义务	应收账款是否归被审计单位所有	（1）检查销售合同、销售发票副本和发运凭证 （2）以应收账款明细账为起点，检查合同，确定是否已贴现、出售或质押
完整性	所有应收账款是否均已记录	（1）选取发运凭证，追查至发票和银行日记账、应收账款明细账 （2）选取发票，追查至发运凭证和银行日记账、应收账款明细账
计价和分摊	应收账款是否可收回，坏账准备的计提是否适当	（1）检查期后已收回应收账款的情况 （2）分析应收账款账龄，确定坏账准备计提是否适当

案例实训

案例一

背景： 华兴公司是一个商贸类的上市公司，2020 年更换会计师事务所，拟委托信勇会计师事务所审计 2019 年度会计报表。信勇会计师事务所委派注册会计师李浩与华兴公司洽谈业务。李浩首先从上市公司指定披露信息的报刊中收集了一些关于华兴公司的信息，了解到华兴公司主营百货文化用品、五金交电、油墨及印刷器材、家具、食品、针纺织品、日用杂品、烟酒等。该公司自 2018 年上市以来，业务迅速扩张，股价也不断攀升。李浩向华兴公司索要了华兴公司 2019—2020 年各年的财务报表，及其前任会计师的审计报告，了解到华兴公司 2019 年和 2020 年分别实现主营业务收入 34.82 亿元和 70.46 亿元，同比增长 152.69% 和 102.35%，同时，总资产也分别增长了 178.25% 和 60.43%，但利润率从 2019 年开始出现明显的下降，由 2019 年的 2% 下降到 2020 年的 0.69%，远远低于商贸类上市公司的平均水平 3.77%。另外，2020 年公司利润总额中 40% 为投资收益，据李浩询问华兴公司相关人员得知，投资收益系华兴公司利用银行承兑汇票（承兑期长达 3—6 个月）进行账款结算，从回笼贷款到支付贷款之间有 3 个月的时间差，把这笔巨额资金委托华南证券公司进行短期套利所得。当李浩询问华兴公司更换会计师事务所的理由时，华兴公司说明仅仅是由于公司董事会不满意前任注册会计师的工作效率。

李浩建议最好不要接受华兴公司的审计委托。

问题： 说明李浩的建议是否正确？为什么？

分析提示： 该案例中，注册会计师李浩通过了解客户的基本情况，发现华兴公司存在以下情况：①历年来资产、营业收入和利润突变不合理，公司 2019 年和 2020 年分别实现主营业务收入 34.82 亿元和 70.46 亿元，同比增长 152.69% 和 102.35%；同时，总资产也分别增长了178.25%和60.43%，但利润率从2019年开始出现明显的下降，由2019年的2%下降到2020年的0.69%，远远低于商贸类上市公司的平均水平3.77%。②公司利润主要来源于对银行承兑汇票时间差的投机。③更换会计师事务所的原因可能存在购买审计意见的因素。于是，注册会计师李浩建议最好不要接受华兴公司的审计委托，是有道理的。

案例二

背景：注册会计师张凡是诚信会计师事务所的出资人之一，业务专长是对工业企业，尤其是国有工业企业进行财务报表审计。2021年2月3日，张凡接到好朋友李杰的电话，说有一个亲戚开办的华东高科技公司2020年度的会计报表拟委托会计师事务所审计，正在寻找合适的会计师事务所。李杰希望张凡能够承接对该公司的审计。张凡非常爽快地答应了，并于2021年2月6日亲自带领审计小组到华东高科技公司实施审计。华东高科技公司属于私营公司，主营计算机软件开发，兼营计算机硬件、配件等，自开业5年来业务发展很好，但从没有接受过注册会计师审计。

问题：张凡承接此项业务是否合适？为什么？

分析提示：承接业务前，张凡没能评价自身的独立性和专业胜任能力就接受了委托，是不合适的，这种做法容易导致审计失败。从独立性的角度看，根据《中国注册会计师职业道德规范指导意见》的规定，当注册会计师与委托单位负责人和主管人员、董事或委托事项当事人存在近亲关系时，应当回避。从胜任能力的角度看，张凡对高科技这一特殊行业的审计能力存在疑问。诚信会计师事务所如果要接受该公司的审计委托，从独立性和专业胜任能力方面考虑，不能委派张凡承担该项审计业务，应当委派熟悉计算机行业，并具有丰富的软件开发审计经验的其他注册会计师承接该项业务，同时应当提醒注册会计师在审计中注意华东高科技公司属于私营公司和以前年度没有接受过注册会计师审计这两个方面所带来的审计风险。

案例三

背景：在2008年年报审计中，审计师对应收账款主要实施了核对总账和报表余额、测算坏账准备的审计程序，并抽查了6笔应收账款凭证；对收入执行了分析程序，查阅合同、凭证等，并在收入底稿中列示了单项销售收入金额大于100万元的凭证；在银行存款底稿中列示了某县农信社银行账户2008年年初余额96万元，2008年该信用社账户银行流水发生额2.86亿元，2008年年底前予以销户。在2009年年报审计中，审计师对应收账款、收入执行了与2008年同样的审计程序，并抽查3～5笔应收账款凭证。审计师解释称，其已经执行了IPO总体审计策略中针对重大错报风险领域设计的常规程序，但未对2008年和2009年应收账款执行函证程序，由于时间限制对凭证抽查等执行的情况欠佳，未关注到合同异常情况。

问题：审计人员获取审计证据时可能使用三种目的的审计程序：风险评估、控制测试和实质性程序。其中，哪些程序可以用审计抽样？哪些不宜用审计抽样？

分析提示：

(1) 风险评估程序通常不涉及审计抽样。原因是：风险评估程序的目的是了解被审计单位及其环境，识别和评估重大错报风险，不需要获取对总体的结论性证据。

（2）在控制测试中，当控制的运行留下轨迹时，审计人员可以考虑使用审计抽样实施控制测试；对于未留下运行轨迹的控制，审计人员通常实施询问、观察等审计程序，以获取有关控制运行有效性的审计证据，此时不涉及审计抽样。

（3）实质性程序包括对各类交易、账户余额、列报的实质性细节测试，以及实质性分析程序。在实施实质性细节测试时，审计人员可以使用审计抽样获取审计证据，以验证有关财务报表金额的一项或多项认定（如交易的存在性），或对某些金额作出独立估计（如资产的价值）。在实施实质性分析程序时，审计人员不宜使用审计抽样。

案例四

背景：某注册会计师抽查了表5-3所列的情况。

表5-3　审计抽样情况

审查内容	样本及其容量	可容忍误差	推断误差	总体实际误差
未批准的赊销	销货发票副本200张	2%	1.5%	10%
假造应收账款	向150户顾客发函	10 000元	20 000元	14 000元
虚列现金支出	200笔支出及凭证	1%	25%	0.5%
漏记应付账款	材料验收单100张	5 000元	8 670元	3 000元

问题：

（1）在表5-3所列情况中，关于未批准赊销的情况属于哪种抽样风险？

（2）在表5-3所列四种情况中，哪种情况可能使注册会计师给予相关内部控制制度的信赖低于应当给予的信赖？

（3）在表5-3所列四种情况中，哪种情况的抽样结果未引起抽样风险？

（4）在表5-3所列四种情况中，哪种情况直接影响实质性测试的效率，但不影响实质性测试的效果？

分析提示：

（1）信赖过度风险。因为信赖过度风险是指抽样结果使注册会计师对内部控制的信赖超过了其实际上可予信赖程度的可能性。

（2）虚列现金支出。因为总体实际误差远低于可容忍误差和推断误差，说明存在信赖不足风险。

（3）假造应收账款。因为总体实际误差接近可容忍误差但低于推断误差，说明抽样结果未引起抽样风险。

（4）漏记应付账款。因为可容忍误差和推断误差都大于总体实际误差，说明存在误拒风险，误拒风险直接影响实质性测试的效率，但不影响实质性测试的效果。

第六章
审计业务流程

学习目标

通过本章学习，能够明确承担审计业务的前提，熟悉审计业务流程，熟悉审计计划的编制要点，能够理解审计重要性的含义，计算和确定重要性水平，理解审计风险的定义，理解审计意见的类型。

案例引入

勤上光电审计案

风险评估程序要求审计师通过了解被审计单位及其环境，识别和评估财务报表重大错报风险。若被审计单位以前年度存在信息披露违法违规的情形，审计师在风险评估中应进一步考虑有关情形的影响，并在执业过程中保持应有的职业怀疑。与货币资金有关的舞弊应在风险评估中予以特别考虑，如何有效识别与应对货币资金有关舞弊是值得行业思考的。本书结合勤上光电审计案，对被审计单位的违法违规行为以及货币资金舞弊的审计应对展开进一步探讨。

东莞勤上光电股份有限公司（以下简称“勤上光电”）成立于1994年11月，2011年11月在中小板上市，主营LED照明产品、LED背光源、LED显示屏的生产与销售，以及技术开发与服务、合同能源管理等。实际控制人为李某亮和温某夫妇。瑞华会计师事务所（以下简称“瑞华所”）承接勤上光电2013年年报审计业务，并出具了带强调事项段的无保留意见的审计报告，审计收费为95万元。强调事项指出根据《国信证券股份有限公司关于东莞勤上光电股份有限公司媒体报道事件的核查意见》《勤上光电关于媒体报道的澄清公告》，勤上光电和广东品尚光电科技有限公司、广州芭顿照明工程有限公司存在关联关系。勤上光电和前者在2010年和2011年发生关联交易；勤上光电和后者在2008年存在关联交易。

2014年11月，勤上光电再次因涉嫌信息披露违法违规被立案调查，这距勤上光电前次处罚仅仅过去4个月的时间。2015年3月，勤上光电因未披露与其控股股东之间的非经营性资金往来被给予警告，并处以50万元罚款；实际控制人及其他直接责任人员也被采取不同程度的罚款和警告。与前次因未披露关联方及关联交易、澄清公告中否认与关联方的关联关系等被处罚相比，勤上光电此次的做法可谓“技高一筹”。2017年2月，瑞华所因在勤上光电2013年年报审计中未能勤勉尽责、出具的审计报告和关联交易专项审核报告存在虚假记载，被没收业务收入95万元，并处以95万元罚款；签字注册会计师被给予警告处分，并分别处以5万元罚款。

第一节 审计业务流程概括

审计的流程一般包括准备、实施和报告三个阶段。

一、审计准备阶段

审计准备阶段，是指审计人员从接受审计任务，制订审计工作方案，发出审计通知书或具体实施审计之前这一段时间。审计准备阶段是整个审计工作的起点，为开展和执行审计业务做好准备，工作内容主要包括以下几个方面：

（1）明确审计任务。

（2）组织审计力量。

（3）了解被审计单位的基本情况，考虑是否承接。

（4）撰写审计工作方案，主要包括：

①被审计单位的基本情况；

②审计的种类、内容、目的和方式；

③审查账目的起止时间；

④审计人员的组成和负责人员；

⑤每项内容的时间安排和人员安排；

⑥审计中应注意的事项；

⑦审计报告的日期；

⑧审计工作方案的编制及批准人。

（5）下达审计通知书。审计通知书应写明被审计单位的名称、审计范围、内容、时间和方式，审计组长及成员名单以及被审计单位配合工作的要求。

二、审计实施阶段

审计实施阶段是指在审计的各项准备工作就绪后，从审计人员进驻被审计单位实施审计开始，到审计外勤工作结束这一段时间。审计实施阶段是审计全过程的中心环节，也是整个审计工作的关键阶段。审计人员根据审计计划的要求，进行审计取证和评价，以此形成审计结论，其工作主要包括以下环节：

（1）进驻被审计单位。

（2）审查和评价内部控制制度。
（3）审查会计资料及其所反映的经济活动。
（4）收集并记录审计证据。

三、审计报告阶段

审计报告阶段是指完成审计任务的外勤工作，从整理、评价证据到报送审计报告以及审计资料归档这一段时间。报告阶段是形成审计意见的关键阶段，表明实质性的项目审计工作的结束。做好报告阶段的工作对于整个审计工作的成果，考核审计工作的质量，有其重要的意义。审计报告阶段是整个审计过程的全面总结阶段，其工作主要包括：
（1）整理、评价审计证据。
（2）复核审计工作底稿。
（3）编写审计报告。
（4）提出管理建议。
（5）审计资料的归档。

第二节　初步业务活动

一、初步业务活动的目的和内容

注册会计师审计是一种受托审计，为了促进注册会计师同被审计单位双方责任的履行，需要签订或修改审计业务约定书。要完成审计业务约定书的签订或修改，注册会计师就必须开展一些工作，如在接受客户委托时应考虑被审计单位是否诚信及其对保证审计质量的影响，审计的前提条件是否存在、能否接受委托，注册会计师执行业务所需要的独立性和专业胜任能力是否具备及其对审计质量的影响，以及连续审计时前期审计发现的重大问题对保持同客户的关系有无影响等。这些工作就是在本期审计业务开始时注册会计师应进行的初步业务活动。

（一）注册会计师开展初步业务活动的目的

注册会计师开展初步业务活动，主要是为了确保审计计划工作的完成，使审计有较高的工作质量。为此，应实现以下四个目的：
（1）确保注册会计师已具备执行业务所需要的独立性和专业胜任能力。
（2）不存在因管理层诚信问题而影响注册会计师保持该项业务意愿的情况。
（3）审计的前提条件存在。
（4）与被审计单位不存在对审计业务约定条款的误解。

（二）初步业务活动的内容

初步业务活动包括以下三项内容。

1. 针对保持客户关系和具体审计业务实施相应的质量控制程序

针对保持客户关系和具体审计业务实施质量控制程序，并且根据实施相应程序的结果作出适当的决策是注册会计师控制审计风险的重要环节。在首次接受审计委托时，注册会计师需要执行针对建立有关客户关系和承接具体审计业务的质量控制程序；在连续审计时，注册会计师通常执行针对保持客户关系和具体审计业务的质量控制程序。总体来说，无论是首次接受审计委托还是连续审计，注册会计师都应当考虑下列主要事项，以确定保持客户关系和具体审计业务的结论是恰当的：

（1）被审计单位的主要股东、关键管理人员和治理层是否诚信。

（2）项目组是否具备执行审计业务的专业胜任能力以及必要的时间和资源。

（3）注册会计师接受客户委托的前提条件是否存在。

（4）会计师事务所和项目组能否遵守职业道德规范。

会计师事务所执行客户接受与保持程序的目的，旨在识别和评价会计师事务所面临的风险。例如，如果注册会计师发现潜在客户正面临财务困难，或者发现现有客户在之前的业务中作出虚假陈述，那么可以认为接受或保持该客户的风险非常高，甚至是不可接受的。会计师事务所除考虑客户施加的风险外，还需要复核执行业务的能力，如当工作需要时能否获得合适的具有相应资格的员工；能否获得专业化协助；是否存在任何利益冲突；能否对客户保持独立性等。

注册会计师需要作出的最重要的决策之一就是是否接受和保持客户。一项低质量的决策会导致不能准确确定计酬的时间或未被支付的费用，增加项目合伙人和员工的额外压力，使会计师事务所声誉遭受损失，或者涉及潜在的诉讼。

由于在连续审计的情况下，注册会计师已经积累了一定的审计经验，因此在决定是否保持与某一客户的业务关系时，项目负责人通常重点考虑本期或前期审计中发现的重大事项，及其对保持该客户关系的影响。在实务中，会计师事务所可以区别首次接受审计委托和连续审计的情况制定不同的质量控制程序，以提高审计工作的效率及效果。

2. 评价遵守职业道德规范的情况

职业道德规范要求注册会计师项目组成员恪守独立、客观、公正的原则，保持专业胜任能力和应有的关注，并对审计过程中获知的信息保密。只有确保注册会计师已具备执行业务所需要的独立性和专业胜任能力，才不会影响注册会计师对该项业务正确意愿的表达。因此，应评价注册会计师遵守职业道德规范的情况。

3. 及时签订或修改审计业务约定书

在作出接受或保持客户关系及具体审计业务的决策后，注册会计师应当在审计业务开始前，与被审计单位就审计业务的约定条款达成一致意见，签订或修改审计业务约定书，以避免双方对审计业务的理解产生分歧。审计业务约定书一经签订，双方就要按审计业务约定书的规定条款履行业务；否则，要负法律责任。

第三节 审计计划

一、总体审计策略

充分的审计计划有助于注册会计师关注重点审计领域，及时发现和解决潜在问题，并恰当地组织和管理审计工作，以使审计工作更加有效。同时，充分的审计计划还可以帮助注册会计师对项目组成员进行恰当分工和指导监督，并复核其工作，还有助于协调其他注册会计师和专家的工作。审计计划分为总体审计策略和具体审计计划两个层次。

总体审计策略用来确定审计范围、时间和方向，并指导制订具体审计计划。注册会计师应当为审计工作制定总体审计策略。在制定总体审计策略时，注册会计师应当考虑以下主要事项。

（一）审计范围

注册会计师应当确定审计业务的特征，包括采用的会计准则和相关会计制度、特定行业的报告要求及被审计单位组成部分的分布等，以界定审计范围。具体来说，在确定审计范围时，注册会计师须考虑下列事项：

（1）编制财务报表适用的会计准则和相关会计制度。

（2）特定行业的报告要求，如某些行业的监管部门要求提交的报告。

（3）预期的审计工作涵盖范围，包括需审计的集团内组成部分的数量及所在地点。

（4）母公司和集团内其他组成部分之间存在的控制关系的性质，以确定如何编制合并财务报表。

（5）其他注册会计师参与审计集团内组成部分的范围。

（6）需审计的业务分部性质，包括是否需要具备专门知识。

（7）外币业务的核算方法及外币财务报表折算和合并方法。

（8）除对合并财务报表审计之外，是否需要对组成部分的财务报表单独进行法定审计。

（9）内部审计工作的可利用性及对内部审计工作的拟依赖程度。

（10）被审计单位使用服务机构的情况，以及注册会计师如何取得有关服务机构内部控制设计、执行和运行有效性的证据。

（11）预期利用在以前期间审计工作中获取的审计证据的程度，如获取的与风险评估程序和控制测试相关的审计证据。

（12）信息技术对审计程序的影响，包括数据的可获得性和预期使用计算机辅助审计技术的情况。

（13）根据中期财务信息审阅及在审阅中所获信息对审计的影响，相应调整审计涵盖范围和时间安排。

（14）与为被审计单位提供其他服务的会计师事务所人员讨论可能影响审计的事项。

(15) 被审计单位的人员和相关数据可利用性。

(二) 报告目标、时间安排及所需沟通

总体审计策略的制定应当包括明确审计业务的报告目标、计划审计的时间安排和所需沟通的性质，包括提交审计报告的时间要求，预期与管理层和治理层沟通的重要日期等。为了计划报告目标、时间安排和所需沟通，注册会计师需要考虑下列事项：

(1) 被审计单位的财务报告时间表。

(2) 与管理层和治理层就审计工作的性质、范围和时间所举行的会议的组织工作。

(3) 与管理层和治理层讨论预期签发报告和其他沟通文件的类型及提交时间、报告和沟通文件，既包括书面的，也包括口头的，如审计报告、管理建议书和与治理层沟通函等。

(4) 就组成部分报告及其他沟通文件类型和提交时间与组成部分的注册会计师沟通。

(5) 项目组成员之间预期沟通的性质和时间安排，包括项目组会议的性质和时间安排及复核工作的时间安排。

(6) 是否需要跟第三方沟通，包括与审计相关的法律法规规定和业务约定书约定的报告责任。

(7) 与管理层讨论在整个审计过程中通报审计工作进展及审计结果的预期方式。

(三) 审计方向

总体审计策略的制定应当考虑影响审计业务的重要因素，以确定项目组工作方向，包括确定适当的重要性水平，初步识别可能存在较高的重大错报风险的领域，初步识别重要的组成部分和账户余额，评价是否需要针对内部控制的有效性获取审计证据，识别被审计单位、所处行业、财务报告要求及其他相关方面最近发生的重大变化等。在确定审计方向时，注册会计师需要考虑下列事项：

(1) 重要性方面，具体包括：①为计划目的确定重要性；②为组成部分确定重要性且与组成部分的注册会计师沟通；③在审计过程中重新考虑重要性；④识别重要的组成部分和账户余额。

(2) 重大错报风险较高的审计领域。

(3) 评估的财务报表层次的重大错报风险对指导、监督及复核的影响。

(4) 项目组人员的选择（在必要时包括项目质量控制复核人员）和工作分工，包括向重大错报风险较高的审计领域分派具备适当经验的人员。

(5) 项目预算，包括考虑为重大错报风险可能较高的审计领域分配适当的工作时间。

(6) 如何向项目成员强调在收集和评价审计证据过程中保持职业怀疑必要性的方式。

(7) 以往审计中对内部控制运行有效性评价的结果，包括识别的控制缺陷的性质及应对措施。

(8) 管理层重视设计和实施健全的内部控制的相关证据，包括这些内部控制得以适当记录的证据。

(9) 业务交易量规模，以基于审计效率的考虑确定是否依赖内部控制。

(10) 对内部控制重要性的重视程度。

（11）影响被审计单位经营的重大发展变化，包括信息技术和业务流程的变化、关键管理人员变化，以及收购，兼并和分立。

（12）重大的行业发展情况，如行业法规变化和新的报告规定。

（13）会计准则及会计制度的变化。

（14）其他重大变化，如影响被审计单位的法律环境的变化。

（四）审计资源

注册会计师应该在总体审计策略中清楚地说明审计资源的规划和调配，包括确定执行审计业务所必需的审计资源的性质、时间安排和范围。

（1）向具体审计领域分配资源，包括向高风险领域分派有相当经验的项目组成员，就复杂的事项利用专家的工作等。

（2）向具体审计领域分配资源的多少，包括分派到重要地点进行存货监盘的项目组成员的人数，在集团审计中复核组成部分注册会计师工作的范围，向高风险领域分配的审计时间预算等。

（3）何时调配这些资源，包括是在期中审计阶段还是在关键的截止日期调配资源等。

（4）如何管理、指导和监督这些资源，包括预期何时召开项目组预备会和总结会，预期项目合伙人和经理如何进行复核（是现场复核还是非现场复核），是否需要实施项目组质量控制复核等。

二、具体审计计划

（一）具体审计计划的内容

注册会计师应当为审计工作制订具体审计计划。具体审计计划比总体审计策略更加详细，其内容包括为获取充分、适当的审计证据以将审计风险降至可接受的低水平，项目组成员拟实施的审计程序的性质、时间和范围。具体审计计划应当包括风险评估程序、计划实施的进一步审计程序和其他审计程序。

1. 风险评估程序

按照《中国注册会计师审计准则第1211号——了解被审计单位及其环境并评估重大错报风险》的规定，为了能够识别和评估财务报表重大错报风险，具体审计计划应当包括注册会计师计划实施的风险评估程序的性质、时间和范围。

2. 计划实施的进一步审计程序

按照《中国注册会计师审计准则第1231号——针对评估的重大错报风险实施的程序》的规定，针对评估的认定层次的重大错报风险，具体审计计划应当包括注册会计师计划实施的进一步审计程序的性质、时间和范围。

需要强调的是，随着审计工作的推进，对审计程序的计划会一步步深入，并贯穿于整个审计过程。例如，计划风险评估程序通常在审计开始阶段进行，计划进一步审计程序则需要依据风险评估程序的结果进行。因此，为达到编制具体审计计划的要求，注册会计师需要完成风险评估程序，识别和评估重大错报风险，并针对评估的认定层次的重大错报风险，计划实施进一步审计程序的性质、时间和范围。

通常，注册会计师计划的进一步审计程序可以分为进一步审计程序的总体方案和拟实施的具体审计程序（包括进一步审计程序的具体性质、时间和范围）两个层次。进一步审计程序的总体方案主要是指注册会计师针对各类交易、账户余额和列报决定采用的总体方案（包括实质性方案或综合性方案）。具体审计程序是对进一步审计程序的总体方案的延伸和细化，它通常包括控制测试和实质性程序的性质、时间和范围。在实务中，注册会计师通常单独编制一套包括这些具体程序的“进一步审计程序表”，待具体实施审计程序时，注册会计师将基于所计划的具体审计程序，进一步记录所实施的审计程序及结果，并最终形成有关进一步审计程序的审计工作底稿。

另外，完整、详细的进一步审计程序的计划包括对各类交易、账户余额和列报实施的具体审计程序的性质、时间和范围，包括抽取的样本量等。在实务中，注册会计师可以统筹安排进一步审计程序的先后顺序，如果对某类交易、账户余额或列报已经作出计划，则可以安排先行开展工作，与此同时再制定其他交易、账户余额和列报的进一步审计程序。

3. 计划其他审计程序

具体审计计划应当包括根据审计准则的规定，注册会计师针对审计业务需要实施的其他审计程序。计划的其他审计程序可以包括上述进一步程序的计划中没有涵盖的、根据其他审计准则的要求注册会计师应当执行的既定程序。

在审计计划阶段，除了按照《中国注册会计师审计准则第 1211 号——了解被审计单位及其环境并评估重大错报风险》进行计划工作，注册会计师还需要兼顾其他审计准则中规定的、针对特定项目在审计计划阶段应执行的程序及记录。例如，《中国注册会计师审计准则第 1141 号——财务报表审计中对舞弊的考虑》《中国注册会计师审计准则第 1324 号——持续经营》《中国注册会计师审计准则第 1142 号——财务报表审计中对法律法规的考虑》及《中国注册会计师审计准则第 1323 号——关联方》等审计准则对注册会计师针对这些特定项目在审计计划阶段应当执行的程序及其记录作出了规定。当然，由于被审计单位所处行业、环境各不相同，特别项目可能也有所不同。例如，有些企业可能涉及环境事项、电子商务等，在实务中注册会计师应根据被审计单位的具体情况，确定特定项目并执行相应的审计程序。

（二）审计过程中对计划的更改

计划审计工作并非审计业务的一个孤立阶段，而是一个持续的、不断修正的过程，贯穿于整个审计业务的始终。由于未预期事项、条件的变化或在实施审计程序中获取的审计证据等原因，注册会计师在必要时应当对总体审计策略和具体审计计划作出更新和修改。

审计过程可以分为不同阶段，通常前面阶段的工作结果会对后面阶段的工作计划产生一定的影响，而后面阶段的工作过程又可能发现需要对已制定的相关计划进行相应的更新和修改。通常来讲，这些更新和修改涉及比较重要的事项。

例如，对重要性水平的修改，对某类交易、账户余额和列报的重大错报风险的评估和进一步审计程序（包括总体方案和拟实施的具体审计程序）的更新和修改等，一旦计划被更新和修改，审计工作也就应当进行相应修正。例如，如果在制订审计计划时，注册会计师基于对材料采购交易的相关控制的设计和执行获取的审计证据，认为相关控制设计合理并得以执行，因此未将其评价为高风险领域并且计划执行控制测试，但是在执行控制测试时获得的审计证据与审计计划阶段获得的审计证据相矛盾，注册会计师认为该类交易的控制没有得到有效执行，此时，注册会计师可能需要修改对该类交易的风险评估，并基于修正的评估风险修改计划的审计方案，如采用实质性方案。

（三）指导、监督与复核

注册会计师应当就对项目组成员工作的指导、监督与复核的性质、时间和范围制订计划。对项目组成员工作的指导、监督与复核的性质、时间和范围主要取决于下列因素：

（1）被审计单位的规模和复杂程度。

（2）审计领域。

（3）重大错报风险。

（4）执行审计工作的项目组成员的素质和专业胜任能力。

注册会计师应当在评估重大错报风险的基础上，计划对项目组成员工作的指导、监督与复核的性质、时间和范围。当评估的重大错报风险增加时，注册会计师通常会扩大指导与监督的范围，增强指导与监督的及时性，执行更详细的复核工作。在计划复核的性质、时间和范围时，注册会计师还考虑单个项目组成员的素质和专业胜任能力。

（四）对计划审计工作的记录

注册会计师应当记录总体审计策略和具体审计计划，包括在审计工作过程中作出的任何重大更改。

1. 记录的内容

（1）总体审计策略。注册会计师对总体审计策略的记录，应当包括为恰当计划审计工作和向项目组传达重大事项而作出的关键决策。例如，注册会计师可以以备忘录的形式总结总体审计策略，包括对审计的总体范围、时间及执行所作出的关键决策。

（2）具体审计计划。注册会计师对具体审计计划的记录，应当能够反映下列内容：①计划实施的风险评估程序的性质、时间和范围；②针对评估的重大错报风险计划实施的进一步审计程序的性质、时间和范围。注册会计师对具体审计计划的记录可以使用标准的审计程序表或审计工作完成核对表，但应当根据具体审计业务的情况作出适当修改。

（3）计划的重大修改。注册会计师应当记录对总体审计策略和具体审计计划作出的重大更改及其理由，以及对此类更改的事项、条件或审计程序结果采取的应对措施。

由于原来的总体审计策略和具体审计计划已经制定（包括项目负责人的复核），在实务中，如果只是针对某一或某几方面更改审计计划，注册会计师可以保留原有的总体审计策略、具体审计计划，以及已经执行的审计程序的记录，并根据审计准则的要求，将对审计计划的重大修改情况记录在进一步审计程序表和重大事项概要中。当然，如果对计划的修改涉及整个计划的各个方面，以及多个类别的交易、账户余额和列报，为使整套审计工作底稿内容、脉络更清楚，此时注册会计师可以考虑重新编制总体审计策略和具体审计计划，并保留原有的总体审计策略和具体审计计划。

2. 记录的形式和范围

注册会计师对计划审计工作记录的形式和范围，取决于被审计单位的规模和复杂程度、重要性、具体审计业务的情况及对其他审计工作记录的范围等事项。针对小型被审计单位，全部审计工作可能由一个很小的审计项目组执行，项目组成员间容易沟通和协调，总体审计策略和具体审计计划可以相对简单。

（五）与管理层和治理层的沟通

与管理层和治理层的沟通有助于注册会计师协调某些计划的审计程序与被审计单位人员工作之间的关系，从而使审计业务更易于执行和管理，提高审计率与效果。注册会计师可以就计划审计工作的基本情况与被审计单位治理层进行沟通。对此，注册会计师应当按照《中国注册会计师审计准则第 1151 号——与治理层的沟通》中的有关规定执行，沟通的内容可以包括审计的时间安排和总体策略、审计工作中受到的限制及治理层和管理层对审计工作的额外要求等。

当就总体审计策略和具体审计计划中的内容与治理层、管理层进行沟通时，注册会计师应当保持职业谨慎，防止由于具体审计程序易于被管理层或治理层所预见而损害审计工作的有效性。

需要强调的是，虽然注册会计师可以就总体审计策略和具体审计计划的某些内容与治理层和管理层沟通，但是制定总体审计策略和具体审计计划仍然是注册会计师的责任。

（六）首次接受委托的补充考虑

首次接受审计委托包括接受新客户和承接现有客户（已对其提供了其他服务）的审计业务委托两种情况。在这两种情况下，尤其是接受新客户的情况下，注册会计师通常缺乏前期审计经验，评估与客户及业务承接相关的风险较困难，因而可能需要扩展初步业务活动。注册会计师在首次接受审计委托前应当执行的程序包括质量控制和与前任注册会计师沟通。

1. 质量控制程序

注册会计师应针对建立客户关系和承接具体审计业务实施相应的质量控制程序。对此，注册会计师应当按照《中国注册会计师审计准则第 1121 号——历史财务信息审计的质量控制准则》中的有关规定开展工作。

2. 与前任注册会计师沟通

如果被审计单位变更了会计师事务所，注册会计师应当与前任注册会计师沟通。《中国注册会计师审计准则第 1152 号——前后任注册会计师的沟通》中对与前任会计师沟通的方式及对沟通结果进行评价等事项作出了相应的规定，注册会计师应当按照其中相应的规定执行。同时，注册会计师还可能需要结合现实的环境分析承接客户及业务的风险，如果可能，特别需要关注更换会计师事务所的原因。

如果首次接受审计委托，在制定总体审计策略和具体审计计划时，注册会计师还应当考虑下列事项：

（1）安排与前任注册会计师的沟通，包括查阅前任注册会计师的工作底稿等。

（2）与管理层讨论有关首次接受审计委托的重大问题，就这些重大问题与治理层沟通，并分析这些重大问题对总体审计策略和具体审计计划的影响。

（3）针对期初余额获取充分、适当的审计证据而计划实施的审计程序。

（4）针对预见到的特别风险，分派具有相应素质和专业胜任能力的人员。

（5）根据会计师事务所关于首次接受审计委托的质量控制制度实施的其他程序。

在实务中，注册会计师获取信息的来源包括以下主要方面：

（1）向客户询问和与其沟通获取财务及其他信息，如年度报告等。

（2）从银行、监管机构等第三方获取信息。

（3）有关政府部门、有影响力的媒体等公布的信息，如按某些指标进行的企业排名等。

（4）向工商管理部门查询。

（5）与前任注册会计师的沟通。

（6）基于对被审计单位所在行业的了解，与同行业其他企业所作的比较及评估。

（7）利用外部调查机构，特别是针对高风险的行业及客户。

三、重要性水平的确定

重要性概念的运用贯穿于整个审计过程。在计划审计工作时，注册会计师应当考虑导致财务报表发生重大错报的原因，并应当在了解被审计单位及其环境的基础上，确定一个可接受的重要性水平，即先为财务报表整体确定重要性水平，以发现在金额上重大的错报。同时，注册会计师还应当确定特定交易类别、账户余额和披露的重要性水平。当错报金额高于整体重要性水平时，就很可能被合理预期将对使用者根据财务报表作出的经济决策产生影响。在确定审计意见类型时，注册会计师也需要考虑重要性水平。

（一）重要性的含义

财务报告编制基础通常从编制和列报财务报表的角度阐释重要性的概念。财务报告编制基础可能以不同的术语解释重要性，但通常而言，重要性概念可从以下方面进行理解：

（1）如果合理预期错报（包括漏报）单独或汇总起来可能影响财务报表使用者依据财务报表作出的经济决策，则通常认为错报是重大的。

（2）对重要性的判断是根据具体环境作出的，并受错报的金额或性质的影响，或受两者共同作用的影响。

（3）判断某事项对财务报表使用者是否重大，是在考虑财务报表使用者整体共同的财务信息需求的基础上作出的。由于不同的财务报表使用者对财务信息的需求可能差异很大，因此不考虑错报对个别财务报表使用者可能产生的影响。

（二）重要性水平的确定

由于财务报表审计的目标是注册会计师通过执行审计工作对财务报表发表审计意见，因此，注册会计师应当考虑财务报表整体的重要性，只有这样，才能得出财务报表是否公允反映的结论。注册会计师在制定总体审计策略时，应当确定财务报表整体的重要性。确定重要性需要运用职业判断。注册会计师通常先选定一个基准，再乘以某一百分比作为财务报表整体的重要性。注册会计师在选择基准时，需要考虑的因素包括：

（1）财务报表要素（如资产、负债、所有者权益、收入和费用）。

（2）是否存在特定会计主体的财务报表使用者特别关注的项目（如为了评价财务业绩，使用者可能更关注利润、收入或净资产）。

（3）被审计单位的性质、所处的生命周期阶段以及所处行业和经济环境。

（4）被审计单位的所有权结构和融资方式（例如，如果被审计单位仅通过债务方式而非权益方式进行融资，财务报表使用者可能更关注资产及资产的索偿权，而非被审计单位的收益）。

（5）基准的相对波动性。

适当的基准取决于被审计单位的具体情况，包括各类报告收益（如税前利润、营业收入、毛利和费用总额），以及所有者权益或净资产。一些实务中较为常用的基准如表6－1所示。

表6－1　　常用的基准

被审计单位的具体情况	可能选择的基准
企业的盈利水平保持稳定	经常性业务的税前利润
企业近年来经营状况大幅度波动，盈利和亏损交替发生，或者由正常盈利变为亏损或微利，或者因本年度税前利润情况变化而出现意外增加或减少	过去3～5年经常性业务的平均税前利润或亏损（取绝对值）和其他基准，如营业收入
企业为新设企业，处于开办期，尚未开始经营，目前正在建造厂房及购买机器设备	总资产
企业属于新兴行业，目前侧重于抢占市场份额，扩大企业知名度和影响力	净资产

为选定的基准确定百分比需要运用职业判断。百分比和选定的基准之间存在一定的联系，如经常性业务的税前利润对应的百分比通常比营业收入对应的百分比要高。例如，对以营利为目的的制造行业实体，注册会计师可能认为重要性水平为经常性业务的税前利润的5%是适当的；而对非营利组织，注册会计师可能认为重要性水平为总收入或费用总额的1%是适当的。百分比无论是高一些还是低一些，只要符合具体情况，都是适当的。

（三）特定类别交易、账户余额或披露的重要性水平

根据被审计单位的特定情况，下列因素可能表明存在一个或多个特定类别的交易、账户余额和披露，其发生的错报金额虽然低于财务报表整体的重要性，但合理预期将影响财务报表使用者依据财务报表作出的经济决策：

（1）法律法规或适用的财务报告编制基础是否影响财务报表使用者对特定项目（如关联方交易、管理层和治理层的薪酬）计量或披露的预期。

（2）与被审计单位所处行业相关的关键性披露（如制药企业的研究与开发成本）。

（3）财务报表使用者是否特别关注财务报表中单独披露的业务的特定方面（如新收的业务）。

审计人员在根据被审计单位的特定情况考虑是否存在上述交易、账户余额或披露时，了解治理层和管理层的看法和预期通常是有用的。

（四）实际执行的重要性

实际执行的重要性是指注册会计师所确定的低于财务报表整体的重要性的一个或多个的金额，旨在将未更正和未发现错报的汇总数超过财务报表整体的重要性的可能性降至适当的低水平。如果适用，实际执行的重要性还指注册会计师确定的低于特定类别的交易、账户余额或披露的重要性水平的一个或多个金额。

确定实际执行的重要性，并非简单的计算，需要注册会计师运用职业判断，并考虑下列因素的影响：

（1）对被审计单位的了解（这些了解在实施风险评估程序的过程中得到更新）。

（2）以前审计工作中识别出的错报的性质和范围。

（3）根据前期识别出的错报对本期错报作出的预期。

通常而言，实际执行的重要性为财务报表整体重要性的50%至75%。

如果存在下列情况，注册会计师可能考虑选择较低的百分比来确定实际执行的重要性：

（1）首次接受委托的审计项目。

（2）连续审计项目，以前年度审计调整较多。

（3）项目总体风险较高，例如，处于高风险行业，管理员能力欠缺，面临较大市场竞争压力和业绩压力等。

（4）存在或预期存在值得关注的内部控制缺陷。

如果存在下列情况，注册会计师可能考虑选择较高的百分比来确定实际执行的重要性：

（1）连续审计项目，以前年度审计调整较少。

（2）项目总体风险为低到中等，例如，处于非高风险行业，管理层有足够能力、面临较低的业绩压力等。

（3）以前期间的审计经验表明内部控制运行有效。

审计准则要求注册会计师确定低于财务报表整体重要性的一个或多个金额作为实际执行的重要性，注册会计师无须通过将财务报表整体的重要性平均分配或按比例分配至各个报表项目的方法来确定实际执行的重要性，而是根据对报表项目的风险评估结果来确定一个或多个实际执行的重要性。例如，根据以前期间的审计经验和本期审计计划阶段的风险评估结果，注册会计师认为可以以财务报表整体重要性的75%作为大多数报表项目的实际执行的重要性；与营业收入项目相关的内部控制存在控制缺陷，而且以前年度审计中存在审计调整，因此考虑以财务报表整体重要性的50%作为营业收入项目的实际执行的重要性，从而有针对性地对高风险领域执行更多的审计工作。

（五）审计过程中修改重要性

由于存在下列原因，注册会计师可能需要修改财务报表整体的重要性和特定类别的交易、账户余额或披露的重要性水平（如适用）：

（1）审计过程中情况发生重大变化（如决定处置被审计单位的一个重要组成部分）。

（2）获取新信息。

（3）通过实施进一步审计程序，注册会计师对被审计单位及其经营所了解的情况发生变化。例如，注册会计师在审计过程中发现，实际财务成果与最初确定财务报表整体的重要性时使用的预期本期财务成果相比存在很大差异，则需要修改重要性。

（六）在审计中运用实际执行的重要性

注册会计师在计划审计工作时可以根据实际执行的重要性确定需要对哪些类型交易、账户余额和披露实施进一步审计程序，即通常选取金额超过实际执行的重要性的财务报表项目，因为这些财务报表项目有可能导致财务报表出现重大错报。但是，这不代表注册会计师可以对所有金额低于实际执行的重要性的财务报表项目不实施进一步审计程序，这主要出于以下考虑；

（1）单个金额低于实际执行的重要性的财务报表项目汇总起来可能金额重大（可能远超过财务报表整体的重要性），注册会计师需要考虑汇总的潜在风险。

（2）对于存在评估风险的财务报表项目，不能仅仅因为其金额低于实际执行的重要性而不实施进一步审计程序。

（3）对于识别出存在舞弊风险的财务报表项目，不能因为其金额低于实际执行的重要性而不实施进一步审计程序。

运用实际执行的重要性确定进一步审计程序的性质、时间安排和范围。例如，在实施实质性分析程序时，注册会计师确定的已记录金额与预期值之间的可接受差异额通常不超过实际执行的重要性。

四、错报

（一）错报的含义

错报是指某一财务报表项目的金额、分类、列报或披露，与按照适用的财务报告编制基础应当列示的金额、分类、列报或披露之间存在的差异；或根据注册会计师的判断，为使财务报表在所有重大方面实现公允反映，需要对金额、分类、列报或披露作出的必要调整。错报可能是错误或舞弊导致的。

错报可能由下列事项导致：

（1）收集或处理用来编制财务报表的数据时出现错误。

（2）遗漏某项金额或披露。

（3）疏忽或明显误解有关事实，作出不正确的会计估计。

（4）注册会计师认为管理层对会计估计作出不合理的判断或对会计政策作出不恰当的选择和运用。

（二）累计识别出的错报

为了帮助注册会计师评价审计过程中累计的错报的影响以及与管理层和治理层沟通错报事项，将错报区分为事实错报、判断错报和推断错报可能是有用的。

1. 事实错报

这类错报产生于被审计单位收集和处理数据的错误，对事实的忽略或误解，或故意舞弊行为。例如，注册会计师在实施实质性程序时，发现最近购入的存货的实际价值为15 000元，但账面记录金额为10 000元。因此，存货被低估了5 000元，这里被低估的5 000元就是已识别的对事实的具体错报。

2. 判断错报

判断错报是指由于注册会计师认为管理层对会计估计作出不合理的判断或不恰当地选择和运用会计政策而导致的差异。这类错报产生于两种情况：一是管理层和注册会计师对会计估计值的判断差异，例如，由于包含在财务报表中的管理层作出的估计值超出了注册会计师确定的一个合理范畴，导致出现判断差异；二是管理层和注册会计师对选择和运用会计政策的判断差异，例如，注册会计师认为管理层选用会计政策造成错报，管理层却认为选用会计政策适当，从而导致出现判断差异。

3. 推断错报

注册会计师对总体存在的错报作出的最佳估计数，涉及根据在审计样本中识别出的错报来推断总体的错报。推断错报通常指通过测试样本估计出的总体的错报减去在测试中发现的已识别的具体错报。例如，应收账款年末余额为2 000万元，注册会计师抽查10%的样本发现金额有100万元的高估，高估部分为账面金额的20%，据此注册会计师推断总体的错报金额为400万元（2 000×20%），那么上述100万元就是已识别的具体错报，其余300万元即推断错报。

（三）对审计过程识别出的错报的考虑

错报可能不会孤立发生，一项错报的发生还可能表明存在其他错报。例如，注册会计师识别出由于内部控制失效而导致的错报，或被审计单位广泛运用不恰当的假设或评估方法而导致的错报。

审计过程中累计错报的汇总数接近确定的重要性，则表明存在比可接受的低风险水平更大的风险，即可能未被发现的错报连同审计过程中累计错报的汇总数，可能超过重要性。

1. 错报的汇总数超过重要性水平时的处理

（1）当汇总数低于重要性水平时，可以不作账务处理。

（2）当汇总数超过重要性水平时，为降低审计风险，注册会计师应当考虑采取以下措施：

①扩大实质性测试范围，以进一步确认汇总数是否重要。

②提请管理层调整财务报表，以使汇总数低于重要性水平。

如果管理层拒绝调整财务报表，并且扩大审计程序范围的结果不能使注册会计师认为尚未更正错报的汇总数不重大，注册会计师应当考虑出具非无保留意见的审计报告。

一般来说，如果尚未调整的错报的汇总数可能影响到某个财务报表使用者的决策，但财务报表的反映就其整体而言是公允的，注册会计师应当发表保留意见；如果尚未调整的错报非常重要，可能影响到大多数甚至全部财务报表使用者的决策时，注册会计师应当发表否定意见。

2. 错报的汇总数接近重要性水平时的处理

如果已识别但尚未更正错报的汇总数接近重要性水平，注册会计师应当考虑该汇总数连同尚未发现的错报是否可能超过重要性水平，并考虑通过实施追加的审计程序，或要求管理层调整财务报表以降低审计风险。

注册会计师可能要求管理层检查某类交易、账户余额和披露，以使管理层了解注册会计师识别出的错报的产生原因，并要求管理层采取措施以确定这些交易、账户余额和披露实际发生错报的金额，以及对财务报表作出适当的调整。例如，在从审计样本中识别出的错报推断总体错报时，注册会计师可能提出这些要求。

第四节 风险评估

一、识别和评估财务报表层次和认定层次的重大错报风险

（一）识别和评估重大错报风险的审计程序

在识别和评估重大错报风险时，注册会计师应当实施下列审计程序：

（1）在了解被审计单位及其环境的整个过程中识别风险，并考虑各类交易、账户余额、列报。注册会计师应当运用各项风险评估程序，在了解被审计单位及其环境的整个过程中识别风险，并将识别的风险与各类交易、账户余额和列报相联系。

（2）将识别的风险与认定层次可能发生错报的领域相联系。例如，销售困难使产品的市场价格下降，可能导致年末存货成本高于其可变现净值而需要计提存货跌价准备，这显示存货的计价认定可能发生错报。

（3）考虑识别的风险是否重大。风险是否重大是指风险造成后果的严重程度。

（4）考虑识别的风险导致财务报表发生重大错报的可能性。例如，考虑存货的账面余额是否重大、是否已适当计提存货跌价准备等。当然，在某些情况下，尽管识别的风险重大，但仍不至于导致财务报表发生重大错报。如被审计单位对于存货跌价准备的计提实施了比较有效的内部控制，管理层已根据存货的可变现净值计提了相应的跌价准备。在这种情况下，财务报表发生重大错报的可能性将相应降低。

注册会计师应当利用实施风险评估程序获取的信息，包括在评价控制设计和确定其是否得到执行时获取的审计证据，作为支持风险评估结果的审计证据。注册会计师应当根据风险评估结果，确定实施进一步审计程序的性质、时间和范围。

（二）可能表明被审计单位存在重大错报风险的事项和情况

注册会计师应当关注下列可能表明被审计单位存在重大错报风险的事项和情况：

（1）在经济不稳定的国家或地区开展业务。

（2）在高度波动的市场开展业务。

（3）在严厉、复杂的监管环境中开展业务。

（4）持续经营和资产流动性出现问题，包括重要客户流失。

（5）融资能力受到限制。
（6）行业环境发生变化。
（7）供应链发生变化。
（8）开发新产品或提供新服务或进入新的业务领域。
（9）开辟新的经营场所。
（10）发生重大收购、重组或其他非经常性事项。
（11）拟出售分支机构或业务分部。
（12）复杂的联营或合资。
（13）运用表外融资、特殊目的实体及其他复杂的融资协议。
（14）重大的关联方交易。
（15）缺乏具备胜任能力的会计人员。
（16）关键人员变动。
（17）内部控制薄弱。
（18）信息技术战略与经营战略不协调。
（19）信息技术环境发生变化。
（20）安装新的与财务报告有关的重大信息技术系统。
（21）经营活动或财务报告受到监管机构的调查。
（22）以往存在重大错报或本期期末出现重大会计调整。
（23）发生重大的非常规交易。
（24）按照管理层特定意图记录的交易。
（25）应用新颁布的会计准则或相关会计制度。
（26）会计计量过程复杂。
（27）事项或交易在计量时存在重大不确定性。
（28）存在未决诉讼和或有事项。

注册会计师应当充分关注可能表明被审计单位存在重大错报风险的上述事项和情况，并考虑由于上述事项和情况导致的风险是否重大，以及该风险导致财务报表发生重大错报的可能性。

（三）识别两个层次的重大错报风险

在对重大错报风险进行识别和评估后，注册会计师应当认定，识别的重大错报风险是与特定的某类交易、账户余额、列报的认定相关，还是与财务报表整体广泛相关，进而影响多项认定。

某些重大错报风险可能与特定的某类交易、账户余额、列报的认定相关。单位存在复杂的联营或合资，这一事项表明长期股权投资账户的认定可能存在重大错报风险。

某些重大错报风险可能与财务报表整体广泛相关，进而影响多项认定。例如，管理层缺乏诚信或承受异常的压力可能引发舞弊风险，这些风险与财务报表整体相关。

（四）控制环境对评估财务报表层次重大错报风险的影响

财务报表层次的重大错报风险很可能源于薄弱的控制环境。薄弱的控制环境带来的风险可能对财务报表产生广泛影响，难以限于某类交易、账户余额、列报，注册会计师应当采取总体应对措施。

例如，被审计单位治理层、管理层对内部控制的重要性缺乏认识，没有建立必要的制度和程序；或管理层经营理念偏于激进，又缺乏实现激进目标的人力资源等，这些缺陷源于薄弱的控制环境，可能对财务报表产生广泛影响，需要注册会计师采取总体应对措施。

（五）控制对评估认定层次重大错报风险的影响

在评估重大错报风险时，注册会计师应当将所了解的控制与特定认定相联系。

由于控制有助于防止或发现并纠正认定层次的重大错报，因而在评估重大错报发生的可能性时，除了考虑可能的风险外，还要考虑控制对风险的抵消和遏制作用。有效的控制会减少错报发生的可能性，而控制不当或缺乏控制，错报就会由可能变成现实。

控制可能与某一认定直接相关，也可能与某一认定间接相关。关系越间接，控制在防止或发现并纠正认定中错报的作用越小。

注册会计师在确定这些控制是否能够实现上述目标时，应当将控制活动和其他要素综合考虑。当然，也有某些控制活动可能专门针对某类交易或账户余额的个别认定。注册会计师应当考虑对识别的各类交易、账户余额和列报认定层次的重大错报风险予以汇总和评估，以确定进一步审计程序的性质、时间和范围。

（六）考虑财务报表的可审计性

注册会计师在了解被审计单位内部控制后，可能对被审计单位财务报表的可审计性产生怀疑。例如，对被审计单位会计记录的可靠性和状况的担心可能会使注册会计师认为可能很难获取充分、适当的审计证据，以支持对财务报表发表意见。又如，管理层缺乏诚信，注册会计师认为管理层在财务报表中作出虚假陈述的风险高到无法进行审计的程度。由此，注册会计师应当考虑出具保留意见或无法表示意见的审计报告。

二、需要特别考虑的重大错报风险

（一）特别风险的含义

风险评估的一部分，注册会计师应当运用职业判断，确定识别的风险哪些是需要特别考虑的重大错报风险（以下简称“特别风险”）。

（二）确定特别风险时应考虑的事项

确定哪些风险是特别风险时，注册会计师应当在考虑识别出控制对相关风险的抵消效果前，根据风险的性质、潜在错报的重要程度（包括该风险是否可能导致多项错报）的发生的可能性，判断风险是否属于特别风险。

在确定风险的性质时，注册会计师应当考虑下列事项：

（1）风险是否属于舞弊风险。

（2）风险是否与近期经济环境、会计处理方法和其他方面的重大变化有关。

（3）交易的复杂程度。

（4）风险是否涉及重大的关联方交易。

（5）财务信息计量的主观程度，特别是对不确定事项的计量存在较大区间。

（6）风险是否涉及异常或超出正常经营过程的重大交易。

（三）非常规交易和判断事项导致的特别风险

日常的、不复杂的、经正规处理的交易不太可能产生特别风险。特别风险通常与重大的非常规交易和判断事项有关。

非常规交易是指由于金额或性质异常而不经常发生的交易，如企业购并、债务重组、重大或有事项等。非常规交易具有下列特征：

（1）管理层更多地介入会计处理。

（2）数据收集和处理涉及更多的人工成分。

（3）复杂的计算或会计处理方法。

（4）非常规交易的性质可能使被审计单位难以对由此产生的特别风险实施有效控制。

与重大非常规交易相关的特别风险可能导致更高的重大错报风险。

判断事项通常包括作出的会计估计，如资产减值准备金额的估计、需要运用复杂估值技术确定的公允价值计量等。由于对涉及会计估计、收入确认等方面的会计原则存在不同的理解，或者所要求的判断可能是主观和复杂的，或需要对未来事项作出假设等原因，与重大判断事项相关的特别风险可能导致更高的重大错报风险。

（四）考虑与特别风险相关的控制

了解与特别风险相关的控制，有助于注册会计师制定有效的审计方案予以应对。对特别风险，注册会计师应当评价相关控制的设计情况，并确定其是否已经得到执行。由于与重大非常规交易或判断事项相关的风险很少受到日常控制的约束，注册会计师应当了解被审计单位是否针对该特别风险设计和实施了控制。

如果管理层未能实施控制以恰当应对特别风险，注册会计师应当认为内部控制存在重大缺陷，并考虑其对风险评估的影响。在此情况下，注册会计师应当就此类事项与管理层沟通。

三、仅通过实质性程序无法应对的重大错报风险

作为风险评估的一部分，如果认为仅通过实质性程序获取的审计证据无法将认定层次的重大错报风险降至可接受的低水平，注册会计师应当评价被审计单位针对这些风险设计的控制，并确定其执行情况。

在被审计单位对日常交易采用高度自动化处理的情况下，审计证据可能仅以电子形式存在，其充分性和适当性通常取决于自动化信息系统相关控制的有效性，注册会计师应当考虑仅通过实施实质性程序不能获取充分、适当审计证据的可能性。

四、对风险评估的修正

注册会计师对认定层次重大错报风险的评估应以获取的审计证据为基础，并可能随着不断获取审计证据而作出相应的变化。评估重大错报风险与了解被审计单位及其环境一样，也是一个连续和动态地收集、更新与分析信息的过程，贯穿于整个审计过程的始终。

五、与治理层和管理层的沟通

（一）就内部控制重大缺陷与治理层和管理层沟通

被审计单位管理层有责任在治理层的监督下，建立、执行和维护有效的内部控制，以合理保证企业经营目标的实现。注册会计师在了解和测试内部控制的过程中可能会注意到内部控制存在的重大缺陷。注册会计师将其告知适当层次的管理层或治理层，将有助于管理层和治理层履行其在内部控制方面的职责。因此，注册会计师应当及时将注意到的内部控制设计或执行方面的重大缺陷，告知适当层次的管理层或治理层。

（二）就重大错报风险的控制与治理层沟通

如果识别出被审计单位未加控制或控制不当的重大错报风险，或认为被审计单位的风险评估过程存在重大缺陷，注册会计师应当就此类内部控制缺陷与治理层沟通。

六、审计工作记录

（一）记录的内容

注册会计师应当就下列内容形成审计工作记录：

（1）项目组对由于舞弊或错误导致财务报表发生重大错报的可能性进行的讨论，以及得出的重要结论。

（2）注册会计师对被审计单位及其环境各个方面的了解要点（包括对内部控制各项要素的了解要点）、信息来源及实施的风险评估程序。

（3）注册会计师在财务报表层次和认定层次识别、评估出的重大错报风险。

（4）注册会计师识别出的特别风险和仅通过实质性程序无法应对的重大错报风险，以及对相关控制的评估。

（二）记录的方式

注册会计师需要运用职业判断，确定对上述事项进行记录的方式。常见的记录方式包括文字叙述、问卷、核对表和流程图等。

记录的方式和范围受被审计单位性质、规模、复杂程度、内部控制、被审计单位信息的可获取性，以及审计过程中使用的具体审计方法和技术的影响。通常被审计单位经营活动越复杂，注册会计师实施审计程序的范围越广，审计工作记录也就越复杂。

第五节　风险应对

《中国注册会计师审计准则第1231号——针对评估的重大错报风险实施的程序》规定注册会计师应对重大错报风险应当遵守以下规定：注册会计师应当针对财务报表层次的重大错报风险制定总体应对措施，包括向审计项目组强调在获取审计证据过程中保持职业怀疑态度的必要性、分派更有经验或具有特殊技能的注册会计师或利用专家，向审计项目组提供更多督导等；注册会计师应当针对认定层次的重大错报风险设计和实施进一步审计程序，包括测试控制的执行有效性及实施实质性程序；注册会计师应当评价风险评估的结果是否适当，并确定是否已经获取充分、适当的审计证据；注册会计师应当将实施关键的程序形成审计工作记录。

因此，注册会计师应当针对评估的财务报表层次重大错报风险确定总体应对措施，并针对评估的认定层次重大错报风险设计和实施进一步审计程序，以将审计风险降至可接受的低水平。

一、针对财务报表层次重大错报风险的总体应对措施

（一）概述

在财务报表重大错报风险的评估过程中，注册会计师应当确定，识别的重大错报风险是与特定的某类交易、账户余额和披露的认定相关，还是与财务报表整体广泛相关，进而影响多项认定。如果是后者，则该重大错报风险属于财务报表层次的重大错报风险。

（二）针对评估的财务报表层次重大错报风险的总体应对措施

注册会计师应当针对评估的财务报表层次重大错报风险确定下列总体应对措施：

（1）向项目组强调保持职业怀疑的必要性。

（2）指派更有经验或者具有特殊技能的审计人员，或者利用专家的工作。

（3）提供更多的督导。

（4）在选择拟实施的进一步审计程序时融入更多的不可预见的因素。

（5）对拟实施审计程序的性质、时间安排或者范围作出总体修改。

（三）当控制环境存在缺陷时的考虑

如果控制环境存在缺陷，注册会计师在对拟实施审计程序的性质、时间安排和范围作出总体修改时，应当考虑下列情况：

（1）证据的可信赖程度。在期末而非期中实施更多的审计程序。

（2）通过实施实质性程序获取更广泛的审计证据。

（3）增加拟纳入审计范围的经营地点的数量。

二、针对认定层次重大错报风险的进一步审计程序

（一）进一步审计程序的含义

进一步审计程序相对于风险评估程序而言，是指注册会计师针对评估的各类交易、账户余额和披露认定层次重大错报风险实施的审计程序。它包括控制测试和实质性程序。

（二）设计进一步审计程序时的考虑因素

在设计进一步审计程序时，注册会计师应当考虑下列因素：

（1）风险的重要性。风险的后果越严重，就越需要注册会计师的关注和重视，越需要精心设计有针对性的进一步审计程序。

（2）重大错报发生的可能性。重大错报发生的可能性越大，同样越需要注册会计师精心设计进一步审计程序。

（3）涉及的各类交易、账户余额和披露的特征。

（4）被审计单位采用的特定控制的性质。

（5）注册会计师是否拟获取审计证据，以确定内部控制在防止或者发现并纠正重大错报方面的有效性。如果注册会计师在风险评估时预期内部控制运行有效，随后拟实施的进一步审计程序就必须包括控制测试，且实质性程序自然会受到之前控制测试结果的影响。

（三）进一步审计程序的时间

进一步审计程序的时间是指注册会计师何时实施进一步审计程序，或者审计证据适用的期间或者时点。有关进一步审计程序的时间的选择问题：第一个层面是注册会计师选择在何时实施进一步审计程序的问题；第二个层面是选择获取什么期间或者时点的审计证据的问题。

注册会计师在确定何时实施审计程序时应当考虑以下几项重要因素：

（1）控制环境。良好的控制环境可以抵消在期中实施进一步审计程序的一些局限性，使注册会计师在确定实施进一步审计程序的时间时有更大的灵活度。

（2）何时能得到相关信息。例如，某些电子化的交易和账户文档如未能及时取得，可能被覆盖。在这些情况下，注册会计师如果希望获取相关信息，则需要考虑能够获取相关信息的时间。

（3）错报风险的性质。例如，被审计单位可能为了保证盈利目标的实现，而在会计期末以后伪造销售合同以虚增收入，此时注册会计师需要在临近期末（即资产负债表日）这个特定时点获取被审计单位截至期末所能提供的所有销售合同及相关资料，以防范被审计单位在资产负债表日后伪造销售合同虚增收入的做法。

（4）审计证据适用的期间或者时点。注册会计师应当根据需要获取的特定审计证据，确定何时实施进一步审计程序。

（四）进一步审计程序的范围

进一步审计程序的范围是指实施进一步审计程序的数量。它包括抽取的样本量、对某项控制活动的观察次数等。

在确定进一步审计程序的范围时，注册会计师应当考虑下列因素：

（1）确定的重要性水平。确定的重要性水平越低，注册会计师实施进一步审计程序的范围越广。

（2）评估的重大错报风险。评估的重大错报风险越高，对拟获取审计证据的相关性、可靠性的要求越高，因此，注册会计师实施的进一步审计程序的范围也越广。

（3）计划获取的保证程度。计划获取的保证程度是指注册会计师计划通过所实施的审计程序对测试结果可靠性所获取的信心。计划获取的保证程度越高，对测试结果可靠性要求越高，注册会计师实施的进一步审计程序的范围越广。例如，注册会计师对财务报表是否不存在重大错报的信心可能来自控制测试和实质性程序。如果注册会计师计划从控制测试中获取更高的保证程度，则控制测试的范围就更广。

三、控制测试

（一）控制测试的含义和要求

1. 控制测试的含义

控制测试是指用于评价内部控制在防止或者发现并纠正认定层次重大错报方面的运行有效性的审计程序。在测试控制运行的有效性时，注册会计师应当从以下方面获取关于控制是否有效运行的审计证据：①控制在所审计期间的相关时点是如何运行的。②控制是否得到一贯执行。③控制由谁或者以何种方式执行。

2. 控制测试的要求

作为进一步审计程序的类型之一，控制测试并非在任何情况下都需要实施。当存在下列情形之一时，注册会计师应当实施控制测试：

（1）在评估认定层次重大错报风险时，预期控制的运行是有效的。

（2）仅实施实质性程序并不能够提供认定层次充分、适当的审计证据。

（二）控制测试的性质

1. 控制测试的性质的含义

控制测试的性质是指控制测试所使用的审计程序的类型及其组合。控制采用的审计程序类型通常相同，包括询问、观察、检查和重新执行。

2. 确定控制测试的性质时的要求

（1）考虑特定控制的性质。注册会计师应当根据特定控制的性质选择所需实施审计程序的类型。例如，某些控制可能存在反映控制运行有效性的文件记录，在这种情况下，注册会计师可以检查这些文件记录以获取控制运行有效的审计证据；某些控制可能不存在文件记录（如一项自动化的控制活动），或者文件记录与能否证实控制运行有效性不相关，注册会计师应当考虑实施检查以外的其他审计程序（如询问和观察）或者借助计算机辅助审计技术，以获取有关控制运行有效性的审计证据。

（2）考虑测试与认定直接相关和间接相关的控制。在设计控制测试时，注册会计师不仅应当考虑与认定直接相关的控制，还应当考虑这些控制所依赖的与认定间接相关的控制，以获取支持控制运行有效性的审计证据。例如，被审计单位可能针对超出信用额度的例外赊销交易设置报告和审核制度（与认定直接相关的控制）；在测试该项制度的运行有效性时，注册会计师不仅应当考虑审核的有效性，还应当考虑与例外赊销报告中信息准确性有关的控制（与认定间接相关的控制）是否有效运行。

（3）如何对一项自动化的应用控制实施控制测试。对于一项自动化的应用控制，由于信息技术处理过程的内在一贯性，注册会计师可以利用该项控制得以执行的审计证据和信息技术一般控制（特别是对系统变动的控制）运行有效性的审计证据，作为支持该项控制在相关期间运行有效性的重要审计证据。

3. 实施控制测试时对双重目的的实现

控制测试的目的是评价控制是否有效运行；细节测试的目的是发现认定层次的重大错报。尽管两者目的不同，但注册会计师可以考虑针对同一交易同时实施控制测试和细节测试，以实现双重目的。

（三）控制测试的时间

1. 控制测试的时间的含义

控制测试的时间包含两层含义：一是何时实施控制测试；二是测试所针对的控制适用的时点或者期间。

2. 如何考虑期中审计证据

注册会计师可能在期中实施进一步审计程序。对于控制测试，注册会计师在期中实施此类程序具有更积极的作用。如果已获取有关控制在期中运行有效性的审计证据，并拟利用该证据，注册会计师应当实施下列审计证据：①获取这些控制在剩余期间发生重大变化的审计证据。②确定针对剩余期间还需获取的补充审计证据。

3. 如何考虑以前审计获取的审计证据

（1）关于如何考虑以前审计获取的有关控制运行有效性的审计证据，基本思路是考虑拟信赖的以前审计中测试的控制在本期是否发生变化，因为考虑与控制变化有关的审计证据有助于注册会计师决定合理调整拟在本期获取的有关控制运行有效性的审计证据。

（2）如果控制在本期发生变化，注册会计师应当考虑以前审计获取的有关控制运行有效性的审计证据是否与本期审计相关。例如，如果系统的变化仅仅使被审计单位从中获取新的报告，这种变化通常不影响以前审计所获取证据的相关性；如果系统的变化引起数据累积或者计算发生改变，这种变化可能影响以前审计所获取证据的相关性。

（3）如果拟信赖的控制自上次测试后未发生变化，且不属于旨在减轻特别风险的控制，注册会计师应当运用职业判断确定是否在本期审计中测试其运行有效性，以及本次测试与上次测试的时间间隔，但每 3 年至少对控制测试一次。

4. 不得依赖以前审计所获取审计证据的情形

鉴于特别风险的特殊性，对于旨在减轻特别风险的控制，不论该控制在本期是否发生变化，注册会计师都不应依赖以前审计获取的证据。

（四）控制测试的范围

对于控制测试的范围，其含义主要是指某项控制活动的测试次数。注册会计师应当设计控制测试，以获取控制在整个拟信赖的期间有效运行的充分、适当审计证据。

四、实质性程序

（一）实质性程序的含义和要求

1. 实质性程序的含义

实质性程序是指用于发现认定层次重大错报的审计程序。它包括对各类交易、账户余额和披露的细节测试以及实质性分析程序。

2. 针对特别风险实施的实质性程序

（1）如果认为评估的认定层次重大错报风险是特别风险，注册会计师应当专门针对该风应实施实质性程序。例如，如果认为管理层面临实现盈利指标的压力而可能提前确认收入，注册会计师在设计询证函时不仅应当考虑函证应收账款的账户余额，还应当考虑询证销售协议的细节条款（如交货、结算及退货条款）。

（2）如果针对特别风险实施的程序仅为实质性程序，这些程序应当包括细节测试，或者将细节测试和实质性分析程序结合使用，以获取充分、适当的审计证据。

（二）实质性程序的性质

1. 实质性程序的性质的含义

实质性程序的性质是指实质性程序的类型及其组合。实质性程序的两种基本类型包括细节测试和实质性分析程序。

（1）细节测试是指对各类交易、账户余额和披露的具体细节进行的测试。其目的在于直接识别财务报表认定是否存在错报。细节测试被用于获取与某些认定相关的审计证据，如存在、准确性、计价等。

（2）实质性分析程序从技术特征上讲仍然是分析程序，主要通过研究数据间关系来评价信息，只是将该技术方法用作实质性程序，即用来识别各类交易、账户余额和披露及相关认定是否存在错报。

2. 细节测试和实质性分析程序的适用性

细节测试适用于对各类交易、账户余额和披露认定的测试，尤其是对存在或发生、计价认定的测试；对在一段时期内存在可预期关系的大量交易，注册会计师可以考虑实施实质性分析程序。

3. 细节测试的方向

注册会计师需要根据不同的认定层次的重大错报风险设计有针对性的细节测试。例如，在针对存在或发生认定设计细节测试时，注册会计师应当选择包含在财务报表金额中的项目，并获取相关审计证据。

4. 设计实质性分析程序时考虑的因素

注册会计师在设计实质性分析程序时应当考虑的因素包括：

（1）对特定认定使用实质性分析程序的适当性。

（2）对已记录的金额或者比率做出预期时，所依据的内部或者外部数据的可靠性。

（3）做出预期的准确程度是否足以在计划的保证水平上识别重大错报。

（4）已记录金额与预期值之间可接受的差异额。

考虑到数据及分析的可靠性，当实施实质性分析程序时，如果使用被审计单位编制的信息，注册会计师应当考虑测试与信息编制相关的控制，以及这些信息是否在本期或者前期经过审计。

（三）实质性程序的时间

1. 实质性测试的时间选择与控制测试的时间比较

实质性测试的时间选择与控制测试的时间比较如表 6－2 所示。

表 6－2　　实质性测试的时间选择与控制测试的时间比较

<table>
<tr><th>项目</th><th>共同点</th><th>差异</th></tr>
<tr><td>实质性测试</td><td rowspan="2">都面临着对期中审计证据和对以前审计获取的审计证据的考虑</td><td rowspan="2">（1）在控制测试中，期中实施控制测试并获取期中关于控制运行有效性审计的做法更具有一种“常态”；而由于实质性程序的目的在于更直接地发现错报，在期中实施实质性程序时更需要考虑其成本效益的权衡
（2）在本期控制测试中拟信赖以前审计获取的有关控制运行有效的审计证据，已经受到了很大的限制；而对于以前审计中通过实质性程序获取的审计证据，则采取了更加慎重的态度和更严格的限制</td></tr>
<tr><td>控制测试</td></tr>
</table>

2. 如何考虑是否在期中实施实质性程序

会计师在确定是否在期中实施实质性程序时，应当考虑以下因素：

（1）控制环境和其他相关的控制。控制环境和其他相关的控制越薄弱，注册会计师越不宜在期中实施实质性程序。

（2）实施审计程序所需信息在期中之后的可获得性。

（3）实质性程序的目的。

（4）评估的重大错报风险。注册会计师评估的某项认定的重大错报风险越高，针对该认定所需获取的审计证据的相关性和可靠性要求也就越高，注册会计师越应当考虑将实质性程序集中于期末（或者接近期末）实施。

（5）特定类别交易或者账户余额以及相关认定的性质。

（6）针对剩余期间，能否通过实施实质性程序或者将实质性程序与控制测试相结合，降低期末存在错报而未被发现的风险。

3. 如何考虑期中审计证据

（1）如果在期中实施了实质性程序，注册会计师应当针对剩余期间实施进一步的实质性程序，或者将实质性程序和控制测试结合使用，以将期中测试得出的结论合理延伸至期末。

（2）如果拟将期中测试得出的结论延伸至期末，注册会计师应当考虑针对剩余期间仅实施实质性程序是否足够。如果认为实施实质性程序本身不充分，注册会计师还应测试剩余期间相关控制运行的有效性或者针对期末实施实质性程序。

（3）对于舞弊导致的重大错报风险（作为一类重要的特别风险），被审计单位存在故意错报或操纵的可能性，那么注册会计师更应慎重考虑能否将期中测试得出的结论延伸至期末。

4. 如何考虑以前审计获取的审计证据

（1）在以前审计中实施实质性程序获取的审计证据，通常对本期只有很弱的证据效力或者没有证据效力，不足以应对本期的重大错报风险。

（2）只有当以前获取的审计证据及其相关事项未发生重大变动时，以前获取的审计证据才可能用作本期的有效审计证据。

（3）如果拟利用以前审计中实施实质性程序获取的审计证据，注册会计师应当在本期实施审计程序，以确定这些审计证据是否具有持续相关性。

（四）实质性程序的范围

在确定实质性程序的范围时，注册会计师应当考虑评估的认定层次重大错报风险和实施控制测试的结果。注册会计师评估的认定层次的重大错报风险越高，需要实施实质性程序的范围越广。如果对控制测试结果不满意，注册会计师可能需要考虑扩大实质性程序的范围。

第六节　完成审计工作和出具审计报告

一、编制审计差异调整表和试算平衡表

注册会计师在完成各会计报表项目的审计测试等审计工作后，应对审计实施阶段收集到的相应审计证据，进行汇总、分析、复核和评价并与被审计单位沟通审计结果情况，为编写审计报告做准备。

在完成按业务循环进行的控制测试、财务报表项目的实质性程序和特殊项目的审计后，对审计项目组成员在审计中发现的被审计单位的会计处理方法与企业会计准则的不一致，即审计差异内容，审计项目经理应根据审计重要性原则予以初步确定、汇总，并建议被审计单位进行调整，使经审计的财务报表所载信息能够公允地反映被审计单位的财务状况、经营成果和现金流量。对审计差异内容的初步确定并汇总直至形成已审计的财务报表的过程，主要是通过编制审计差异调整表和试算平衡表得以完成的。

（一）编制审计差异调整表

审计差异内容按是否需要调整账户记录可分为核算错误和重分类错误。核算错误是指因企业对经济业务进行了不正确的会计核算而引起的错误；重分类错误是因企业未按企业会计准则列报财务报表而引起的错误。例如，企业在应付账款项目中反映的预付账款、在

应收账款项目中反映的预收账款等。

无论是核算错误还是重分类错误，在审计工作底稿中通常都是以会计分录的形式反映的。由于审计中发现的错误往往不止一两项，为便于审计项目的各级负责人综合判断、分析和决定，也为了便于有效编制试算平衡表和代编经审计的财务报表，通常需要将这些建议调整的不符事项、重分类错误以及未调整不符事项分别汇总至“账项调整分录汇总表”“重分类调整分录汇总表”和“未更正错报汇总表”。

在确定哪些审计差异应当调整时，注册会计师应当考虑以下因素：审计差异金额是否超过重要性标准；审计差异是否影响财务报表的公允表达与披露；审计差异的性质是否涉及非法业务及舞弊行为，并注意其对审计意见的潜在影响；审计差异产生的原因是一时疏忽，还是由于内部控制本身的固有限制。对于后一种情况，还应考虑是否有必要追加审计程序，以保证审计结果的可靠性，或者向被审计单位管理层提交管理建议书；衡量审计差异的精确度；其他可能影响审计结论的重要因素。

注册会计师确定核算错误和重分类错误后，应以书面方式及时征求被审计单位的意见。若被审计单位予以采纳，应取得其同意调整的书面确认；若被审计单位不予采纳，应分析原因，并根据错报的性质和重要程度，确定是否在审计报告中予以反映，以及如何反映。

（二）编制试算平衡表

这里的试算平衡表是指注册会计师在被审计单位提供未审财务报表的基础上，考虑调整分录、重分类分录等内容以确定已审数与报表披露数的表式。在编制试算平衡表时，须注意以下几点：

（1）试算平衡表中的“期末未审数”和“审计前金额”列，应根据被审计单位提供的未审计财务报表填列。

（2）试算平衡表中的“账项调整”和“调整金额”列，应根据经被审计单位同意的“账项调整分录汇总表”列示。

（3）试算平衡表中的“重分类调整”列，应根据经被审计单位同意的“重分类调整分录汇总表”填列。

（4）在编制完试算平衡表后，应注意核对相应的勾稽关系。例如，资产负债表试算平衡表左边的“期末未审数”列合计数、“期末审定数”列合计数应分别等于其右边相应各列合计数；资产负债表试算平衡表左边的“账项调整”栏中的借方合计数与贷方合计数之差应等于右边的“账项调整”列中的贷方合计数与借方合计数之差；资产负债表试算平衡表左边的“重分类调整”列中的借方合计数与贷方合计数之差应等于右边的“重分类调整”列中的贷方合计数与借方合计数之差等。

二、考虑或有事项和期后事项

（一）考虑或有事项

1. 或有事项的含义

或有事项是指过去的交易或事项形成的，其结果须由某些未来事项的发生或不发生才能决定的不确定事项。常见的或有事项主要包括未决诉讼或仲裁、债务担保、产品质量保证（含产品安全保证）、承诺、亏损合同、重组义务、环境污染整治等。

随着我国市场经济的发展，或有事项这一特定的经济现象已越来越多地存在于企业的经营活动中，并对企业的财务状况和经营成果产生较大的影响。或有事项对企业潜在的财务影响究竟有多大，企业因此而承担的风险又究竟有多大，都有必要通过企业的财务报表或财务报表附注予以反映，使财务报表使用者能够获得真实、充分、详细的信息，帮助其进行正确的分析、判断。所以，注册会计师应当对或有事项实施必要的审计程序。需要特别指出的是，由于或有事项本质上属于不确定事项，相应地，其重大错报风险较高，需要注册会计师予以充分关注。

2. 或有事项的审计

之所以将或有事项的审计放入审计完成阶段，有两方面的考虑：一是有利于注册会计师掌握有关或有事项的最新信息，有利于提高审计效率和效果；二是在完成审计阶段，需要专门实施一些程序，验证或复核或有事项的完整性。需要指出的是，在实施其他程序的过程中，注册会计师可能已经获取了有关或有事项的部分审计证据。例如，注册会计师在函证被审计单位的银行存款时可能已经同时函证了被审计单位向其他企业提供担保的情况或掌握了银行存款已被用于担保的事实。

注册会计师对或有事项进行审计所要达到的审计目标一般包括：确定或有事项是否存在和完整；确定或有事项的确认和计量是否符合企业会计准则的规定；确定或有事项的列报是否恰当。

在审计或有事项时，注册会计师尤其要关注财务报表反映的或有事项的完整性。由于或有事项的种类不同，注册会计师在审计被审计单位的或有事项时，所采取的程序也各不相同。但总结起来，针对或有事项的审计程序通常包括：

（1）了解被审计单位与识别有关的内部控制。

（2）审阅截至审计工作完成日止被审计单位历次董事会纪要和股东大会会议记录，确定是否存在未决诉讼或仲裁、未决索赔、税务纠纷、债务担保、产品质量保证、财务承诺等方面的记录。

（3）向与被审计单位有业务往来的银行函证，或检查被审计单位与银行之间的借款协议和往来函件，以查找有关票据贴现、背书、应收账款抵借、票据背书和担保。

（4）检查与税务征管机构之间的往来函件和税收结算报告，以确定是否存在税务争议。

（5）向被审计单位的法律顾问和律师进行函证，分析被审计单位在审计期间所发生的法律费用，以确定是否存在未决诉讼、索赔等事项。

（6）向被审计单位管理层获取书面声明，声明其已按照企业会计准则的规定，对全部或有事项作了恰当反映。

审计人员在通过各种程序对或有事项进行审查时，应注意被审计单位对各种或有事项的处理是否恰当，发现其未作处理或处理不恰当的，应提请其进行更正或调整。如果被审计单位拒绝接受更正或调整建议，审计人员则应考虑是否要在审计报告中加以反映及如何反映。

（二）考虑期后事项

企业的经营活动是连续不断、持续进行的，但财务报表的编制却是建立在“会计分期假设”基础之上的。也就是说，作为主要审计对象的财务报表，其编制基础不过是连续不断的经营活动的一种人为分类。因此，注册会计师在审计被审计单位某一会计年度的财务报表时，除了对所审会计年度内发生的交易和事项实施必要的审计程序外，还必须考虑所审会计年度之后发生和发现的事项对财务报表和审计报告的影响，以保证一个会计期间的财务报表的真实性和完整性。

期后事项是指财务报表日至审计报告日之间发生的事项，以及注册会计师在审计报告日后知悉的事实。期后事项可以按时段划分为三个时段：第一个时段是财务报表日后至审计报告日，我们可以把在这一期间发生的事项称为“第一时段期后事项”；第二个时段是审计报告日后至财务报表报出日，我们可以把这一期间发现的事实称为“第二时段期后事项”；第三个时段是财务报表报出日后，我们可以把这一期间发现的事实称为“第三时段期后事项”。

1. 财务报表日至审计报告日之间发生的事项

第一，主动识别第一时段期后事项。注册会计师应当设计和实施审计程序，获取充分、适当的审计证据，以确定所有在财务报表日至审计报告日之间发生的、需要在财务报表中调整或披露的事项均已得到识别。但是，注册会计师并不需要对之前已实施审计程序并已得出满意结论的事项执行追加的审计程序。

财务报表日至审计报告日之间发生的期后事项属于第一时段期后事项。对于这一时段的期后事项，注册会计师负有主动识别的义务，应当设计专门的审计程序来识别这些期后事项，并根据这些事项的性质判断其对财务报表的影响，进而确定是进行调整还是披露。

第二，用以识别期后事项的审计程序，注册会计师应当按照审计准则的规定实施审计程序，以使审计程序能够涵盖财务报表日至审计报告日（或尽可能接近审计报告日）之间的期间。

在通常情况下，针对期后事项的专门审计程序，其实施时间越接近审计报告日越好。越接近审计报告日，也就意味着离财务报表日越远，被审计单位这段时间内累积的对财务报表日已经存在的情况提供的进一步证据也就越多；越接近审计报告日，注册会计师遗漏期后事项的可能性也就越小。

在确定审计程序的性质和范围时，注册会计师应当考虑风险评估的结果。用以识别第一时段期后事项的审计程序通常包括以下内容：

（1）了解管理层为确保识别期后事项而建立的程序。

（2）询问管理层和治理层（如适用），确定是否已发生可能影响财务报表的期后事项。

（3）查阅被审计单位的所有者、管理层和治理层在财务报表日后举行会议的纪要，在不能获取会议纪要的情况下，询问此类会议讨论的事项。

（4）查阅被审计单位最近的中期财务报表。

除上述这些审计程序外，注册会计师可能认为实施下列一项或多项审计程序是必要和适当的：

（1）查阅被审计单位在财务报表日后最近期间内的预算、现金流量预测和其他相关的管理报告。

（2）就诉讼和索赔事项询问被审计单位的法律顾问，或扩大之前口头或书面查询的范围。

（3）考虑是否有必要获取涵盖特定期后事项的书面声明以支持其他审计证据，从而获取充分、适当的审计证据。

第三，知悉对财务报表有重大影响的期后事项时的考虑。在实施上述审计程序后，如果注册会计师识别出对财务报表有重大影响的期后事项，应当确定这些事项是否按照适用的财务报告编制基础的规定在财务报表中得到恰当反映。

如果所知悉的期后事项属于调整事项，注册会计师应考虑被审计单位是否已对财务报表作出适当的调整。如果所知悉的期后事项属于非调整事项，注册会计师应当考虑被审计单位是否在财务报表附注中予以充分披露。

2. 注册会计师在审计报告日后至财务报表报出日前知悉的事实

（1）被动识别第二时段期后事项。在审计报告日后，注册会计师没有义务针对财务报表实施任何审计程序。审计报告日后至财务报表报出日前发现的事实属于“第二时段期后事项”，注册会计师针对被审计单位的审计业务已经结束，要识别可能存在的期后事项比较困难，因而无法承担主动识别第二时段期后事项的审计责任。但是，在这一阶段，被审计单位的财务报表并未报出，管理层有责任将发现的可能影响财务报表的事实告知注册会计师。当然，注册会计师还可能从媒体报道、举报信或者证券监管部门告知等途径获悉影响财务报表的期后事项。

（2）知悉第二时段期后事项时的考虑。在审计报告日后至财务报表报出日前，如果知悉了某事实，且若在审计报告日知悉可能导致修改审计报告，注册会计师应当与管理层和治理层讨论该事项，确定财务报表是否需要修改；如果需要修改，询问管理层将如何在财务报表中处理该事项。

如果管理层修改财务报表，注册会计师应当根据具体情况对有关修改实施必要的审计程序；同时，注册会计师应当用以识别期后事项的上述审计程序延伸至新的审计报告日，并针对修改后的财务报表出具新的审计报告。新的审计报告日不应早于修改后的财务报表被批准的日期。

如果认为管理层应当修改财务报表而没有修改，并且审计报告尚未提交给被审计单位，注册会计师应当按照《中国注册会计师审计准则第1502号——在审计报告中发表非无保留意见》的规定发表非无保留意见，然后再提交审计报告。

如果认为管理层应当修改财务报表而没有修改，并且审计报告已经提交给被审计单位，注册会计师应当通知管理层和治理层（除非治理层全部成员参与管理被审计单位）在财务报表作出必要修改不要向第三方报出。如果财务报表在未经必要修改的情况下仍被报出，注册会计师应当采取适当措施，以设法防止财务报表使用者信赖该审计报告。例如，针对上市公司，注册会计师可以利用证券传媒等刊登必要的声明，防止使用者信赖审计报告。注册会计师采取的措施取决于自身的权利和义务以及所征询的法律意见。

3. 注册会计师在财务报表报出后知悉的事实

（1）没有义务识别第三时段的期后事项。财务报表报出日后知悉的事实属于第三时段期后事项，注册会计师没有义务针对财务报表实施任何审计程序。但是，并不排除注册会计师通过媒体等其他途径获悉可能对财务报表产生重大影响的期后事项的可能性。

（2）知悉第三时段后事项时的考虑。在财务报表报出后，如果知悉了某事实，且若在审计报告日知悉可能导致修改审计报告，注册会计师应当：

①与管理层和治理层讨论该事项。

②确定财务报表是否需要修改。

③如果需要修改，询问管理层将如何在财务报表中处理该事项。

应当指出的是，需要注册会计师在知悉后采取行动的第三时段期后事项是有严格限制的：这类期后事项应当是在审计报告日已经存在的事实；该事实如被注册会计师在审计报告日前获知，可能影响审计报告。只有同时满足这两个条件，注册会计师才需要采取行动。

如果管理层修改了财务报表，注册会计师应当采取如下必要的措施：

一是根据具体情况对有关修改实施必要的审计程序。例如，查阅法院判决文件，复核会计处理或披露事项，确定管理层对财务报表的修改是否恰当。

二是复核管理层采取的措施能否确保所有收到原财务报表和审计报告的人士了解这一情况。在修改了财务报表的情况下，管理层应当采取恰当措施（如上市公司可以在证券报纸、网站刊登公告，重新公布财务报表和审计报告），让所有收到原财务报表和审计报告的人士了解这一情况。注册会计师需要对这些措施进行复核，判断它们是否能达到这样的目标。例如，上市公司管理层刊登公告的媒体是否是中国证券监督管理委员会指定的媒体，若仅刊登在其注册地的媒体上则异地的使用者可能无法了解这一情况。

三是延伸实施审计程序，并针对修改后的财务报表出具新的审计报告。新的审计报告日不应早于修改后的财务报表被批准的日期。

如果管理层没有采取必要的措施确保所有收到原财务报表的人士了解这一情况，也没有在注册会计师认为需要修改的情况下修改财务报表，注册会计师应当通知管理层和治理层（除非治理层全部成员参与管理被审计单位），如果管理层或治理层没有采取必要措施，注册会计师应当采取适当措施，以设法防止财务报表使用者信赖该审计报告。

三、执行分析程序

（一）总体要求

在临近审计结束时，注册会计师应当设计和实施分析程序，帮助其对财务报表形成总体结论，以确定财务报表是否与其对被审计单位的了解一致。在审计结束或临近结束时，注册会计师运用分析程序的目的是确定财务报表整体是否与其对被审计单位的了解一致，注册会计师应当围绕这一目的运用分析程序，这时运用分析程序是强制要求。

（二）总体复核阶段分析程序的特点

在总体复核阶段执行分析程序，所进行的比较和使用的手段与风险评估程序中使用的分析程序基本相同，但两者的目的不同。在总体复核阶段实施的分析程序主要在于强调并解释财务报表项目自上个会计期间以来发生的重大变化，以证实财务报表中列报的所有信息与注册会计师对被审计单位及其环境的了解一致，与注册会计师取得的审计证据一致。因此，两者的主要差别在于实施分析程序的时间和重点不同，以及所取得的数据的数量和质量不同。另外，因为在总体复核阶段实施的分析程序并非为了对特定账户余额和披露提供实质性的保证水平，因此并不如实质性分析程序那样详细和具体，而往往集中在财务报表层次。在运用分析程序进行总体复核时，如果识别出以前未识别的重大错报风险，注册会计师应当重新考虑对全部或部分各类交易、账户余额、列报评估的风险是否恰当，并在基础上重新评价之前计划的审计程是否充分，是否有必要追加审计程序。

四、复核审计工作底稿

在编制审计报告前，注册会计师需要复审计工作底稿。首先，应对财务报表进行总体性复核，分析其是否还可能存在其他异常情况，以确定是否追加实施额外的审计程序；其次，对具体的审计工作底稿进行复核。

五、评价审计结果

注册会计师评价审计结果，主要是为了确定将要发表的审计意见的类型以及审计人员在整个审计工作中是否遵循了审计准则。为此，注册会计师必须完成两项工作：一是对重要性和审计风险进行最终的评价；二是对被审计单位已审计财务报表形成审计意见，并草拟审计报告。

（一）对重要性和审计风险进行最终的评价

对重要性和审计风险进行最终评价，是注册会计师决定发表何种类型审计意见的必要过程。该过程可通过以下两个步骤来完成。

第一，确定可能错报金额。可能错报金额包括已经识别的具体错报和推断误差。

第二，根据财务报表层次重要性水平，确定可能的错报金额的汇总数对财务报表的影响程度。应当注意的是，这里的“财务报表层次的重要性水平”是指审计计划阶段确定的重要性水平。如果该重要性水平在审计过程中已作过修正，则应按修正后的财务报表层次重要性水平进行比较；这里的“可能错报金额”一般是指各财务报表项目可能的错报金额的汇总数，但也可能包括上一期间的任何未更正可能错报对本期财务报表的影响。上一期间的未更正可能错报与本期末更正可能错报累计起来，可能会导致本期财务报表产生重大错报。因此，注册会计师估计本期的可能错报总和时，应当包括上一期间的未更正可能错报。

注册会计师在审计计划阶段已确定了审计风险的可接受水平。随着可能错报总和的增加，财务报表可能被严重错报的风险也会增加。如果注册会计师得出结论，审计风险处在一个可接受的水平，则可以直接提出审计结果所支持的意见；如果注册会计师认为审计风险不能接受，则应追加测试或者说服被审计单位作必要调整，以便将重要错报的风险降低到一个可接受的水平。否则，注册会计师应慎重考虑该审计风险对审计报告的影响。

（二）对被审计单位已审计财务报表形成审计意见并草拟审计报告

在审计过程中，要实施各种测试。这些测试通常是由参与本次审计工作的审计项目组成员来执行的，而每个成员所执行的测试可能只限于某几个领域或账项。所以，在每个功能领域或报表项目的测试都完成之后，审计项目经理应汇总所有成员的审计结果。在完成审计工作阶段，为了对财务报表整体发表适当的意见，必须将这些分散的审计结果加以汇总和评价，综合考虑在审计过程中所收集到的全部证据。负责该审计项目的注册会计师对这些工作负有最终的责任。在有些情况下，这些工作可以先由审计项目经理初步完成，然后再逐级交给部门经理和注册会计师认真复核。

在对审计意见形成最后决定之前会计师事务所通常要与被审计单位召开沟通会。在会议上，注册会计师可口头报告本次审计所发现的问题，并说明建议被审计单位作必要调整或表外披露的理由。当然，管理层也可以在会上申辩其立场。最后，通常会对需要被审计单位作出的改变达成协议。如果达成了一致协议，注册会计师一般即可签发标准审计报告；否则，注册会计师则可能不得不发表其他类型的审计意见。

六、与被审计单位治理层沟通

在财务报表审计中，注册会计师应注意与治理层和管理层的沟通，尤其是在审计终结阶段。治理层是指对被审计单位战略方向以及管理层履行经营管理责任负有监督责任的人员或组织，包括董事会、监事会和股东大会。管理层是指对被审计单位经营活动的执行负有经营管理责任的人员，承担编制财务报表的责任，并接受治理层的监督，包括经理和高级管理人员。注册会计师应当就与财务报表审计相关，且根据职业判断认为与治理层、管理层相关的重大事项，以适当的方式与其进行及时沟通。

（一）沟通的目的与形式

1. 沟通的目的

实际上，从接受委托审计至出具审计报告的整个过程中，在审计计划、审计实施和审计报告的各个阶段都要不断与治理层、管理层进行沟通，与治理层、管理层沟通是财务报表审计工作中不可缺少的部分，是贯穿于整个审计过程的一项重要工作。其目的在于：

（1）明确各自的责任与义务。通过适当的沟通，可以增进彼此间的了解，建立良好的工作关系，促使双方认真履行职责，从而保护有关各方的合法权益，避免注册会计师可能受到不公正的指责或控告。

（2）提高审计效率，确保审计质量。与治理层进行适当的沟通，可以使注册会计师获取更多的相关信息，有助于注册会计师对各种复杂、疑难的问题进行正确分析，作出合理判断，从而降低审计风险，确保审计工作质量。同时，注册会计师通过与治理层的沟通，还可以避免一些不必要的麻烦，节约审计时间，提高审计效率。

（3）为被审计单位提供更好的服务。通过与治理层进行适当的沟通，可以帮助被审计单位加强内部控制、提高经营效率和管理效果。

（4）推动注册会计师和治理层之间有效的双向沟通。注册会计师在与治理层进行沟通的同时，应提请治理层以同样的方式与注册会计师沟通，以建立有效的双向沟通关系。注册会计师在建立这种关系时应当保持独立性和客观性。

2. 沟通的形式

沟通的形式涉及口头或书面沟通、详细或简略沟通、正式或非正式沟通。有效的沟通形式不仅包括正式声明和书面报告等正式形式，也包括讨论等非正式形式。必须注意：书面沟通文件统称为沟通函，包括管理建议书及其他各种致治理层函等。沟通函对外不具有公正性，注册会计师应在沟通函的最后一段注明，沟通函仅供治理层内部使用，若因被审计单位使用不当造成的后果与注册会计师及其所在的会计师事务所无关。

（二）沟通的事项

沟通的事项，具体如表6-3所示。

表6-3

沟通事项	内容
注册会计师的责任	（1）注册会计师负责对在管理层监督下编制的财务报表形成和发表意见 （2）财务报表审计并不减轻管理层或治理层的责任
计划的审计范围和时间的总体安排	计划的审计范围和时间
审计工作中发现的重大问题	对被审计单位会计处理质量的看法
	审计工作中遇到的重大困难
	已与管理层讨论或需要书面沟通的、审计中出现的重大事项，以及注册会计师要求提供的书面声明
	审计中出现的，根据职业判断任务重大且与管理层履行财务报表编制责任直接相关的事项
	审计中出现的，根据职业判断任务重大且与治理层履行财务报告监督责任直接相关的事项
注册会计师的独立性（上市实体）、	（1）对被审计项目组成员、会计师事务所其他相关人员以及会计师事务所和网络事务所按照相关职业道德要求保持了独立性作出声明
	（2）根据职业判断，注册会计师认为会计师事务所、网络事务所与被审计单位之间存在的可能影响独立性的所有关系和其他事项，其中，包括会计师事务所和网络事务所在财务报表涵盖期间为被审计单位和受被审计单位控制的组成部分提供审计、非审计服务的收费总额，这些收费应当分配到适当的业务类型中，以帮助治理层评估这些服务对注册会计师独立性的影响
	（3）为消除对独立性的不利影响或将其降至可接受的水平，已经采取的相关防范措施。

七、审计报告

审计报告按其是否增加解释说明的事项可分为标准审计报告和非标准审计报告。

标准审计报告是指不含有说明段、强调事项段、其他事项段或其他任何修饰性用语的无保留意见的审计报告。其中，无保留意见是指当注册会计师认为财务报表在所有重大方面按照适用的财务报告编制基础编制并实现公允反映时发表的审计意见。包含其他报告责任段，但不含有强调事项段或其他事项段的无保留意见的审计报告也被视为标准审计报告。

非标准审计报告是指带强调事项段或其他事项段的无保留意见的审计报告和非无保留意见的审计报告。非无保留意见的审计报告包括保留意见的审计报告、否定意见的审计报告和无法表示意见的审计报告。

课后练习

一、单项选择题

1.（　　）是审计委托人作出审计决定的基本依据。

A. 审计法　B. 审计准则　C. 会计准则　D. 审计报告

2. 审计报告的收件人应该是（　　）。

A. 审计委托人　B. 社会公众

C. 被审计单位　D. 被审计单位员工

3. 在我国民间审计中，审计报告的标题统一为（　　）。

A. 注册会计师审计报告　B. 审计报告

C. 会计师事务所审计报告　D. 查账报告

4. 在确定重要性水平时，下列各项中通常不宜作为计算重要性水平基准的是（　　）。

A. 持续经营产生的利润　B. 非经常性收益

C. 费用总额　D. 营业收入

5. 使用重要性水平，可能无助于实现下列（　　）目的。

A. 确定风险评估程序的性质、时间安排和范围

B. 识别和评估重大错报风险

C. 确定进一步审计程序的性质、时间安排和范围

D. 确定重大不确定事项发生的可能性

6. 在审计风险模型中，“重大错报风险”是指（　　）。

A. 评估的财务报表层次的重大错报风险

B. 评估的认定层次的重大错报风险

C. 评估的与控制环境相关的重大错报风险

D. 评估的与财务报表存在广泛联系的重大错报风险

7. 注册会计师在了解的以下事项中，属于行业状况的是（　　）。

A. 生产经营的季节性和周期性

B. 国家的特殊监管要求

C. 与被审计单位相关的税务法规是否发生变化

D. 是否存在新出台的法律法规

8. 注册会计师了解被审计单位及其环境的目的是（　　）。

A. 确定重要性水平

B. 控制固有风险

C. 识别和评估财务报表的重大错报风险

D. 控制检查风险

9. 在下列所描述的内部控制中，最有利于被审计单位防止出现漏记购货现象的是（　　）。

A. 生成收货报告的计算机程序，同时也更新采购档案

B. 在更新采购档案之前必须先有收货报告

C. 销售发票上的价格根据价格清单上的信息确定

D. 计算机将各凭证上的账户号码与会计科目表对比，然后进行一系列的逻辑测试

10. 财务报表层次的重大错报风险很可能源于（　　）。

A. 薄弱的控制环境

B. 控制活动执行不力

C. 对控制的监督无效

D. 风险评估过程有缺陷

二、多项选择题

1. 注册会计师在审计业务开始时应当开展的初步业务活动有（　　）。

A. 针对保持客户关系和具体审计业务实施相应的质量控制程序

B. 评价项目组成员的独立性

C. 就审计业务约定条款达成一致意见

D. 评价项目组成员的专业胜任能力

2. 具体审计计划包括的内容有（　　）。

A. 风险评估程序

B. 确定审计范围、时间安排和方向

C. 计划实施的进一步审计程序

D. 计划其他审计程序

3. 制定总体审计策略时考虑的事项包括（　　）。

A. 审计范围

B. 报告目标、时间安排及所需沟通

C. 审计方向

D. 审计资源

4. 审计报告按照审计主体可以分为（　　）。

A. 外部审计报告　　B. 公开审计报告

C. 国家审计报告　　D. 内部审计报告

5. 审计报告按详细程度分类分为（　　）。

A. 简式审计报告　　B. 详式审计报告

C. 公开审计报告　　D. 非公开审计报告

6. 审计报告的编制要求是（　　）。

A. 客观性　　B. 建设性

C. 重要性　　D. 完整性

7. 下列关于审计报告的说法中正确的有（　　）。

A. 审计报告是评价审计人员工作、控制审计质量的重要依据

B. 审计报告是审计人员发表审计意见和提出审计建议的载体

C. 审计报告是明确审计人员审计责任的重要资料

D. 审计报告是为国家宏观经济决策服务的重要信息来源

8. 下列事项中表明被审计单位很可能存在重大错报风险的有（　　）。

A. 在高度波动的市场开展业务

B. 被审计单位的供应链发生变化

C. 被审计单位从基础设施行业转做风险投资行业

D. 经常与控股股东发生交易

9. 注册会计师应从被审计单位内部和外部了解被审计单位及其环境。下列各项因素中，仅涉及被审计单位内部因素的有（　　）。

A. 了解被审计单位的相关行业状况

B. 了解被审计单位的目标、战略以及可能导致重大错报风险的相关经营风险

C. 了解对被审计单位财务业绩的衡量和评价

D. 了解被审计单位的内部控制

10. 注册会计师了解被审计单位的性质，包括对被审计单位经营活动的了解。为此应当了解的内容有（　　）。

A. 劳动用工情况以及与生产产品或提供劳务相关的市场信息

B. 主营业务的性质，生产设施、仓库的地理位置及办公地点

C. 从事电子商务的情况，技术研究与产品开发活动及其支出

D. 拟实施的并购活动与资产处置情况

三、判断题

1. 注册会计师无需了解被审计单位所有内部控制，而只需了解与审计相关的内部控制。（　　）

2. 注册会计师对内部控制的了解可以代替对控制运行有效性的测试。（　　）

3. 由于审计中存在的固有限制影响注册会计师发现重大错报的能力，注册会计师不能对财务报表整体不存在重大错报获取绝对保证。（　　）

4. 注册会计师在执行财务报表审计业务时，不论被审计单位规模大小，都应当对相关的内部控制进行控制测试。（　　）

5. 询问本身并不足以测试控制运行的有效性，注册会计师应当将询问与其他审计程序结合使用，以获取有关控制运行有效性的审计证据。（　　）

6. 当评估的财务报表层次重大错报风险属于高风险水平时，注册会计师拟实施进一步审计程序应采用实质性方案。（　　）

7. 无论注册会计师对重大错报风险的评估结果如何，都应当对所有重大的各类交易、账户余额、列报设计实施实质性程序。（　　）

8. 进一步审计程序主要包括控制测试和实质性程序。（　　）

9. 评估的重大错报风险越高，所需的审计证据越多。（ ）

10. 细节测试适用于对各类交易、账户余额或披露认定的测试，尤其是对存在或发生、计价和分摊认定的测试。（ ）

案例实训

案例一

背景：项目组承接了B公司的年度报表审计工作。B公司为私营企业，主营水泥制造业，由于近年房地产项目的兴起，该行业盈利状况较好。公司内部控制不完善，生产经营的重要环节由私营企业主指定的专人负责。该企业利润率低于同行业水平，所得税实行按季预缴，年终汇算清缴。每季末材料暂估入库余额大，但季末原材料余额远低于正常库存量。

问题：在风险评估中，如何运用分析程序确定B公司年度报表审计中的重点风险领域？

分析提示：项目组针对B公司的实际情况，对公司实施了实地检查和分析。私营企业利润率低于同行业，原因可能有两点：少计收入和多计成本。在实施详查中了解以下资料：①所得税实行按季预缴，年终汇算清缴。②每季末有大额的材料暂估入账记录，且暂估的材料均在当期耗用，导致每季度盈利水平远低于行业平均值，季末原材料余额远低于正常库存量。根据以上情况，项目组确定存货认定审计是此次项目的重点风险领域。下一步的审计程序应当是：逆查到负债项目，检查暂估入库的账户有无冲回；向材料供货商发函询证，以证实B公司有无虚列材料采购，加大当期成本，以达到少计当期利润，少缴所得税的目的的行为。

案例二

背景：C公司为粮油储运行业，因涉及行业改制，需进行3年的报表审计。由于该公司有进口粮油的外贸代理权，因此近3年经济效益较好，前3年的利润情况在行业中处于平均值。

问题：在风险评估中，如何运用分析程序确定C公司3年报表审计的重点风险领域？

分析提示：审计组根据情况介绍和仔细审阅报表，作出了如下分析：由于该企业是储运企业，经营性资金净流量大，仓储及储运成本占营运成本比例大，因此应当把成本的确认定为财务报表的关键环节。在设计下一步审计程序时，应当抽查大量的历年储运成本凭证，并逆查到负债账户，检查相应的付款记录情况，有无可靠的付款依据；还可以向收款方函证，核实款项的收款情况，从而确认C公司是否有通过虚列负债，增加仓储费用，转移利润的情况。

案例三

背景：四川证监局在对公司进行现场检查时发现公司的内部控制存在缺陷，具体情形为：公司部分保理业务客户对应的基础业务和购销合同高度相似，不同保理客户的交易对手方高度相似，有关交易对手方资质与所开展的采购业务规模不匹配，部分保理客户可能属于同一企业控制或存在关联关系。而上市公司在对保理业务的合同评审、尽职调查及资金投放过程中未对上述问题进行必要的查验和说明，在保理业务管理、保理资金投放等方面存在明显的内部控制缺陷。除此之外，上市公司还存在会计核算不规范的情形，2020年11月19日四川证监局对上市公司出具警示函。

问题：什么是内部控制？它包含哪些要素？

分析提示：内部控制是被审计单位为了合理保证财务报告的可靠性、经营的效率和效果以及对法律、法规的遵守，由治理层、管理层和其他人员设计和执行的政策和程序。内部控制通常包括下列要素：①控制环境。②风险评估过程。③信息系统与沟通。④控制活动。⑤对控制的监督。内部控制包括上述五项要素，而控制则包括上述一项或多项要素，或要素表现出的各个方面。

案例四

背景：常诚和王朝是一对好朋友，都是注册会计师，分别供职于不同的会计师事务所。有一天在共进午餐时，他们谈起了内部控制在决定应收集的审计证据的数量方面的重要性。常诚认为，在任何公司，不管其规模如何，都应该以类似的方式对内部控制进行细致的调查和评价。他所在的会计师事务所，要求在执行每一项审计业务时，都要使用事务所设计的标准内部控制调查问卷表，对于每类经济业务，都应该编制内部控制流程图。另外，事务所还要求注册会计师仔细评价内部控制制度，根据内部控制的强弱，调整拟收集的审计证据的数量。王朝则指出，他所审计的大量小规模企业，不可能有充分的、严密的内部控制。因此，他在从事审计时，通常假设内部控制不充分，从而忽略内部控制，直接进行大量的实质性测试。他说："当我一开始就知道内部控制制度中存在各种各样的弱点时，我为什么要浪费大量的时间和精力去调查内部控制、评价控制风险？我宁愿把花在填写内部控制调查评价表格上的时间，用在测试财务报表的表述是否正确上。"

问题：

(1) 概括大型企业和小型企业内部控制制度的主要区别。

(2) 评价注册会计师王朝和常诚的观点。

(3) 规模不同的企业，在调查内部控制、评价控制风险方面时有何共性和区别？

分析提示：

(1) 相比大型企业，小型企业业务相对简单，人员较少，不相容职务分离不充分，业主或管理层积极地参与各种经济业务，因此，内部控制制度相对不健全，不严密。

(2) 常诚和王朝的观点都有些偏颇。常诚认为不管企业规模大小，都应该细致地对内部控制制度进行调查和评价。这一点对于大部分小企业来说不适用。审计是需要成本的，当知道小企业内部控制制度不完善、不可能显著地降低控制风险时，还花大量的时间去了解内部控制制度，不符合成本效益原则。

王朝认为小企业的内部控制不充分、不严密，不应该花时间去了解内部控制制度，而应该直接进行实质性测试。王朝忽略了虽然小企业内部控制一般都不够充分严密，但毕竟企业与企业之间情况不同，内部控制的不健全有程度上的差别，不是所有小企业内部控制都不可信赖。而且，评价控制风险、设计恰当的实质性测试程序，不是调查企业的内部控制制度的唯一目的。对小企业的内部控制制度进行初步的调查和分析，有助于注册会计师评估财务报表的可信性，预测企业财务报表中的潜在错误，抓住审计重点。另外，注册会计师除了对企业的财务报表发表审计意见外，还需要就内部控制可以改进的方面向企业提出建议，这也要求对内部控制有所了解。

（3）共性：不管审计大企业、小企业，都要对内部控制进行调查。区别：企业的规模不同，对内部控制调查的程度可能不同。大企业内部控制较健全，评估的控制风险较低，因而对内部控制调查的程度较深；小企业内部控制相对不健全，评估的控制风险确定得较高甚至最高，因而对内部控制调查的程度较浅。

案例五

背景：某会计事务所于2021年3月对甲公司2020年度财务报表进行审计。

1. 注册会计师在了解被审计单位内部控制及其环境时通过与被审计单位管理层座谈，了解到以下情况：

（1）近几年，受国家扩大内需、加大基础设施建设政策的影响，五金制品市场供销两旺。该公司为适应市场需要，在周边10多个城市增设了办事处，外地办事处数量达到了25个。同时从甲公司及下属公司抽调了20多名非财会人员，进行简单培训后充实到各办事处从事会计工作。

（2）由于原财务经理与总经理在工作上存在意见分歧，原财务经理辞职，原行政部经理调任财务经理。新财务经理上任后，对财务部和驻外地办事处财会人员进行了岗位调整，有的财务人员被频繁调动。

（3）由于五金制品销售情况很好，许多客户提前预交货款，使用现金交款的情况很频繁，而且有的数额较大。大多数外地办事处只有一名财务人员，缺乏有效的内部控制。

（4）通过查阅以前年度的审计报告，发现销售退回和折让、应付利息以及按权益法核算的长期投资及投资收益等业务存在较多的漏记。

2. 该公司提供了2019年、2020年两个年度的财务报表、总账和明细分类账等资料，有关数据如表6－4所示。

表6－4　甲公司财务报表、总账和明细分类账等资料　　单位：万元

项目	2020年	2019年
营业收入	108 000	114 800
营业税金及附加	8 640	9 169
电费支出	3 600	4 160
管理费用	2 144	2 240
预收账款余额	11 360	14 240
营业利润	12 080	12 800

问题：如何评估该公司报表层次和认定层次的重大错报风险？

分析提示：甲公司报表层次和认定层次存在重大错报风险。

其一，报表层次的重大错报风险主要表现在：

（1）企业经营规模较大，外地设立的分支机构较多。

（2）会计人员素质较差，有20多名人员仅进行了简单的培训就从事会计工作。

（3）管理人员异常变动，与总经理存在工作意见分歧的原财务经理辞职，而新任财务经理又可能与总经理关系密切，存在协同操纵会计信息的可能性。

（4）会计人员频繁调动。

其二，认定层次存在的重大错报风险。

（1）计算各项目2020年度的增长情况，得出如表6－5所示的数据。

表6－5　　甲公司2015年度各项目增长情况　　单位：万元

项目	2019年	2020年	增长率%
营业收入	108 000	114 800	6.30
营业税金及附加	8 640	9 169	6.12
电费支出	3 600	4 160	15.56
管理费用	2 144	2 240	4.48
预收账款余额	11 360	14 240	25.35
营业利润	12 080	12 800	5.96

（2）认定层次存在的重大错报风险主要表现在：

①该公司有大量现金收入业务，而且驻外地的办事处缺乏有效的内部控制，而现金是容易损失或被挪用的资产，重大错报风险较高。

②电费支出可能存在重大错报风险。电费支出增长率是15.56%，同其他项目比，增长幅度较大，应进行重点审计，主要检查电费支出是否真实，有无存在虚列电费支出的问题。

③预收账款可能存在重大错报风险。预收账款余额的增长率为25.35%，增长幅度较大，属异常变动，应对预收账款进行重点审计，主要检查预收账款记录是否真实完整，期末余额是否正确，已实现销售的业务是否及时冲销了预收账款。

④营业收入可能存在重大错报风险。虽然营业收入单纯从增长幅度看不存在异常，但也应对营业收入进行重点审计。因为营业收入与预收账款余额、电费支出存在依存关系。预收账款余额大幅度增长，大大高于营业收入的增长水平，说明企业基本不存在赊销，可能存在将已实现收入的业务不转销，从而少计营业收入的问题；电费支出大幅度增加，与营业收入增长幅度不相称，也表明营业收入应该有较大幅度的增长。因而营业收入看似正常的增长率，可能隐含了企业隐匿、少计营业收入的问题。

⑤容易发生错报或漏报的会计报表项目，如销售退回和折让、投资收益以及应付利息等存在较高的固有风险，再加上以前的审计报告反映该公司存在漏报问题，因而此类项目存在较高的重大错报风险。

案例六

背景一： C和D注册会计师负责审计Y公司2020年度会计报表，于2020年12月1

日至12月15日对Y公司相关的内部控制进行了解、测试与评价。C和D注册会计师拟订的总体审计计划中关于控制测试和评价的部分内容摘录如下：

（1）在了解内部控制后，如认为Y公司内部控制设计合理且得到执行，则对相关内部控制进行测试。

（2）选择2020年1月1日至2020年11月30日作为控制测试样本总体的所属期间。

（3）在控制测试的基础上，形成对Y公司2020年度内部控制有效性的最终评价。

要求：假定不考虑其他条件，请指出C和D注册会计师拟订的总体审计计划中关于控制测试和评价的内容存在什么缺陷，并请简要提出改进建议。

背景二：ABC会计师事务所正在准备接受甲公司委托审计其2020年度的财务报表。甲公司以前年度是由XYZ会计师事务所审计的，并对2019年度的财务报表出具了带强调事项段的保留意见。在接受委托之前，主管此项业务的ABC会计师事务所合伙人A注册会计师经甲公司的允许与XYZ会计师事务所进行了沟通，了解到一些它对这个客户的审计经验。以下是A注册会计师了解到的一些主要信息：

（1）甲公司是一家集团公司，有多个子公司从事药品生产，同时也投资房地产、服装、酒店、软件等产业。

（2）日益激烈的竞争与我国药品市场的管制使公司受到变现能力和盈利能力恶化的压力。

（3）公司的管理层最大限度地"挤压利润"，竭尽全力地使报告的收入和每股收益最大化。在2019年度，甲公司的收入被XYZ会计师事务所的注册会计师调减了1 200万元，占原报告收入的30%。

（4）甲公司管理层不愿意接受审计调整；董事会中缺少审计委员会，致使审计人员的工作开展得比较困难。

（5）甲公司大多数交易采用计算机管理系统进行核算，核算系统内部控制政策和程序是比较健全的，但对存货的控制很差；最近实现的电算化系统中的永续盘存记录并不是很准确。而且，该公司没有内部审计人员，银行账户也没有定期调整。

（6）甲公司2019年度财务报表附注中提到了一起由该公司药物使用者所提起的诉讼，该药物被检查发现有可能导致癌症。XYZ会计师事务所在2019年度审计报告中增加了一个说明段，表示了对甲公司持续经营能力的怀疑。

（7）甲公司2017年、2018年和2019年三年的收益水平持续下降，但2020年度未经审计的净收入比2019年有大幅上升。

请结合上述材料回答以下问题：

（1）根据所了解的情况，你认为甲公司的重大错报风险水平是高、中还是低？为什么？

（2）根据题目所给的信息，你认为甲公司认定层次的重大错报风险集中的领域是哪些？

分析提示：

（1）甲公司的重大错报风险水平高，因为甲公司外部随着经营环境的恶化，公司的外部风险增加，且被审计单位面临法律诉讼，可持续经营能力受到影响。因此，甲单位的重大错报风险水平为高。

（2）高风险的领域：主营业务收入；存货。

案例七

某注册会计师在对E公司2020年度财务报表进行审计时，了解到其控制环境存在缺陷，则该注册会计师打算针对评估的财务报表层次重大错报风险确定总体应对措施。

问题：

（1）这种控制环境与财务报表层次重大错报风险有什么关系？

（2）这种控制下，对审计证据的收集有何影响？

分析提示：

（1）财务报表层次的重大错报风险很可能源于薄弱的控制环境。薄弱的控制环境带来的风险可能对财务报表产生广泛影响，难以限于某类交易、账户余额、列报，注册会计师应当采取总体应对措施。注册会计师对控制环境的了解影响其对财务报表层次重大错报风险的评估。有效的控制环境可以使注册会计师增强对内部控制和被审计单位产生的证据的信赖程度。

（2）由于控制环境存在缺陷，注册会计师在对拟实施审计程序的性质、时间和范围作出总体修改时应当考虑：①在期末并非期中实施更多的审计程序。因为控制环境的缺陷通常会削弱期中获得的审计证据的可信赖程度。②主要依赖实质性程序获取审计证据。良好的控制环境是其他控制要素发挥作用的基础。控制环境存在缺陷通常会削弱其他控制要素的作用，导致注册会计师可能无法信赖内部控制，而主要依赖实施实质性程序获取审计证据。③修改审计程序的性质，获取更具说服力的审计证据。修改审计程序的性质主要是指调整拟实施审计程序的类别及组合，比如原先可能主要限于检查某项资产的账面记录或相关文件，而调整审计程序的性质后可能意味着更加重视实地检查该项资产。④扩大审计程序的范围。例如，扩大样本规模，或采用更详细的数据实施分析程序。

案例八

背景：当被审计单位存在财务报表层次的重大错报风险时，往往意味着被审计单位的控制环境糟糕，内部控制存在重大缺陷。此时，注册会计师需要运用总体应对措施。但是，实务中，由于被审计单位和注册会计师可能合作多年，对于注册会计师们的“套路”十分熟悉，注册会计师再通过常规程序可能无法实现实际目标，这时，就需要注册会计师们增强审计的不可预见性。

问题：如何增强审计程序的不可预见性？

分析提示：

（1）对某些以前未测试的低于设定的重要性水平或风险较小的账户余额和认定实施实质性程序。

（2）调整实施审计程序的时间，使其超出被审计单位的预期。

（3）采取不同的审计抽样方法，使当年抽取的测试样本与以前有所不同。

（4）选取不同的地点实施审计程序，或者预先不告知被审计单位所选定的测试地点。

案例九

背景：华艺公司是一家生产和销售高端清洁用品的外商独资被审计单位，其产品主要用于星级宾馆和大型饭店。除了在北京、广州直接向终端客户销售外，在全国其他地区均向省级或市级经销商销售。

公司提供的财务报表显示：2020年度销售收入为112 655 269元，比上一年增长21%（董事会制定的当年预算目标是增长20%）。2020年12月31日应收账款余额为39 560 810元，组成情况如下：共226家客户，其中9家客户（均为省级经销商）的余额在100万元以上，占应收账款总额的38%，其余客户的余额均小于30万元。此外，余额为10万元以上且账龄超过1年的应收账款有15家。

2020年12月31日坏账准备余额为1 879 830元。公司采用账龄分析法和个别认定法相结合的方式计提坏账准备，其中账龄分析法为：账龄6个月以上1年以下：10%；1年以上2年以下：50%；2年以上：100%。该公司2019年度的税前利润为8 475 623元，总体重要性水平为423 781元（税前利润的5%）。公司部分财务数据如表6－6所示。

表6－6　　华艺公司部分财务数据

项目	2020年	2019年
应收账款（元）	39 560 810	27 765 338
坏账准备（元）	(1 879 830)	(1 707 400)
销售收入（元）	112 655 260	93 103 520
应收账款周转天数（天）	108	92

问题：评价注册会计师对华艺公司的销售业务流程进行风险评估并考虑是否实施进一步审计程序？

分析提示：由于销售业务的重要性及其固有风险，注册会计师认为销售收入和应收账款层次的"发生或存在"和"准确性"认定存在重大错报风险。被审计单位在2020年以放宽授信额度来增加销售收入，导致货款回收速度放缓，应收账款余额大幅上升，但坏账准备余额与去年基本持平。注册会计师认为应收账款的计价认定存在特别风险，即年末坏账准备的计提很可能不够，应当进行进一步审计。

基于以前年度对该公司的了解，以及本年度对该公司环境、经营状况、内部控制等的了解和评估，注册会计师决定对应收账款采用综合性审计方案。该公司在各主要业务流程及财务报告编制中采用了计算机信息系统，注册会计师在本年度审计中测试了信息系统一般控制并认为信息系统一般控制是有效的。注册会计师对销售收入、应收账款余额和坏账准备余额实施以下的进一步审计程序：①控制测试。②评估针对特别风险的控制。③实质性程序。

案例十

背景：F公司主要从事白色家电的生产和消费，产品销售以F公司仓库为交货地点。F公司日常交易采用自动化信息系统和手工控制相结合的方式进行。系统从2019年至今没有变化。注册会计师W和注册会计师Z负责审计F公司2020年度财务报表。

注册会计师W和注册会计师Z在审计工作底稿中记录了所获取的F公司财务数据，

部分内容摘录如表 6－7 所示。

表 6－7 F 公司财务数据数据

年份	2020		2019	
项目	C 产品	D 产品	C 产品	D 产品
产成品	2 000	1 800	2 500	0
存货跌价准备	0		0	
主营业务收入	18 500	8 000	20 000	0
主营业务成本	17 000	5 600	16 800	0
销售费用－运输费	1 200		1 150	
利息支出	300		25	
减：利息资本化	250		25	
净利息支出	50		0	

注册会计师 W 和注册会计师 Z 在审计工作底稿中记录了所了解的 F 公司及其环境的情况，部分内容摘录如下：

（1）在 2019 年实现销售收入增长 10% 的基础上，F 公司董事会确定的 2020 年销售收入增长目标为 20%。F 公司管理层实行年薪制，总体薪酬水平根据上述目标的完成情况上下浮动。F 公司所处行业 2020 年平均销售增长率为 12%。

（2）F 公司财务总监已为 F 公司工作超过 6 年，于 2020 年 9 月劳动合同到期后被 F 公司的竞争对手高薪聘请。由于工作压力大，F 公司会计部门人员流动频繁，除会计主管服务期超过 4 年外，其余人员的平均服务期均少于 2 年。

（3）F 公司销售的产品均由经客户认可的外部运输公司实施运输，运费由 F 公司承担，但运输途中的风险仍由客户自行承担。受能源价格上涨影响，2020 年的运输单价比上年平均上升了 15%，但运输商同意将运费结算周期从原来的 30 天延长至 60 天。

（4）2020 年度，F 公司主要原料的价格与上年基本持平，供应商也没有大的变化。但由于技术要求发生变化，D 产品所耗高档金属材料比例比 C 产品略有上升，使 D 产品的原材料成本比 C 产品上升了 3%。

（5）除了于 2019 年 12 月借入的 2 年期、年利率为 6% 的银行借款 5 000 万元外，F 公司没有其他借款。上述长期借款专门用于扩建现有的一条生产线，以满足 D 产品的生产需要。该生产线总投资 6 500 万元，2019 年 12 月开工，2020 年 7 月完工投入使用。

分析要求：

1. 将班级学生分为若干实训小组，实训小组成员分工查找资料，进行分析。

2. 在分工查找资料和分析的基础上，讨论：

（1）针对注册会计师所了解的 F 公司及其环境的情况，假定不考虑其他条件，请逐项指出所列事项是否可能表明存在重大错报风险。如果认为存在，请简要说明理由，并分别说明该风险是属于财务报表层次还是认定层次。如果认为属于认定层次，请指出相关事项与何种交易或账户认定相关。

（2）结合本案例讨论针对识别出来认定层次的重大错报风险，注册会计师应当如何应对?

(3) 进一步判断所采取的进一步审计程序。

3. 以小组为单位形成《案例分析报告》，并在班级进行交流评比，教师对各小组《案例分析报告》进行点评，最终评比出优秀《案例分析报告》并纳入本校该课程的教学资源库。

案例十一

资料一： A公司所处行业的平均销售增长率是12%，管理层实行年薪制，总体薪酬水平根据经营目标的完成情况上下波动。A公司2015年销售量、主营业务收入和净利润与2014年相比增长比率为25%。

资料二： A公司所处行业2015年价格竞争激烈，近年原材料价格有较大幅度上升，水电煤等基础材料及人工成本处于较快的上升趋势，涨价因素大大提高了企业的生产成本，期末存货占资产的比例较大。

资料三： A公司当基本建设项目完工结转固定资产的40%；由于统一管理的需要更换了财务软件。

根据以上资料审计人员实施了以下风险评估程序。

1. 询问被审计单位和内部其他相关人员以下事项

管理层所关注的新竞争对手、主要客户和供应商的流失、新的税收法规的实施以及经营目标或战略的变化等主要问题；可能影响财务报告的交易和事项，目前发生的重大会计处理问题；被审计单位发生的所有权结构、组织机构的变化以及内部控制的变化等。

2. 评价财务报表发生重大错报的可能性

了解内部控制的设计和实施情况，评价财务报表发生重大错报的可能性；评估内部控制缺陷，根据缺陷的重大性和重要性确定财务报告可能产生错报的项目。

3. 执行分析性程序，确定财务报表项目的关键领域

根据资料一，可确定A公司2015年销售量、主营业务收入和净利润与2014年相比增长率均为25%，但同行业2015年的平均销售增长率只有12%，因此，A公司比同行业其他公司偏高。由于管理层的薪酬与销售增长指标挂钩，因此管理层多计主营业务收入的错报风险很大，营业收入的发生认定和应收账款的存在认定应作为重要的审计领域，设计有效的审计程序：编制收入明细表，了解收入确认的时间分布、业务种类及重要客户等基本情况；同时根据抽查大额销售资料，再到销售合同、存货出库及应收账款，如果收入的确认集中在年末，则还需执行销售截止测试程序。

根据资料二可以判定：第一，A公司期末存货的计价和分摊认定有较大风险；特别注意存货的质量，注意观察存货余额常年不动的账户，关注是否存在冷背残次的积压存货；第二，成本控制有风险，A公司面临原材料价格、人工成本上涨、竞争强度加大等困难，以上因素的影响导致成本上升，面临极大的成本控制风险。

基于资料三可以判定：A公司面临主要的潜在错报风险包括新增固定资产计价、折旧足额计提的风险；由于工作人员对新软件运用不熟悉发生错报的风险。

综合以上情况，项目组可以确定A公司2015年财务报表审计的关键领域是销售收入、存货和固定资产。

通过以上案例的分析，在实施财务报告审计中，要从财务报表层次采取自上而下的方法，从内部控制整体风险的了解开始，将关注重点放在企业层面的控制上，将工作下移至重大账户、列报和认定上，执行以下程序：①从财务报表层次初步了解内部控制整体风险。②识别企业层面控制；了解重要账户、列报及其认定；了解错报的可能来源。③通过分析性程序，确定报表层面风险事项和领域，进而识别重要账户。④关注业务流程和业务单元的复杂程度，关注高风险领域以降低审计风险控制。

第七章
信息技术对审计的影响

学习目标

本章主要介绍信息技术对企业财务报告和内部控制的影响、信息技术中的一般控制和应用控制测试、信息技术对审计过程的影响、计算机辅助审计技术和电子表格的运用、数据分析概要、不同信息技术环境下存在的问题。通过学习，学生应掌握信息技术对审计工作的影响，具备在计划和执行审计工作时对企业信息技术进行全面考虑能力。

案例引入

Henrico Retail 公司——理解 IT 会计信息系统和识别零售销售审计证据

一、背景简介

Henrico Retail 公司（以下简称"Henrico 公司"）为第一年的审计客户。在最近的一次办公会议之后，审计合伙人从被审计单位取得了如下关于被审计单位销售系统的说明。

二、销售系统说明

Henrico 公司的销售系统是基于信息技术的计算机收银系统，在各个商店的所有楼层设有收银机。在销售发生时，销售人员都可以对出售商品价签上的条码进行扫描从而取得商品编号。如果正在出售的商品数量超过 1 个，销售人员可输入该特定代码商品的出售数量，也可对同种出售商品进行逐一扫描。在这一流程中，收银系统执行以下操作：

（1）从服务器上存储的价格主文件中获取对应商品编号的正确单价；

（2）若商品数量无效，则通知销售人员；

（3）计算购买总价（单价×数量）；

（4）生成交易总额，计算销项税额，并确定最终的交易金额。

在销售完成前，销售人员须确认该笔交易是使用现金支付还是使用借记卡或信用卡支付。对于信用销售，Henrico 公司只接受维萨卡或万事达卡。信用卡客户通过读卡器终端刷卡，直接连接维萨卡或万事达卡的网上信用卡审批过程。当信用卡机构的电子批准传回收银系统时，收银系统的硬盘会在用于客户签名的付款凭据生成之前存储信贷审批代码。当信用卡被拒付时，客户必须支付现金，否则销售人员取消交易。附有客户签名的付款凭据副本在现金匣中存质。除了在线支付系统需要客户的银行授权，借记卡的交易流程与信用卡基本相同。对于所有类型的销售，计算机收银系统会生成客户的纸质票据，同时交易记录副本会储存在计算机收银系统硬盘，这份在线文件会被商店计算机服务器每小时备份一次。这份储存于计算机收银系统硬盘中的交易信息电子文件包括商品编号、单价、交易数量、交易明细、信用卡开卡机构以及银行审核信息等内容。

销售人员无法对交易的电子文件进行访问，他们仅可浏览单价信息，无法在网上的价格主文件中修改商品单价。只有商店经理级别的工作人员才可以对价格主文件进行修改。商店经理每周都将更新的商品价格和要上架新品的价格信息录入价格主文件。此外，只有商店人力资源经理才可对员工主文件中在职雇员的身份证件号码进行更新、修改等操作。

只要商店员工拥有一个有效的员工编号，便被允许操作店内的任何一台机器。如果收银系统当前状态未被使用，在扫描待售商品前，店内所有雇员均需输入自己的员工编号。没有有效的员工编号，收银系统就不会开始运行。尽管收银系统此前曾经发生过一些问题，但一般来说系统是能工作的。新的销售人员在进店从事销售工作前需要接受两个小时的收银操作培训，Henrico 公司管理层认为，边干边学是最有效的。

每天营业结束时，销售人员须在收银系统中进行“登记结算”操作。这一程序会在收银系统硬盘中的在线交易文件及商店计算机服务器的备份文件中进行自动更新。结算程序会在收银系统中生成并打印出当天包括现金、信用卡、借记卡支付的销售总额，销售退货以及其他日常交易等的单据。销售人员将清点收银匣中的现金，并在“日现金存入表”（预印的空白表格）中列示当天现金结余金额。此外，店员将以借记卡和信用卡销售单的明细为凭证，在“日现金存入表”中列出当天借记卡和信用卡销售明细，同时会依据结算程序生成的票据在“日现金存入表”中记录现金、借记卡、信用卡及其他支付形式的销售总额。接下来，店员会核对销售总额以及现金、借记卡、信用卡销售单金额，并注明金额有无差异；然后携带销售单和收银匣至商店出纳员办公室，由出纳核实“日现金存入表”，金额核对无误之后，在每台收银机对应的“日现金存入表”中所列示的现金、借记卡、信用卡销售金额栏签字确认。

出纳每天会在各个收银匣中留存 200 美元现金，用以保证第二天的交易顺利进行。在夜间收银匣会被存放在商店的保险柜中。每晚，当地的 Brinks 安全服务人员会将白天营业的现金、信用卡和借记卡销售单运送至商店所在开户银行的通宵托管处。第二天，银行将现金存款和借记卡及信用卡交易过账到 Henrico 公司银行账户。商店收银员能够通过登录银行的在线客户账户访问网页，下载每天已经处理存款的确认单。

在每家商店，会计部门的独立第三方会核实所有前一天“日现金存入表”上列示的现金总数、借记卡及信用卡销售单总数是否与银行发送的每日处理存款确认函的内容相符。这一核实流程执行后，将打印银行寄发的电子确认函并按日期归集好作为每日现金存入表的附件。

每晚，商店的计算机服务器将当日所有交易信息从收银系统中通过结算程序下载，并总结信息生成当日的销售报告，该电子文件则存储在商店计算机服务器中。每晚，每一家商店的当日销售报告复件会被自动传送至公司办公室的主服务器。该服务器在夜间也会自动生成每店每的销售报告。此报告包括商店的销售总额以及分类汇总的现金交易、借记和信用卡交易。这些报告将按日期和商店归集存档。

每晚，商店的计算机服务器会自动更新存储在服务器上的永续盘存记录。永续盘存记录一旦被更新，该记录的电子副本就被传送至公司办公室的主服务器。此外，该永续盘存记录采用电子格式存储并更新，无需纸质报告。

每月月末，商店的计算机服务器会根据永续盘存记录自动生成存货报告。该存货报告提供各个编号商品的数量信息。同时，商店的计算机服务器会利用每日销售报告生成每家商店的月度销售报告，并自动传送至公司办公室。这些文件包括当月每家商店每个营业日的销售总额信息。另外，每家商店的服务器会在月末生成并打印月度销售报告。公司办公室的计算机服务器会利用此报告编制打印合并总分类账，汇总每家商店的月销售额在总销售额账户中的过账情况。

（资料来源：审计案例：交互式学习方法，北京大学出版社）

请你思考下列问题：

（1）描述单笔销售业务从发生到记入总分类账，再到汇总记入公司总部公布的合并销售账户的销售交易审计线索。着重说明各个审计线索是纸质形式还是电子形式。

（2）为了测试某家商店销售交易的发生认定，你会依据何种来源证据去选择销售交易样本？请给出选择这种证据的原因。针对已选择的每笔交易，你将会对哪些证据进行测试？

（3）制定针对销售交易准确性认定的总体审计策略。说明在不依靠 IT 系统审计专家测试计算机程序是否运行有效的情况下，审计师是否有足够的纸质审计线索来测试该认定。

（4）在现有的销售系统中，你可以识别出哪些控制缺陷？

第一节 信息技术对企业财务报告和内部控制的影响

一、信息技术的概念

从广义上讲，凡是能扩展人类信息功能的技术，都是信息技术。具体而言，信息技术是指利用电子计算机和现代通信手段实现获取信息、传递信息、存储信息、处理信息、显示信息、分配信息等的相关技术。

现代信息技术是指20世纪70年代以来，随着微电子技术、计算机技术和通信技术的发展，围绕信息的产生、收集、存储、处理、检索和传递，形成的一个全新的、用以开发和利用信息资源的高技术群，包括微电子技术、新型元器件技术、通信技术、计算机技术、各类软件及系统集成技术、光盘技术、传感技术、机器人技术、高清晰度电视技术等。其中，微电子技术、计算机技术、软件技术和通信技术是现代信息技术的核心。

二、信息技术对企业财务报告的影响

企业可以运用信息系统来创建、记录、处理和报告各项交易，以衡量和审查自身的财务业绩，并持续记录资产、负债及所有者权益。具体来讲，创建是指企业可以采取手工或自动的方式来创建各项交易信息；记录是指信息系统识别并保留交易及事项的相关信息；处理是指企业可以采取手工或自动的方式对信息系统的数据信息进行编辑、确认、计算、衡量、估价、分析、汇总和调整；报告是指企业以电子或打印的方式，编制财务报表和其他信息，并运用上述信息来衡量和审查企业的财务业绩及其他方面的职能。

信息技术的使用，会给企业的管理和会计核算程序带来很多重要的变化，包括以下几项：

（1）计算机输入和输出设备代替了手工记录。

（2）计算机显示屏和电子影像代替了纸质凭证。

（3）计算机文档代替了纸质日记账和分类账。

（4）网络通信和电子邮件代替了公司间的邮寄。

（5）管理需求固化到应用程序之中。

（6）灵活多样的报告代替了固定的定期报告。

（7）数据更加充分，信息实现共享。

（8）系统问题的存在比偶然性误差更为普遍。

信息系统形成的信息的质量影响企业编制财务报表、管理企业活动和作出适当的管理决策。因此，有效的信息系统需要实现下列功能并保留记录结果：

（1）识别和记录全部经授权的交易。

（2）及时、详细记录交易内容，并在财务报告中对全部交易进行适当分类。

（3）衡量交易价值，并在财务报告中适当体现相关价值。

（4）确定交易发生的期间，并将交易记录在适当的会计期间。

（5）将相关交易信息在财务报告中作适当披露。

因此，注册会计师在进行财务报表审计时，如果依赖相关信息系统所形成的财务信息和报告作为审计工作的依据，则必须考虑相关信息和报告的质量，而财务报告相关的信息质量是通过对交易的录入到输出整个过程适当的控制来实现的，所以，注册会计师需要在整个过程中考虑信息的准确性、完整性、授权体系及访问限制四个方面。

三、信息技术对企业内部控制的影响

在信息技术环境下，传统的人工控制越来越多地被自动控制所替代。当然，被审计单位采用信息系统处理业务，并不意味着人工控制被完全取代。信息系统对控制的影响，取决于被审计单位对信息系统的依赖程度。例如，在基于信息技术的信息系统中，系统进行自动操作来实现对交易信息的创建、记录、处理和报告，并将相关信息保存为电子形式（如电子的采购订单、采购发票、发运凭证和相关会计记录）。但相关控制活动也可能同时包括手工的部分，例如，订单的审批和事后审阅以及会计记录调整之类的人工控制。由于被审计单位信息技术的特点及复杂程度不同，被审计单位的手工及自动控制的组合方式往往会有所区别。概括地讲，自动控制能为企业带来以下好处：

（1）自动控制能够有效处理大流量交易及数据，因为自动信息系统可以提供与业务规则一致的系统处理方法。

（2）自动控制比较不容易被绕过。

（3）自动信息系统、数据库及操作系统的相关安全控制可以实现有效的职责分离。

（4）自动信息系统可以提高信息的及时性、准确性，并使信息变得更易获取。

（5）自动信息系统可以提高管理层对企业业务活动及相关政策的监督水平。

四、信息技术产生的风险

随着信息技术的发展，内部控制虽然在形式及内涵方面发生了变化，但内部控制的目标并没有发生改变，即：

（1）提高管理层决策制定的效果和业务流程的效率。

（2）提高会计信息的可靠性。

（3）促进企业遵守法律和法规。

信息技术在改进被审计单位内部控制的同时，也产生了特定的风险：

（1）信息系统或相关系统程序可能会对数据进行错误处理，也可能会去处理那些本身就错误的数据。

（2）自动信息系统、数据库及操作系统的相关安全控制如果无效，会增加对数据信息非授权访问的风险，这种风险可能导致系统对非授权交易及假交易请求的拒绝处理功能遭到破坏，系统程序、系统内的数据不适当的改变，系统对交易进行不适当的记录，以及信息技术人员获得超过其职责范围的过大系统权限等。

（3）数据丢失风险或数据无法访问风险，如系统瘫痪。

（4）不适当的人工干预，或人为绕过自动控制。

五、注册会计师在信息化环境下面临的挑战

信息技术在会计处理和财务报告中的运用，把注册会计师带入了一个全新的、充满挑战的信息化环境。在这个环境中，注册会计师面对的是功能复杂、高度集成的大型信息系统，以及系统生成、处理、记录和报告的海量电子数据，甚至还有完全不同于传统形式的舞弊手法。如果作为审计工作对象的财务会计信息和报告是由企业财务报告相关信息系统作为载体所形成的，那么注册会计师在了解业务流程和内部控制、识别和评估审计风险、确定审计风险的应对以及审计范围、制订整体审计计划、执行审计程序以及收集审计证据

等方面将面临来自信息化环境的众多挑战，主要体现在以下方面：

（1）对业务流程开展和内部控运作的理解。传统环境下，业务流程的开展和内部控制的运作主要依赖人工处理。信息化环境下，相当部分的内部控制环节转移到信息系统中自动执行，或者人工与信息系统相结合而执行。因此，注册会计师需要重新建立对业务流程开展和内部控制运作的理解和认识。

（2）对信息系统相关审计风险的认识。信息系统在带来效率提升的同时，也产生了由于信息技术而导致的风险。注册会计师在执行财务报表审计时，需要充分识别并评估与会计核算和财务报告编制相关的信息技术运用相伴而生的风险，如程序逻辑的错误、权限的不当授予等。对相关控制风险缺乏认识，可能导致审计工作针对性的欠缺，难以有效识别财务报表重大错报。

（3）审计范围的确定。注册会计师在确定审计范围时，往往受困于信息技术的复杂性和专业性。企业的应用系统架构如何？信息系统间的数据流向是怎样的？如果对这些根本性问题认识不清楚，往往会在确定审计范围时产生遗漏。

（4）审计内容的变化。在信息化环境下，会计核算与财务报告是由信息系统通过程序进行自动处理的，因此审计内容很有可能包括对信息系统中的相关自动控制的测试。在针对存货计价不准确的重大错报风险执行审计程序时，由于被审计单位存货的计价依数于高度自动化处理，不存在或存在很少人工干预，针对该风险仅实施实质性程序可能不可行。获取的审计证据，即存货的库龄分析仅以电子形式存在，注册会计师必须测试存货的计价相关的内部控制的有效性，以及存货库龄计算的准确性。

（5）审计线索的隐性化。在信息化环境下，会计信息已经全面数字化，传统的审计线索可能已经不复存在；在信息加工处理方面，信息系统封装了信息处理的过程，其内部处理逻辑、运算的中间过程，往往对系统的用户而言是独立的，传统的审计线索全面隐性化。

（6）审计技术改进的必要性。面对海量的交易、数据和财务信息，传统的审计技术在抽样针对性和样本覆盖程度方面的局限性来越突出。一方面，信息技术的运用改变了企业的运作模式和工作方式，传统审计技术针对的问题特征可能已经消失，或者发生了改变，注册会计师的经验可能无法简单移植，从而丧失了针对性；另一方面，面对海量数据，传统的抽样方式难以覆盖大量的数据，对于不同来源的数据缺乏深刻的洞察力，覆盖性方面也难以提供更强的审计信心。

（7）有待优化的知识结构。信息技术的广泛运用，对注册会计师的知识结构提出了新的要求。他们不仅仅要具备丰富的会计、审计、经济、管理、法律方面的知识和技能，还必须对信息技术有所掌握和了解，熟悉系统的架构、信息处理的基本逻辑、系统运行的原理，以及与信息技术运用相伴而生的风险因素。在信息化环境下，注册会计师必须熟悉信息技术的运用和信息系统的风险及控制，应对新的挑战，对审计的策略、范围、内容、方法和手段作出有针对性的调整，获取充分、适当的审计证据，从而发表恰当的审计意见。

（8）与专业团队的充分协同工作。新兴复杂技术的日新月异，使财务报表审计对专业知识的需求日益迫切。注册会计师在优化自身的知识结构体系的过程中，引入相关技术专业人员参与审计工作成为一种有效的审计手段而普遍存在。比较常见的专业领域如信息技术、税务等。因此，在审计全过程中如何整合各方资源，进行有效的审计成为审计过程中一个重要的议题和考虑方面。需要强调的是，注册会计师在引入专业人员进行审计的项目中，从审计规划、审计执行到审计完成的各个阶段都应该积极引入专业人员参与，以确保相关的审计风险被合理识别和应对，保证审计过程的有效执行和审计效果的提升。

第二节 信息技术中的一般控制和应用控制测试

在信息技术环境下，人工控制的基本原理与方式并不会发生实质性的改变，注册会计师仍需要按照标准执行相关的审计程序，而对于自动控制，就需要从信息技术一般控制审计、信息技术应用控制审计以及公司层面信息技术控制审计三方面进行考虑。

一、信息技术一般控制

信息技术一般控制是指为了保证信息系统的安全，对整个信息系统以及外部各种环境要素实施的，对所有的应用或控制模块具有普遍影响的控制措施。信息技术一般控制通常会对实现部分或全部财务报表认定做出间接贡献。在有些情况下，信息技术一般控制也可能对实现信息处理目标和财务报表认定做出直接贡献。这是因为有效的信息技术一般控制确保了应用系统控制和依赖计算机处理的自动会计程序得以持续有效地运行。当人工控制依赖系统生成的信息时，信息技术一般控制同样重要。如果注册会计师计划依赖自动应用控制、自动会计程序或依赖系统生成信息的控制，他们就需要对相关的信息技术一般控制进行测试。

注册会计师应当清楚记录信息技术一般控制与关键的自动应用控制及接口、关键的自动会计程序、关键人工控制所依赖的系统生成数据和报告，或生成手工日记账时使用系统生成的数据和报告的关系。

信息技术一般控制包括程序开发、程序变更、程序和数据访问以及计算机运行四个方面。

（一）程序开发

程序开发领域的目标是确保系统的开发、配置和实施能够实现管理层的应用控制目标。程序开发控制一般包括但不限于以下要素：

（1）程序开发的管理方法论。

（2）项目启动、分析和设计。

（3）测试和质量确保。

（4）数据迁移。

（5）程序实施和应急计划。

（6）流程更新和用户培训。

（7）开发过程中的需求变更管理。

（8）开发过程中的职责分离。

（二）程序变更

程序变更领域的目标是确保对程序和相关基础组件的变更是经过请求、授权、执行、测试和实施的，以达到管理层的应用控制目标，程序变更范围除包含代码类的变更，也需要关注配置类的变更以及紧急变更。程序变更一般包括但不限于以下要素；

（1）对变更维护活动的管理。

（2）对变更请求的规范、授权与跟踪。

（3）测试和质量确保。

（4）程序实施。

（5）流程更新和用户培训。

（6）变更过程中的职责分离。

（三）程序和数据访问

程序和数据访问这一领域的目标是确保分配的访问程序和数据的权限是经过授权的。程序和数据访问的子组件一般包括安全活动管理、安全管理、数据安全、操作系统安全、网络安全和物理安全。程序和数据访问一般包括但不限于以下要素：

（1）应用用户授权管理。

（2）高权限用户管理。

（3）职责分工和权限管理。

（4）认证和密码控制。

（5）用户监控。

（6）物理访问和环境控制。

（7）网络访问控制。

（四）计算机运行

计算机运行这一领域的目标是确保业务系统根据管理层的控制目标完整准确地运行，确保运行问题被完整准确地识别并解决，以维护财务数据的完整性。计算机运行一般包括但不限于以下要素：

（1）系统作业管理。

（2）问题和故障管理。

（3）数据备份和恢复。

（4）备份介质的异地存放。

（5）灾难恢复。

二、信息技术应用控制

信息技术应用控制一般要经过输入、处理及输出等环节，和人工控制类似，系统自动控制关注的要素包括完整性、准确性、存在和发生等。各要素的主要含义如下：

（1）完整性：系统处理数据的完整性。例如，各系统之间数据传输的完整性、销售订单的系统自动顺序编号、总账数据的完整性等。

（2）准确性：系统运算逻辑的准确性。例如，金融机构利息计提逻辑的准确性、生产企业的物料成本运算逻辑的准确性、应收账款账龄的准确性等。

（3）存在和发生：一是信息系统相关的逻辑校验控制。例如，限制检查、合理性检查、存在检查和格式检查等。二是部分业务操作的授权管理。例如，入账审批管理的权限设定和授予、物料成本逻辑规则修改权限的设定和授予等。

系统自动控制的信息技术应用控制审计需要在理解业务流程的基础之上进行识别和定义，常见的系统自动控制以及信息技术应用控制审计关注点列示如下：

（1）系统自动生成报告。企业的业务或财务系统会定期或按需生成各类报告，如账龄报告、贷款逾期报告、业务和财务数据核对差异报告等。信息技术应用控制审计包括对这些报告生成逻辑（包括完整性和准确性）的测试、异常报告跟进控制的审计等。

（2）系统配置和科目映射。信息系统中包含了大量的自动校验控制和映射关系，包括数据完整性校验、录入合法性编辑检查、边界阈值设定、财务科目映射关系等。信息技术应用控制审计会对这些系统配置和映射关系的存在性和有效性进行测试。

（3）接口控制。接口控制包括各业务系统之间、业务和财务系统之间、企业内部系统和合作伙伴、交易对手、监管机构之间的接口数据传输。信息技术应用控制审计会对这些接口数据传输的完整性和准确性进行测试。

（4）访问和权限。企业内部各业务部门、财务部门、信息技术部门等均会根据各自的职责需要来对信息系统进行访问，各部门、各团队甚至各岗位访问的权限均可能存在差异，因此在系统控制层面需要对这些权限进行明确的定义和部署，以保证对适当的人员授予适当的访问权限。信息技术应用控制审计会对这些访问权限授予情况的合理性进行测试。

三、公司层面信息技术控制

除信息技术一般控制和应用控制外，目前国内外企业的管理层也越来越重视公司层面的信息技术控制管理。常见的公司层面信息技术控制包括但不限于：

（1）信息技术规划的制定。

（2）信息技术年度计划的制定。

（3）信息技术内部审计机制的建立。

（4）信息技术外包管理。

（5）信息技术预算管理。

（6）信息安全和风险管理。

（7）信息技术应急预案的制定。

（8）信息系统架构和信息技术复杂性。

目前，审计机构针对公司层面信息技术控制往往会执行单独的审计，以评估企业信息技术的整体控制环境，来决定信息技术一般控制和应用控制的审计重点、风险等级、审计测试方法等。

四、信息技术一般控制、应用控制与公司层面控制三者之间的关系

公司层面信息技术控制情况代表了该公司的信息技术控制的整体环境，包括该公司对于信息技术的重视程度和依赖程度、信息技术复杂性、对于外部信息技术资源的使用和管理情况、信息技术风险偏好等，这些要素会影响该公司信息技术一般控制和信息技术应用控制的部署和落实。例如，如果某公司使用了较多的信息技术外部资源和服务，则可能会相应地提高外部用户管理和外联接口失效的风险，因此需要更多关注信息技术一般控制领域内的用户管理类控制，特别是外部用管理机制，以及信息技术应用控制的外部系统接口管理机制等。

应用控制是设计在计算机应用系统中的、有助于达到信息处理目标的控制。例如，许多用系统中包含很多编辑检查来确保录入数据的准确性。编辑检查可能包括格式检查（如日期格式或数字格式），存在检查（如客户编码存在于客户主数据文档之中），或合理性检查（如最大支付金额）。如果录入数据的某一要素未通过编辑检查，那么系统可能拒绝录入该数据或系统可能将该录入数据拖入系统生成的例外报告之中，留待后续跟进和处理。

如果在带有关键的编辑检查功能的应用系统所依赖的计算机环境中发现了信息技术一般控制的缺陷，注册会计师可能就不能信赖上述编辑检查功能按设计发挥作用。例如，程序变更控制缺陷可能导致未授权人员对检查录入数据字段格式的编程逻辑进行修改，以使系统接受不准确的录入数据。此外，与安全和访问权限相关的控制缺陷可能导致数据录入不恰当地绕过合理性检查，而该合理性检查原本应能使系统拒绝处理金额超过最大容差范围的支付操作。

因此，公司层面信息技术控制是公司信息技术整体控制环境，决定了信息技术一般控制和信息技术应用控制的风险基调：信息技术一般控制是基础，信息技术一般控制的有效与否会直接关系到信息技术应用控制的有效性是否能够信任。

第三节　信息技术对审计过程的影响

一、信息技术对审计的影响

信息技术在企业中的应用并不改变注册会计师制定审计目标、进行风险评估和了解部控制的原则性要求，审计准则和财务报告审计目标在所有情况下都适用。但是，注册会师必须更深入了解企业的信息技术应用范围和性质，因为系统的设计和运行对审计风险评价、业务流程和控制的了解、审计工作的执行以及需要收集的审计证据的性质都有直接影响。归纳起来，信息技术对审计过程的影响主要体现在以下几个方面。

（一）对审计线索的影响

审计线索对审计来说极其重要。传统的手工会计系统，审计线索包括凭证、日记账、分类账和报表。注册会计师通过相应的程序来审查记录，检查和确定其是否正确地反映了被审计单位的经济业务，检查企业的会计核算是否合理、合规。而在信息技术环境下，从业务数据的具体处理过程到报表的输出都由计算机按照程序指令完成，数据均保存在磁性介质上，从而会影响到审计线索，如数据存储介质、存取方式以及处理程序等。

（二）对审计技术手段的影响

过去，注册会计师的审计都是手工进行的，但随着信息技术的广泛应用，若仍以手工方式进行审计，显然已经难以满足工作的需要，难以达到审计的目的。因此，注册会计师要掌握相关信息技术，把信息技术当作一种必备的审计工具。

（三）对内部控制的影响

在现代审计技术中，注册会计师会对被审计单位的内部控制进行审查与评价，以此作为制定审计方案和决定抽样范围的依据。

（四）对审计内容的影响

在信息化条件下，由于信息化的特点，审计内容发生了相应的变化，在信息化的会计系统中，各项会计事项都是由计算机按照程序进行自动处理的，信息系统的特点及固有风险决定了信息化环境下审计的内容，包括对信息化系统的处理和相关控制功能的审查。例如，在审计账龄分析表时，在信息技术环境下，我们必须考虑其数据准确性以支持相关审计结论，因而需要对其基于系统的数据来源及处理过程进行考虑。

（五）对注册会计师的影响

信息技术在被审计单位的广泛应用要求注册会计师一定要具备相关信息技术方面的知识。因此，注册会计师要成为知识全面的复合型人才，他们不仅要有丰富的会计、审计、经济、法律、管理等方面的知识和技能，还需要熟悉信息系统的应用技术、结构和运行原理，有必要对信息化环境下的内部控制作出适当的评价。

因此，注册会计师必须对系统内的风险和控制都非常熟悉，然后对审计的策略、范围、方法和手段作出相应的调整，以获取充分、适当的审计证据，支持发表的审计意见。

二、信息技术审计范围的确定

被审计单位的流程和信息系统可能拥有各自不同的特点，因此注册会计师应按各自特点制订审计计划中包含的信息技术审计内容；另外，如果注册会计师计划依赖自动控制或自动信息系统生成的信息，那么他们就需要适当扩大信息技术审计的范围。

基于此，注册会计师在确定审计策略时，需要结合被审计单位业务流程复杂度、信息系统复杂度、系统生成的交易数量和业务对系统的依赖程度、信息和复杂计算的数量、信息技术环境规模和复杂度五个方面，对信息技术审计范围进行适当考虑。信息技术审计的范围与被审计单位在业务流程及信息系统相关方面的复杂度成正比，在具体评估复杂度时，可以从以下几个方面予以考虑。

（一）评估业务流程的复杂度（如销售流程、薪酬流程、采购流程等）

对业务流程复杂度的评估并不是一个纯粹客观的过程，而是需要注册会计师的职业判断。注册会计师可以通过考虑以下因素，对业务流程复杂度作出适当判断：

（1）某流程是否涉及过多人员及部门，并且相关人员及部门之间的关系复杂且界限不清。

（2）某流程是否涉及大量操作及决策活动。

（3）某流程的数据处理过程是否涉及复杂的公式和大量的数据录入操作。

（4）某流程是否需要对信息进行手工处理。

（5）对系统生成的报告的依赖程度。

（二）评估信息系统的复杂度

与评估业务流程的复杂度相似，对企业信息系统复杂度的评估也不是一个纯粹客观的过程，评估过程包含大量的职业判断，也受到所使用系统类型（如商业软件或自行研发系统）的影响。

具体来说，评估商业软件的复杂程度应当考虑系统复杂程度、市场份额、系统实施和运行所需的参数设置范围，以及客制化程度（对出厂标准配置的变更、变更类型，例如，是仅为报告形式的变更还是对数据处理方式的变更）。

而对于自行研发系统复杂度的评估，应当考虑系统复杂程度、距离上一次系统架构重大变更的时间、系统变更对财务系统的影响结果，以及系统变更之后的系统运行情况及运行期间。

同时，还需要考虑系统生成的交易数量、信息和复杂计算的数量，包括以下各项：

（1）被审计单位是否存在大量交易数据，以致用户无法识别并更正数据处理错误。

（2）数据是否通过网络传输，如 EDI。

（3）是否使用特殊系统，如电子商务系统。

（三）信息技术环境的规模和复杂度

评估信息技术环境的规模和复杂度，主要应当考虑产生财务数据的信息系统数量、信息系统接口以及数据传输方式、信息部门的结构与规模、网络规模、用户数量、外包及访问方式（例如，本地登录或远程登录）。信息技术环境复杂并不一定意味着信息系统是复杂的，反之亦然。

在具体审计过程中，注册会计师除了考虑以上所提及的复杂度外，还需要充分考虑系统在实际应用中存在的问题，评价这些问题对审计范围的影响：

（1）管理层如何获知与信息技术相关的问题？

（2）系统功能中是否发现严重问题或不准确成分？如果是，是否存在可以绕过的程序（如自行修复程序等）？

（3）是否发生过信息系统运行出错、安全事件或对固定数据的修改等严重问题？如果是，管理层如何应对这些问题，以及管理层如何确保这些问题得到可靠解决？

（4）内部审计或其他报告中是否提出过与信息系统、数据环境或应用系统相关的问题？

（5）报告中提及的最普遍的系统问题是什么？

（6）是否存在由于业务操作不规范而需要经常在系统内对数据进行修改的情况？

（7）信息系统用户的能力、操作和安全意识如何？

在对被审计单位的业务流程、信息系统和相关风险进行了评估，判断被审计单位是否包含信息技术关键风险，并且经过实质性程序后，符合上述情况的描述，注册会计师应将信息技术审计结果计入审计工作底稿。如果注册会计师计划依赖系统自动控制，或依赖自动化系统流程审阅结果，那么注册会计师也同样需要对信息技术的处理流程进行关注和测试。

综上所述，在信息技术环境下，审计工作与对系统的依赖程度是直接关联的，注册会计师需要全面考虑其关联关系，从而可以准确定义相关的信息系统审计范围。

了解内部控制有助于注册会计师识别潜在错报的类型和影响重大错报风险的因素，以及设计进一步审计程序的性质、时间安排和范围。无论被审计单位运用信息技术的程度如何，注册会计师均需了解与审计相关的信息技术一般控制和应用控制。

三、信息技术一般控制对控制风险的影响

信息技术一般控制对应用控制的有效性具有普遍性影响。无效的一般控制增加了应用控制不能防止或发现并纠正认定层次重大错报的可能性，即使这些应用控制本身得到了有效设计。如果一般控制有效，注册会计师可以更多地信赖应用控制，测试这些控制的运行有效性，并将控制风险评估为低于“最高”水平。考虑到公司层面信息技术控制是公司的整体控制环境，决定了信息技术的风险基准，因此，注册会计师通常优先评估公司层面信息技术控制和信息技术一般控制的有效性。

四、信息技术应用控制对控制风险和实质性程序的影响

在评估应用控制对控制风险和实质性程序的影响时，注册会计师需要将控制与具体的审计目标相联系。注册会计师首先针对每个具体的审计目标，了解和识别相关的控制与缺陷，在此基础上，对每个相关审计目标评估初步控制风险。但对于一般控制而言，由于其影响广泛，注册会计师通常不会将控制与具体的审计目标相联系。

如果针对某一具体审计目标，注册会计师能够识别出有效的应用控制，在通过测试确定其运行有效后，注册会计师能够减少实质性程序。

五、在不太复杂IT环境下的审计

当面临不太复杂的IT环境时，如在信息技术并不对传统的审计线索产生重大影响的情况下，注册会计师可采取传统方式进行审计，即“绕过计算机进行审计”。在此情形

下，注册会计师虽然仍需要了解信息技术一般控制和应用控制，但不测试其运行有效性，即不依赖其降低评估的控制风险水平，更多的审计工作将依赖非信息技术类审计方法。

六、在较为复杂 IT 环境下的审计

当面临较为复杂的 IT 环境时，“绕过计算机进行审计”就不可行，而要“穿过计算机进行审计”。这时，注册会计师更可能需要更多运用计算机辅助审计技术和审计工具开展具体的审计工作。

案例实训

一、Your1040Return. com 公司经营概况

Your1040Return. Com（以下简称：“Y 公司”）是一个完全以互联网为基础的纳税申报网站，为联邦及州个人所得税提供准备及申报服务。公司的主要收入来自那些期望回避纸质纳税申报系统备案及申报所得税的个人，以及通过该公司“租用”主流纳税申报软件包使用权的客户。其他收入源于已编制纸质纳税申报材料但希望通过网上提交申报资料的客户。

为使费用最小化，Y 公司向用户提供了一个界面，该界面可使用户向相应的联邦及州政府部门提交电子版纳税申报表等资料。Y 公司的主要用户是希望简化每年需履行的纳税申报义务的中产阶级家庭。他们通常希望找到一个准确、简单、经济的，能够替代传统纳税专业服务的方式。

客户可以通过该网站获取这种服务。为了顺利使用 Y 公司的服务，首先，客户需要进行注册。当客户注册时，该网站会要求客户提供一系列的信息，包括全名、通信地址、社保号码、出生日期、电话号码、电子邮件地址及主信用卡卡号。客户提供上述信息后，则完成了在网站的注册，并启动了信用卡审批过程。当信用卡号码验证有效后，客户可选择银卡、金卡和白金卡三类服务包中的一种。

银卡服务提供基本的纳税服务，包括通过网上获取纳税申报表、各种附表和说明材料。客户可直接在申报表和附表中填写有关的数据资料，该网站可通过网络将所有申报资料提交给税务部门，省去了客户邮寄材料到税务部门的麻烦。银卡服务还提供给客户通过网络申请延期申报个人所得税的服务。但是，银卡服务不允许客户注册使用网站的纳税申报软件。

除银卡服务的所有内容外，金卡服务授权客户注册使用网站提供的商业化开发并持续更新的纳税申报软件。利用这些软件，从简单的 1040EZ 申报表，到较为复杂的企业家申报其全国范围内不动产投资和活跃交易的证券的纳税申报表，客户均可以较为便捷地填制。银卡服务和金卡服务只提供一个纳税年度的相应服务。

白金卡服务由白金套餐提供，允许客户注册该网站 2—5 年不等的会员。通过多年度服务套餐，客户可以整年度使用金卡服务包含的纳税申报软件。这使客户能够了解纳税申报中证券计税基础的变化轨迹，定期评估拟实施的交易可能导致的税收影响。此外，白金

卡客户可得到所得税方面的专家提供的个性化实时指导，该专家通过网络即时信息计划，以合约的方式提供服务。

Y公司经历了从2月初到4月15日申报截止的高峰服务需求。由于网站允许客户网络申请延期申报，该公司还经历了在延期截止日前对其服务的强大需求。

若国税局（IRS）在通过公司网站提交的纳税申报报表中发现问题，Y公司并不为客户更正这些发现的问题，而是通知客户已发现的问题，客户在更正问题后通过公司网站再次免费申报。预计的再次申报的频率与成本会在特定的服务套餐价格中予以权衡。

Y公司并不负责税收返还或税款支付业务，如果客户有资格获得税收返还，国税局会直接将返还款汇付给纳税人。如果纳税人被要求支付所得税，国税局则通过纳税人在同上提交纳税申报表时提供的信用卡卡号，将应付税款额记到纳税人信用卡账户。或者，纳税人得以向国税局提供银行汇票信息，由国税局通过电子转账将有关款项从纳税人银行账户转账至税局。Y公司对其客户未能恰当提交纳税申报表或其他的纳税状况不负有责任。所有的债务问题由编制纳税申报表的客户负责。

Y公司根据不同的产品采取不同的收入确认方式。白金卡业务第一年服务收入在客户选择该项服务后，即予以确认。尽管制定了简单的客户取消服务的政策，但是公司还是假定客户在全年都会使用相关服务而不会取消会员身份。在后续年度的白金卡服务中，公司也采取了类似的收入确认政策。对于金卡服务，当客户第一次在网上使用纳税申报软件时，确认部分收入。客户完成申报表编制工作并向国税局提交之后，公司再将剩余部分确认为收入。对于银卡客户服务，公司直至客户完成向国税局提交纳税申报表后才确认收入。

除了通过提供个人纳税申报服务取得收入，Y公司还从事与其他大型网络公司的广告互换业务。例如，本年1—4月，亚马逊公司与Y公司进行了大量的广告互换。亚马逊在其网页上加了一个广告条，提醒访问亚马逊网站的用户，如果有任何纳税方面的需求，可以去访问Your1040Return. com网站。作为交换，Y公司在其网页上放置了类似的广告，引导它的客户到亚马逊网站进行购物。

二、客户信息安全保障

在Y公司，针对屏蔽未经授权的访问路径接触客户信息的保护工作受到高度重视。公司将网站服务器和所有关键性应用运行程序的微机放置在一个由密码保护的房间，只有编程人员和公司总裁才能进入。网站服务器还由一个模拟服务器防火墙保护，拦截来自外部黑客对数据库进行的攻击。除了这些安全防护措施，公司还要求所有客户提供包含字母与数字的至少6个字符长度的密码，防止未经授权进入客户账户。

公司没有保留传统的服务前台，不能与客户进行面对面的互动。公司所有业务通过电子化方式完成，所有销售订单、销售发票和广告合同都以电子方式储存。公司每天进行资料备份，但不是所有时间都可以随时浏览备份资料。在公司服务器网络以软件储存方式存储6个月后，备份文件就从网络中撤除以释放有限的网络存储空间。这些文件会被下载到DVD光盘上进行储存备查。Y公司对其功能有限的信息系统进行重大升级的工作尚处于计划阶段。

公司雇用了若干税务专家，跟踪税务法规的变化，以保障所使用的纳税申报软件是准确的。另外，公司还聘请了一家全国性会计师事务所对纳税申报软件的准确性进行复核。

公司聘请了一家软件设计公司，开发进行纳税申报实务的各种网上工具。公司总裁的两个外甥负责监督信息技术平台的运行，其纳税申报软件与包括公司财务会计系统软件在内的公司内部应用软件的运行都是基于这个平台。两人都具备一定的IT工作经验，但是，他们在计算机专业毕业之后的相关工作经验都不足五年。帕金任公司财务总监，负责会计和财务报告工作，她在一个四大会计师事务所从事三年审计工作后，加入了Y公司。

在使用Your1040Return.com服务的个人客户数量不断增长的情况下，几家市场营销公司的高管向Y公司总裁芝加哥先生提出高价购买公司客户清单的想法。尽管芝加哥先生还没有制定出公司保护隐私声明的草案，但是，他认为公司应对保护客户信息隐私承担责任，因此他并不确定是否应该出售客户清单。其他公司提出的现金出价确实很有吸引力，这笔资金可以推进计划中的信息系统升级工作。

问题：

(1) 识别Y公司存在的主要经营风险，描述这些风险会如何增加?

(2) 如果Y公司在电子数据记录控制方面存在缺陷，无法确保这些数据不被篡改，请解释这可能对审计工作产生什么影响。

分析提示：

(1) Y公司现在面临的经营风险主要有：白金卡用户可能会取消服务。这一风险会导致Y公司在收入确认和计量方面发生重大错报。

(2) 注册会计师不应信任该公司电子数据记录和储存的控制活动，应当通过实质性程序直接发现、识别错报。

下篇　交易循环审计

第八章
销售与收款循环审计

学习目标

销售与收款审计是企业最重要的交易循环审计之一，它是对企业的销售与收款业务进行风险评估并进行风险应对。通过本章学习，学生能够明确销售与收款循环的审计目标；识别销售与收款循环中的主要业务活动和相关会计凭证；了解销售与收款循环中的内部控制；掌握销售与收款循环控制测试的方法；掌握营业收入审计和应收账款审计的实质性程序。

案例引入

海联讯虚增收入案

虚增收入和虚构应收账款回款是财务造假的惯用手段，此类造假往往会伴随产生诸多异常迹象。严格执行分析程序和应收账款期后审计程序，保持职业谨慎，充分关注异常情况，是发现这类造假的重要手段，下文结合海联讯审计案，从执行分析程序及期后审计两方面展开探讨。

深圳海联讯科技股份有限公司（以下简称“海联讯”或“公司”）成立于2000年1月，公司法定代表人为章某，注册地址为广东省深圳市，主要从事电力企业信息化建设及相关的技术及咨询服务。2009年7月，海联讯第一次提交首次公开发行股票的申请，但未获核准。2010年10月，海联讯第二次提交首次公开发行股票的申请资料。2011年11月，海联讯获得核准在深圳证券交易所创业板上市。

深圳市鹏城会计师事务所有限公司（以下简称“鹏城所”）承接海联讯IPO的审计业务及上市当年的年报审计业务，对海联讯2008年、2009年、2010年和2011年上半年及2011年的财务报告出具了标准无保留意见的审计报告。IPO审计业务收费人民币为153万元，2011年年报审计收费为人民币40万元。

2013年3月，海联讯因涉嫌欺诈发行和信息披露违法违规被立案调查。2014年11月，海联讯因在2009—2011年存在虚增营业收入、虚构收回应收账款的违法违规行为被给予警告，并处以822万元罚款；其实际控制人、涉案的部分股东及相关高管被给予警告，并处以罚款。鹏城所及其签字注册会计师在对海联讯的审计中未能勤勉尽责，出具的相关审计报告存在虚假。签字会计师李某、刘某被给予警告，并分别处以10万元罚款；由于鹏城所已于2015年12月注销，因此未受到行政处罚。

海联讯主要从事电力企业信息化建设业务，具体包括系统集成、软件销售、软件开发以及技术咨询服务等。公司的主要客户为各省市的电网和电力公司。2010—2011年，海联讯通过制作虚假销售合同和虚假验收报告虚增营业收入，其中2010年、2011年上半年、2011全年分别虚增收入1 426万元、1 335万元、3 796万元，占当期收入总额的4.71%、11.13%、10.68%；分别虚增利润1 426万元、1 335万元、3 796万元，占当期利润总额的26.03%、10.68%、54.10%。

鹏城所在收入审计中执行了内部控制测试和实质性分析程序。在执行实质性分析复核时，鹏城所发现了收入波动异常、毛利率波动较大等情况。2010年工作底稿显示，海联讯2010年9月信息应用系统建设业务的销售成本率为22.45%，而当年其他11个月的销售成本率为52.47%～87.29%。2011年上半年工作底稿显示，海联讯2011年6月的主营业务收入是当年1月至5月主营业务收入总额的1.1倍，与2010年6月相比增加了1.97倍；该月主营业务毛利率为46.52%，也远高于当年1月至5月15.05%至30.55%的毛利率水平，与2010年6月的毛利率相比也提高了近9%。2011年工作底稿显示，海联讯2011年6月、9月主营业务收入分别为5 716万元和8 072万元，而当年其他10个月的主营业务收入介于439万～4 334万元，这两个月的主营业务收入分别是当年其他10个月月均主营业务收入的2.9倍和4.1倍。

第一节 销售与收款循环的特点

财务报表审计的组织方式分为两种：账户法和循环法。账户法是对财务报表审计的每个账户余额单独进行审计；循环法是把财务报表中紧密联系的交易种类和账户余额归入一个循环中，按照交易循环来组织审计。

为了提高审计工作的效率和效果，现在的财务报表审计多用的是循环法，分为：销售与收款循环审计、采购与付款循环审计、生产与存货循环审计和货币资金审计。

一、涉及的主要业务活动

（一）不同行业类型的收入来源

销售与收款循环是指企业将商品或服务销售给对方，并收回货款的行为。企业的收入主要来自于销售商品和提供服务，由于所处的行业和主营业务不同，行业的收入来源也有所不同，常见行业的主要收入来源如表8－1所示。

表 8－1　　常见行业的主要收入来源

行业类型	收入来源
贸易业	作为零售商向普通大众（最终消费者）零售商品；作为批发商向零售商供应商品
一般制造业	通过采购原材料并将其用于生产流程，制造产成品，卖给客户取得收入
专业服务业	律师、会计师、商业咨询师等主要通过提供专业服务取得服务费收入；医疗服务机构通过提供医疗服务取得收入，包括为病人提供精细护理、手术和药品等取得收入
金融服务业	向客户提供金融服务取得手续费；向客户发放贷款取得利息收入；通过协助客户对其资金进行投资取得相关的理财费用
建筑业	通过提供建筑服务完成建筑合同取得收入

（二）销售与收款循环的设计的主要财务报表项目

销售与收款循环的主要财务报表项目包括：

（1）资产负债表：应收票据、应收账款和货币资产等。

（2）利润表：营业收入。

二、销售与收款循环的业务流程

（一）接受客户订购单

客户提出的订购单是整个销售与收款循环的起点，是购买某种货物或接受某种劳务的一项申请。客户的订购单只有在经过企业管理层授权后才能被接受。

（二）批准赊销信用

对于赊销业务，赊销批准是由信用管理部门根据管理层的赊销政策在每个客户的已授权的信用额度内进行的。

（三）按销售单供货

企业管理层通常要求商品残酷只有在收到经过批准的销售单时才能供货。设立这项控制程序的目的是防止仓库在未经授权的情况下擅自发货。

（四）按照销售单装运货物

将按经批准的销售单供货与销售单装运货物职责分离，有利于避免负责装运货物的志愿在未经授权的情况下装运商品。

（五）向客户开具账单

开具账单是指开具并向客户寄送实现连续编号的销售发票。

（六）记录销售

记录销售的过程包括区分赊销和现销。依据销售发票编制转账凭证或者现金、银行存款收款凭证，再据以登记销售明细账和应收账款明细账或者库存现金、银行存款日记账。

三、涉及的主要单据与会计记录

（一）客户订购单

客户订购单即客户提出的书面购货要求。企业可以通过销售人员或其他途径，如采用电话、信函和向现有的及潜在的客户发送订购方式接受订货，取得客户订购单。

（二）销售单

销售单是列示客户所订商品的名称、规格、数量以及其他与客户订购单有关信息的凭证，作为销售方内部处理客户订购单的凭据。

（三）发运凭证

发运凭证即在发运货物时编制的，用以反映发出商品的规格、数量和其他有关内容的凭据。发运凭证的一联寄送给客户，其余联（一联或数联）由企业保留。这种凭证作为向客户开具账单的依据。

（四）销售发票

销售发票是一种用来表明已销售商品的名称、规格、数量、价格、销售金额、运费和保险费、开票日期、付款条件等内容的凭证。销售发票的一联寄送给客户，其余联由企业保留。

销售发票也是在会计账簿中登记销售交易的基本凭据。

（五）商品价目表

商品价目表是列示已经授权批准的、可供销售的各种商品的价格清单。

（六）贷项通知单

贷项通知单是一种用来表示由于销售退回或经批准的折让而引起的应收销货款减少的凭证。这种凭证的格式通常与销售发票的格式相同，只不过它不是用来证明应收账款的增加，而是用来证明应收账款的减少。

（七）应收账款账龄分析表

通常，应收账款账龄分析表按月编制，反映月末尚未收回的应收账款总额的账龄，并详细反映每个客户月末尚未偿还的应收账款数额和账龄。

（八）应收账款明细账

应收账款明细账是用来记录每个客户各项赊销、还款、销售退回及折让的明细账。各应收账款明细账的余额合计数应与应收账款总账的余额相等。

（九）主营业务收入明细账

主营业务收入明细账是一种用来记录销售交易的明细账。它通常记载和反映不同类别商品或劳务的销售总额。

（十）折扣与折让明细账

折扣与折让明细账是一种用来核算企业销售商品时，按销售合同规定为了及早收回货款而给予客户的销售折扣和因商品品种、质量等原因而给予客户的销售折让情况的明细账。当然，企业也可以不设置折扣与折让明细账，而将该类业务直接记录于主营业务收入明细账。

（十一）汇款通知书

汇款通知书是一种与销售发票一起寄给客户，由客户在付款时再寄回销售单位的凭证。这种凭证注明了客户的姓名、销售发票号码、销售单位开户银行账号等信息，能够证明交易发生的真实性。

第二节 销售与收款循环的控制测试

了解被审计单位销售与收款循环的内部控制，是注册会计师在审计计划阶段实施的一项必要工作。若销售与收款循环中的内部控制制度不健全，则与该循环相关的错误出现的可能性就会增加，并且可能会影响到利益相关者的决策，形成重大错报风险。

一、销售循环的内部控制

（一）内部控制目标和常用的审计程序

在销售循环审计过程中，注册会计师要根据审计目标（管理层认定），识别和评估被审计单位销售循环中的内部控制，当认为被审计单位内部控制预期有效时，为了提高审计效率，通常需要对内部控制进行控制测试，并实施实质性程序。

销售循环中，内部控制的目标、内部控制与审计测试的关系如表 8 – 2 所示。

表8-2

项目	管理层认定	关键内部控制	常用的控制测试	常用的实质性程序
1. 已登记入账的销售业务是否真的已经发生？	发生	（1）销售交易是以经过审核的发运凭证以及经过审批的客户订购单为依据登记入账的 （2）在发货前，客户的赊购已经被授权批准 （3）每月向客户寄送对账单，对客户提出的意见做专门追查	（1）检查销售发票副联是否附有发运凭证（或者提货单）和销售单（或者客户订购单） （2）检查客户的赊购是否经授权审批 （3）观察是否寄发对账单，并检查客户回函档案	（1）复核主营业务收入总账、明细账以及应收账款明细账中的大额或者异常项目 （2）追查主营业务收入明细账中的记录至销售单、销售发票副联及发运凭证 （3）将发运凭证与存货分录中的发运分录进行核对
2. 已经发生的销售业务是否都已经完整地登记入账？	完整性	（1）发运凭证（或者提货单）均经事先编号并已经登记入账 （2）销售发票均经事先编号并已经登记入账	（1）检查发运凭证连续编号的完整性 （2）检查销售发票连续编号的完整性	将发运凭证与相关的销售发票和主营业务收入明细账及应收账款明细账中的分录进行核对
3. 登记入账的销售数量和金额是否准确无误？	准确性	（1）销售有经批准的装运凭证和客户订购单，支持将装运数量与开票账单的数量相对比 （2）从价格清单主文档获取销售单价	（1）检查销售发票有无支持凭证 （2）检查比对留下的证据 （3）检查价格清单的准确性及是否经恰当审批	（1）复算销售发票上的数据 （2）追查主营业务收入明细账中的记录至销售发票 （3）追查销售发票上的详细信息至发运凭证、经批准的商品价目表和客户订购单
4. 销售业务的账户分类是否正确？	分类	（1）采用适当的会计 （2）内部复核和核查	（1）检查会计科目表是否恰当 （2）检查有关凭证上内部复核和核查的标记	检查证明销售交易分类正确的原始证据
5. 销售业务是否记录到正确的会计期间？	截止	（1）采用尽量能在销售发生时开具收款账单和登记入账的控制方法 （2）每月末由独立人员对销售部门的销售记录、发运部门的发运记录和财务部门的销售交易入账情况做内部核查	（1）检查尚未开具收款账单的发货和尚未登记入账的销售交易 （2）检查有关凭证上内部核查的标记	将销售交易登记入账日记与发运凭证的日期进行比较核对
6. 销售业务是否已经准确地计入明细账并恰当地披露？	准确性、计价和分摊	（1）每月定期给客户寄送对账单 （2）由独立人员对应收账款明细账做内部核查 （3）将应收账款明细账余额合计数与其总账余额进行比较	（1）观察对账单是否已经寄出 （2）检查内部核查标记 （3）检查将应收账款明细账余额合计数与其总账余额进行比较的标记	将主营业务收入明细账加总，追查其至总账的过账

（二）销售循环的内部控制

1. 适当的职责分离

适当的职责分离有助于防止各种有意或无意的错误。例如，主营业务收入账如果系由记录应收账款之外的职员独立登记，并由另一位不负责账簿记录的职员定期调节总账和明细账，就构成了一项自动交互牵制；规定负责主营业务收入和应收账款记账的职员不得经手货币资金，也是防止舞弊的一项重要控制。另外，销售人员通常有一种乐观地对待销售数量的自然倾向，而不问它是否将以巨额坏账损失为代价，赊销的审批则在一定程度上可以抑制这种倾向。因此，赊销批准职能与销售职能的分离，也是一种理想的控制。

2. 恰当的授权审批

对于授权审批问题，注册会计师应当关注以下四个关键点上的审批程序：其一，在销售发生之前，赊销已经正确审批；其二，非经正当审批，不得发出货物；其三，销售价格、销售条件、运费、折扣等必须经过审批；其四，审批人应当根据销售与收款授权批准制度的规定，在授权范围内进行审批，不得超越审批权限。对于超过企业既定销售政策和信用政策规定范围的特殊销售交易，企业应当进行集体决策。前两项控制的目的在于防止企业因向虚构的或者无力支付货款的客户发货而蒙受损失；价格审批控制的目的在于保证销售交易按照企业定价政策规定的价格开票收款；对授权审批范围设定权限的目的则在于防止因审批人决策失误而造成严重损失。

3. 充分的凭证和记录

每个企业交易的产生、处理和记录等制度都有其特点，因此，也许很难评价其各项控制是否足以发挥最大的作用。然而，只有具备充分的记录手续，才有可能实现其他各项控制目标。例如，企业在收到客户订购单后，就立即编制一份预先编号的一式多联的销售单，分别用于批准赊销、审批发货、记录发货数量以及向客户开具账单等。

在这种制度下，只要定期清点销售发票，漏开账单的情形几乎就不太会发生。相反的情况是，有的企业只在发货以后才开具账单，如果没有其他控制措施，这种制度下漏开账单的情况就很可能会发生。

4. 凭证的预先编号

对凭证预先进行编号，旨在防止销售以后遗漏向客户开具账单或登记入账，也可防止重复开具账单或重复记账。当然，如果对凭证的编号不作清点，预先编号就会失去其控制意义。由收款员对每笔销售开具账单后，将发运凭证按顺序归档，而由另一位职员定期检查全部凭证的编号，并调查凭证缺号的原因，就是实施这项控制的一种方法。

5. 按月寄出对账单

由不负责现金出纳和销售及应收账款记账的人员按月向客户寄发对账单，能促使客户在发现应付账款余额不正确后及时反馈有关信息。为了使这项控制更加有效，最好将账户余额中出现的所有核对不符的账项，指定一位不掌管货币资金也不记录主营业务收入和应收账款账目的主管人员处理，然后由独立人员按月编制对账情况汇总报告并交管理层审阅。

6. 内部核查程序

由内部审计人员或其他独立人员核查销售交易的处理和记录，是实现内部控制目标不可缺少的一项控制措施。表8－3所列示是针对相应控制目标的典型的内部核查程序。

表8－3

内部控制的目标	内部核查程序举例
登记入账的销售业务是真实的	检查入账的销售业务所附的佐证凭证，如发运凭证等
销售业务均经适当审批	了解客户的信用情况，确定是否符合企业的赊销政策
所有销售业务均登记入账	检查发运凭证的连续性，并将其与主营业务收入明细账核对
登记入账的销售业务均经正确的估值	将登记入账的销售交易对应的销售发票上的数量与发运凭证上的记录进行比较核对
登记入账的销售业务分类恰当	将登记入账的销售业务的原始凭证与会计科目表比较核对
销售业务的记录及时	检查开票员所保管的未开票发运凭证，确定是否存在未在恰当期间及时开票的发运凭证

（三）以内部控制目标为起点的控制测试

（1）对于职责分离，注册会计师通常通过观察被审计单位有关人员的活动，以及与这些人员进行讨论，来实施职责分离的控制测试。

（2）对于授权审批，内部控制通常存在前述的四个关键点上的审批程序，注册会计师主要通过检查凭证在这四个关键点上是否经过审批，可以很容易地测试出授权审批方面的内部控制效果。

（3）对于充分的凭证和记录以及凭证预先编号这两项控制，常用的控制测试程序是清点各种凭证。比如从主营业务收入明细账中选取样本，追查至相应的销售发票存根，进而检查其编号是否连续，有无不正常的缺号发票和重号发票。

（4）对于按月寄出对账单这项控制，观察指定人员寄送对账单并检查客户复函档案，是注册会计师十分有效的一项控制测试。

（5）对于内部核查程序，注册会计师可以通过检查内部审计人员的报告，或检查其他独立人员在他们核查的凭证上的签字等方法实施控制测试。

第三节　销售与收款的实质性程序

在了解了被审计单位内部控制以及完成了控制测试后，注册会计师基于控制测试的结果，确定控制测试中已获得的审计证据及其保证程度，确定是否需要对具体审计计划中设计的实质性程序的性质、时间安排和范围作出适当调整。销售与收款循环审计中包括营业收入审计、应收账款审计、销售费用审计、税金及附加审计、预收账款审计等。本章重点对营业收入审计和应收账款审计进行讲解。

一、营业收入审计的实质性程序

（一）营业收入审计的审计目标

营业收入项目核算企业在销售商品、提供劳务等主营业务活动中所产生的收入，以及企业确认的除主营业务活动以外的其他经营活动实现的收入，包括出租固定资产、出租无形资产、出租包装物和商品、销售材料等实现的收入。其审计目标一般包括以下几点：

（1）确定利润表中记录的营业收入是否已发生，且与被审计单位有关。

（2）确定营业收入记录是否完整。

（3）确定与营业收入有关的金额及其他数据是否已恰当记录，包括对销售退回、销售折扣与折让的处理是否适当。

（4）确定营业收入是否已记录于正确的会计期间。

（5）确定营业收入是否已按照企业会计准则的规定在财务报表中作出恰当的列报。营业收入包括主营业务收入和其他业务收入，下面分别介绍这两部分的实质性程序。

审计目标与认定如表 8－4 所示。

表 8－4　　审计目标与认定

审计目标	财务报表认定					
	发生	完整性	准确性	截止	分类	列报
1. 利润表中记录的营业收入已发生，且与被审计单位有关	√					
2. 所有应当记录的营业收入均已记录		√				
3. 与营业收入有关的金额与其他数据已恰当记录			√			
4. 营业收入已记录于正确的会计期间				√		
5. 营业收入已记录于恰当的账户					√	
6. 营业收入已按照《企业会计准则》的规定在财务报表中作出恰当的披露						√

（二）营业收入审计的实质性程序

主营业务收入的实质性程序一般包括以下内容：

（1）获取或编制主营业务收入明细表。

（2）检查主营业务收入的确认条件、方法是否符合企业会计准则，前后期是否一致；关注周期性、偶然性的收入是否符合既定的收入确认原则、方法。按照《企业会计准则第 14 号——收入》的要求，企业销售商品收入应在下列条件均满足时予以确认：①企业已将商品所有权上的主要风险和报酬转移给购货方。②企业既没有保留通常与所有权相联系的继续管理权，也没有对已售出的商品实施有效控制。③收入的金额能够可靠地计量。④相关的经济利益很可能流入企业。⑤相关的已发生或将发生的成本能够可靠地计量。五个条件必须同时满足，如果有一个条件不满足均不能予以确认。具体来讲，被审计单位采取的销售方式不同，确认销售的时点也是不同的。

采用交款提货销售方式，应于货款已收到或取得收取货款的权利，同时已将发票账单和提货单交给购货单位时确认收入的实现。

采用预收账款销售方式，应于商品已经发出时，确认收入的实现。

采用托收承付结算方式，应于商品已经发出，劳务已经提供，并已将发票账单提交银行、办妥收款手续时确认收入的实现。

销售合同或协议明确销售价款的收取采用递延方式，实质上具有融资性质的，应当按照应收的合同或协议价款的公允价值确定销售商品收入金额。

长期工程合同收入，如果合同的结果能够可靠估计，应当根据完工百分比法确认合同收入。

销售商品房的，通常应在商品房已经移交并将发票结算账单提交对方时确认收入。对此，注册会计师应重点检查已办理的移交手续是符合规定要求，发票账单是否已交付对方。

（3）必要时，实质性分析程序也是营业收入审计中的重要手段，可以实施以下实质性分析程序：①针对已识别需要运用分析程序的有关项目，并基于对被审计单位及其环境的了解，同时考虑有关数据间关系的影响，建立有关数据的期望值。②确定可接受的差异额。③将实际的情况与期望值相比较，识别需要进一步调查的差异。④如果其差额超过可接受的差异额，调查并获取充分的解释和恰当的佐证审计证据（如通过检查相关的凭证等）。⑤评估分析程序的测试结果。

（4）获取产品价格目录，抽查售价是否符合定价政策，并注意销售给关联方或关系密切的重要客户的产品价格是否合理，有无低价或高价结算以转移收入和利润的现象。

（5）抽取本期一定数量的发运凭证，审查存货出库日期、品名、数量等是否与销售发票、销售合同、记账凭证等一致。

（6）抽取本期一定数量的记账凭证，审查入账日期、品名、数量、单价、金额等是否与销售发票、发运凭证、销售合同等一致。

（7）结合对应收账款实施的函证程序，选择主要客户函证本期销售额。

（8）对销售实施截止测试，其目的主要在于确定被审计单位主营业务收入的会计记录归属期是否正确；应计入本期或下期的主营业务收入是否被推延至下期或提前至本期。具体测试程序如下：

①选取资产负债表日前后若干天一定金额以上的发运凭证，与应收账款和收入明细账进行核对；同时，从应收账款和收入明细账选取在资产负债表日前后若干天一定金额以上的凭证，与发货单据核对，以确定销售是否存在跨期现象。

②复核资产负债表日前后销售的发货水平，确定业务活动水平是否异常，并考虑是否有必要追加实施截止测试程序。

③取得资产负债表日后所有的销售退回记录，检查是否存在提前确认收入的情况。

④结合对资产负债表日应收账款的函证程序，检查有无未取得对方认可的大额销售。

⑤调整重大跨期销售。

注册会计师在审计中应该注意把握三个与主营业务收入确认有着密切关系的日期：一是发票开具日期或者收款日期；二是记账日期；三是发货日期（服务业则是提供劳务的

日期)。围绕上述三个重要日期，在审计实务中，注册会计师可以考虑选择三条审计路径实施主营业务收入的截止测试。①以账簿记录为起点。从资产负债表日前后若干天的账簿记录查至记账凭证，检查发票存根与发运凭证，目的是证实已入账收入是否在同一期间已开具发票并发货，有无多记收入。②以销售发票为起点。从资产负债表日前后若干天的发票存根查至发运凭证与账簿记录，确定已开具发票的货物是否已发货并于同一会计期间确认收入。具体做法是，抽取若干张在资产负债表日前后开具的销售发票的存根，追查至发运凭证和账簿记录，查明有无漏记收入现象。③以发运凭证为起点。从资产负债表日前后若干天的发运凭证查至发票开具情况与账簿记录，确定主营业务收入是否已记入恰当的会计期间。

（9）检查销售退回、销售折扣与折让。存在销货退回的，检查相关手续是否符合规定，结合原始销售凭证检查其会计处理是否正确，结合存货项目审计其真实性。

销售折扣与折让形成的原因不尽相同，但都是对收入的抵减，直接影响收入的确认和计量。因此，注册会计师应重视销售折扣与折让的审计。销售折扣与折让的实质性程序主要包括以下内容：

①获取或编制销售折扣与折让明细表，复核加计正确，并与明细账合计数核对相符。

②取得被审计单位有关销售折扣与折让的具体规定和其他文件资料，并抽查较大的销售折扣与折让发生额的授权批准情况，与实际执行情况进行核对，检查其是否经授权批准，是否合法、真实。

③销售折让与折扣是否及时足额提交对方，有无虚设中介、转移收入、私设账外“小金库”等情况。

④检查销售折扣与折让的会计处理是否正确。

（10）检查有无特殊的销售行为，如附有销售退回条件的商品销售、委托代销、售后回接新、商品需要安装和检验的销售、分期收款销售、出口销售、售后租向等，选择恰当的审计程序进行审核。

①附有销售退回条件的商品销售，对退货部分能作合理估计的，确定其是否按估计会退货部分确认收入；对退货部分不能作合理估计的，确定其是否在退货期满时确认收入。

②售后回购，分析特定销售回购的实质，判断其属于真正的销售交易还是属于融资行为。

③以旧换新销售，确定销售的商品是否按照商品销售的方法确认收入，回收的商品是否作为购进商品处理。

④出口销售，确定其是否按离岸价格、到岸价格或成本加运费价格等不同的成交方式，确认收入的时点和金额。

（11）调查向关联方销售的情况，记录其交易品种、价格、数量、金额以及占主营业务收入总额的比例。对于合并范围内的销售活动，记录应予合并抵消的金额。

（12）调查集团内部销售的情况，记录其交易价格、数量和金额，并追查在编制合并财务报表时是否已予以抵消。

（13）确定主营业务收入的列报是否恰当。

二、应收账款审计的实质性程序

应收账款是指企业因销售商品、提供劳务而形成的债权。应收账款余额包括应收账款账面余额和相应的坏账准备两部分。坏账是指企业无法收回或收回可能性极小的应收款项（包括应收票据、应收账款、预付款项、其他应收款和长期应收款等），由于发生坏账而产生的损失称为坏账损失。

（一）应收账款审计的审计目标

应收账款的审计目标一般包括以下几点：

（1）确定应收账款是否存在。

（2）确定应收账款是否为被审计单位拥有或控制。

（3）确定应收账款及其坏账准备的记录是否完整。

（4）确定应收账款是否可收回，坏账准备的计提方法和比例是否恰当，计提是否充分。

（5）确定应收账款及其坏账准备期末余额是否正确。

（6）确定应收账款及其坏账准备的列报是否恰当。

审计目标与认定的对应关系如表8－5所示。

表8－5　　审计目标与认定的对应关系

审计目标	财务报表认定				
	存在	完整性	权利和义务	计价和分摊	列报
1. 资产负债表中已记录的应收账款是真实存在的	√				
2. 所有应当记录的应收账款已记录		√			
3. 记录的应收账款由被审计单位拥有或控制			√		
4. 应收账款以恰当的金额包括在财务报表中，与之相关的计价调整已恰当记录				√	
5. 应收账款已按照《企业会计准则》的规定在财务报表中作出恰当的披露					√

（二）应收账款的实质性程序

1. 取得或编制应收账款明细表

（1）复核加计正确，并与总账数和明细账合计数核对是否相符；结合坏账准备科目与报表数核对是否相符。应当注意的是，应收账款报表数反映企业因销售商品、提供劳务等应向购买单位收取的各种款项，减去已计提的相应的坏账准备后的净额。因此，报表数应同应收账款总账数和明细数分别减去与应收账款相应的坏账准备总账数和明细账数后的余额核对相符。

（2）检查非记账本位币应收账款的折算汇率及折算是否正确。

（3）分析有贷方余额的项目，查明原因，必要时，建议作重分类调整。

（4）结合其他应收款、预收款项等往来项目的明细余额，调查有无同一客户多处挂账、异常余额或与销售无关的其他款项（如代销账户、关联方账户或员工账户）；如有，应作出记录，必要时提出调整建议。

2. 检查涉及应收账款的相关财务指标

（1）复核应收账款借方累计发生额与主营业务收入关系是否合理，并将当期应收账款借方发生额占销售收入净额的百分比与管理层考核指标和被审计单位相关赊销政策比较，如存在差异应查明原因。

（2）计算应收账款周转率、应收账款周转天数等指标，并与被审计单位相关赊销政策、被审计单位以前年度指标、同行业同期相关指标对比分析，检查是否存在重大异常。

注册会计师实施风险评估程序本身并不足以为发表审计意见提供充分、适当的审计证据，注册会计师还应当实施进一步审计程序，包括实施控制测试（必要时或决定测试时）和实质性程序。因此，注册会计师评估财务报表重大错报风险后，应当运用职业判断，针对评估的财务报表层次重大错报风险确定总体应对措施，并针对评估的认定层次重大错报风险设计和实施进一步审计程序，以将审计风险降至可接受的低水平。

由于注册会计师对重大错报风险的评估是一种判断，并且内部控制存在固有局限性，因此，无论评估的重大错报风险结果如何，注册会计师均应当针对所有重大的各类交易、账户余额、列报实施实质性程序，以获取充分、适当的审计证据。

由此可见，风险评估程序和实质性程序是每次财务报表审计都应实施的必要程序，而控制测试则不是。在财务报表审计业务中，注册会计师必须通过实施风险评估程序、控制测试（必要时或决定测试时）和实质性程序，才能获取充分、适当的审计证据，得出合理的审计结论，作为形成审计意见的基础。

3. 检查应收账款账龄分析是否正确

（1）获取或编制应收账款账龄分析表。注册会计师可以通过编制或索取应收账款账龄分析表来分析应收账款的账龄，以便了解应收账款的可收回性。

应收账款的账龄是指资产负债表中的应收账款从销售实现、产生应收账款之日起，至资产负债表日止所经历的时间。编制应收账款账龄分析表时，可以考虑选择重要的客户及其余额列示，而将不重要的或余额较小的汇总列示。应收账款账龄分析表的合计数减去已计提的相应坏账准备后的净额，应该等于资产负债表中的应收账款项目余额。

（2）测试应收账款账龄分析表计算的准确性，并将应收账款账龄分析表中的合计数与应收账款总分类账余额相比较，并调整重大调节项目。

（3）检查原始凭证，如销售发票、运输记录等，测试账龄划分的准确性。

4. 向债务人函证应收账款

函证应收账款的目的在于证实应收账款账户余额的真实性、正确性，防止发生被审计单位及其有关人员在销售交易中发生的错误或舞弊行为。

注册会计师应当考虑被审计单位的经营环境、内部控制的有效性、应收账款账户的性质、被询证者处理询证函的习惯做法及回函的可能性等，以确定应收账款函证的范围、对象、方式和时间。

除非有充分证据表明应收账款对被审计单位财务报表而言是不重要的，或者函证很可能是无效的，否则，注册会计师应当对应收账款进行函证。如果注册会计师不对应收账款进行函证，应当在工作底稿中说明理由。如果认为函证很可能是无效的，注册会计师应当实施替代审计程序，获取相关、可靠的审计证据。

函证数量的多少、范围是由诸多因素决定的，主要有：①应收账款在全部资产中的重要性。若应收账款在全部资产中所占的比重较大，则函证的范围应相应大一些。②被审计单位内部控制的强弱。若内部控制制度较健全，则可以相应减少函证量；反之，则应相应扩大函证范围。③以前期间的函证结果。若以前期间函证中发现过重大差异，或欠款纠纷较多，则函证范围应相应扩大一些。

一般情况下，注册会计师应选择以下项目作为函证对象：大额或账龄较长的项目；与债务人发生纠纷的项目；关联方项目；主要客户（包括关系密切的客户）项目；交易频繁但期末余额较小甚至余额为零的项目；可能产生重大错报或舞弊的非正常的项目。

函证方式分为积极的函证方式和消极的函证方式。积极的函证方式是指如果采用该种函证方式，注册会计师应当要求被询证者在所有情况下必须回函，确认询证函所列示信息是否正确，或填列询证函要求的信息。消极的函证方式是指如果采用消极的函证方式，注册会计师只要求被询证者仅在不同意询证函列示信息的情况下才予以回函。

在审计实务中，注册会计师可采用积极的或消极的函证方式实施函证，也可将这两种方式结合使用。当同时存在下列情况时，注册会计师可考虑采用消极的函证方式：①重大错报风险评估为低水平。②涉及大量余额较小的账户。③预期不存在大量的错误。④没有理由相信被询证者不认真对待函证。

课后练习

一、单项选择题

1. 应收账款函证的时间通常为（　　）。

A. 被审计年度期初　　B. 被审计年度期中

C. 与资产负债表日接近的时间　　D. 在资产负债表日后适当时间

2. 若在主营业务收入总账、明细账中登记并未发生的销售，存在错报的管理层认定是（　　）。

A. “发生”　　B. “完整性”　　C. “权利和义务”　　D. “分类”

3. 注册会计师执行应收账款函证程序的主要目的是（　　）。

A. 符合专业标准的要求　　B. 确定应收账款能否收回

C. 确定应收账款的存在性　　D. 判定被审计单位入账的坏账损失是否适当

4. 审查应收账款的最重要的实质性程序应是（　　）。

A. 函证　　B. 询问　　C. 观察　　D. 重新执行

5. 应收账款询证函的签章者应为（　　）。

A. 客户　　B. 会计师事务所　　C. 注册会计师　　D. 客户的律师

二、多项选择题

1. 如果应收账款账龄分析表是由客户提供，注册会计师应（　　）。

A. 弃之不用，重新独立编制

B. 复核其中的计算是否有误

C. 将分析表中的合计数与应收账款总账的余额相核对

D. 从分析表所列项目中抽出样本与应收账款明细账余额相核对

2. 下列关于应收账款函证的询证函回收的说法中，不正确的有（　　）。

A. 直接寄给客户

B. 直接寄给会计师事务所

C. 寄给客户或会计师事务所均可

D. 直接寄给客户，由客户转交会计师事务所

3. 下列项目中，可以作为应收账款的函证对象的有（　　）。

A. 账龄较长的项目　　B. 重大关联方交易

C. 可能存在争议的交易　　D. 金额较大的项目

4. 实施销售截止测试的三种方法包括（　　）。

A. 以账簿记录为起点，追查至发票存根与装运单

B. 以销售发票为起点，追查至装运单与账簿记录

C. 以装运单为起点，追查至发票开具情况与账簿记录

D. 以顾客订单为起点，追查至装运单

5. 注册会计师可实施应收账款函证的替代程序有（　　）。

A. 检查销售合同、顾客订单、销售发票及装运单等记录与文件

B. 检查应收账款日后收款的记录与凭证，如银行进账单

C. 检查被审计单位与客户之间的函电记录

D. 询问应收账款记账人员

三、判断题

1. 无论被审计单位采用何种方式销售商品，注册会计师都不应认可其在没有收到货款的情况下确认主营业务收入。（　　）

2. 注册会计师应当对应收账款实施函证，除非有充分证据表明应收账款对财务报表不重要，或者函证很可能无效。（　　）

3. 分析应收账款的账龄，可以了解应收账款的可收回性，但无助于确定坏账准备计提是否充分。（　　）

4. 对主营业务收入实施截止测试，其目的主要在于确定主营业务收入的会计记录归属期是否正确。（　　）

5. 应收账款的询证函应由被审计单位签章和寄发。（　　）

案例实训

案例一

注册会计师接受了 XYZ 公司的审计委托，请回答：

1. 注册会计师在对公司销货业务的真实性实施实质性程序时，应关心哪些种类的可

能错误？

2. 针对每类可能的错误，注册会计师应选择何种实质性程序进行测试？

分析提示：

1. 注册会计师至少应关心三类可能的错误：

（1）未曾发货却将销货业务登记入账。

（2）销货业务重复入账。

（3）虚构顾客，作为销货业务入账。

2. 针对不同的情况，应选择不同的实质性测试程序：

对于第（1）类可能的错误，注册会计师可以从主营业务收入明细账中抽取若干笔分录，追查有无发运凭证，必要时进一步追查存货的永续盘存记录。

对于第（2）类可能的错误，注册会计师首先应核实发运凭证的编号是否有重复，然后复核有序号的销货交易记录清单。

对于第（3）类可能的错误，注册会计师应审查主营业务收入明细账中与销货分录相应的销货单，检查其是否经过赊销审批及发货审批手续。

检查上述三类多报销货错误的另一种有效方法是追查应收账款明细账中贷方发生额的记录，若贷方发生额是注销坏账或欠款未收回，则说明可能存在虚构销货的错误，此时应详细追查相应的发运凭证和顾客订货单。

案例二

背景：注册会计师A与注册会计师B首次接受委托，负责审计上市公司甲公司2020年度财务报告。相关资料如下：

注册会计师对主营业务收入的发生认定进行审计，编制了审计工作底稿，部分内容摘录如表8－6所示。

表8－6　　甲公司2020年度主营业务收入审计工作底稿部分内容

记账凭证日期	记账凭证编号	记账凭证金额	发票日期	出库单日期
2020年1月5日	转字10	12	2020年1月8日	2020年1月8日
2020年2月20日	转字30	－120	2020年2月20日	不适用
2020年2月28日	转字45	7	2020年2月27日	2020年2月27日
2020年3月20日	转字40	8	2020年3月19日	2020年3月19日
（略）				
2020年11月3日	转字4	10	2020年11月2日	2020年11月2日
2020年11月15日	转字28	200	2020年11月14日	2020年11月14日
2020年12月10日	转字50	250	2020年12月10日	2020年12月10日
（略）				

审计说明：

（1）根据销售合同约定，在客户收到货物、验收合格并签发收货通知后，甲公司取得收取货款的权利。审计中已检查销售合同。

（2）已检查记账凭证日期、发票日期和出库日期，未发现异常。发票和出库单中的其他信息与记账凭证一致。

（3）11 月转字 28 号和 12 月转字 50 号记账凭证反映的销售额较高，财务经理解释系调整售价所致。

（4）2 月转字 30 号记账凭证反映，甲公司在 2014 年度销售并确认收入的一笔交易，于 2015 年 2 月发生销货退回。甲公司未按规定调整 2014 年度财务报表，前任注册会计师于 2015 年 3 月对甲公司 2014 年度财务报表出具了标准审计报告。

问题：针对资料中的审计说明第（1）～（3）项，逐项指出 B 注册会计师实施的审计程序中存在的不当之处，并简要说明理由。

分析提示：

审计程序设计恰当性分析：

第（1）事项，注册会计师的审计程序存在不当之处，因为已经说明“在客户收到货物、验收合格并签发收货通知后，甲公司才取得收取货款的权利”，所以此时注册会计师在审计中仅仅检查了销售合同是不够的，还应该检查客户签发的收货通知单。

第（2）事项，注册会计师的审计程序存在不当之处，对 1 月转字 10 号记账凭证未实施进一步检查。该记账凭证的日期早于发票日期和出库单日期，要实施进一步检查。

第（3）事项，注册会计师的审计程序存在不当之处。对 11 月转字 28 号和 12 月转字 50 号记账凭证未实施进一步检查。上述两笔记账凭证反映的销售额明显高于其他测试项目，有可能表明存在舞弊，不应仅依赖管理层的解释。

案例三

背景：注册会计师对被审计单位 M 公司 2020 年的相关收入进行审计时，发现 M 公司存在以下与收入确认相关的交易处理情况：

（1）被审计单位在 2020 年 12 月按合同约定给 A 公司发出产品时，对方告知由于发生巨额亏损，资金周转困难，无法承诺付款。为了保持良好的客户关系，M 公司仍于 2020 年年末交付产品，但在 2020 年未确认相应的主营业务收入。

（2）被审计单位确认对 B 公司的销售收入计 2 000 万元（不含税，增值税税率为 13%），相关会计记录显示，销售给 B 公司的产品系按其要求定制，成本为 1 800 万元，B 公司已经支付了 1 000 万元款项，该产品尚存放于被审计单位，且被审计单位尚未开具增值税发票和通知 B 公司提货。

（3）2020 年 12 月，被审计单位销售一批商品给 C 公司。C 公司已根据被审计单位开出的发票账单支付了货款，取得了提货单，但被审计单位尚未将商品移交 C 公司。被审计单位未确认该笔收入。

（4）2020 年 12 月 30 日，被审计单位销售一批高档家具给 D 宾馆。该批家具总售价 1 000 万元，12 月 30 日装运家具时，已收到 800 万元货款，合同约定，被审计单位应将该家具送抵 D 宾馆并按照图纸摆放到各客房。被审计单位在 2021 年 1 月 3 日安装摆放完毕，且收到剩余货款。2020 年，被审计单位确认了销售收入 1 000 万元。

问题：M 公司的交易处理情况是否正确？为什么？

分析提示：

(1) 处理正确。由于并不满足预期的经济利益能够流入企业这个关键的条件，所以不应确认收入。

(2) 处理不正确。由于B公司并未验收，产品是否合格无法认定，所以不应确认收入。

(3) 处理不正确。采用交款提货的销售方式，即购买方已根据销售方开出的发票账单支付货款，并取得销售方开出的提货单。在这种情况下，购买方支付货款并取得提货单，说明商品所有权上的主要风险和报酬已转移给购买方，虽然商品未实际交付，M公司仍可以认为商品所有权上的主要风险和报酬已经转移，所以应确认收入。

(4) 处理正确。虽然M公司尚未完成安装摆放工作，但就该销售而言，安装工作并不是影响销售实现的重要因素，收入已实现。

案例四

会计师在对甲公司进行审计时，考虑表8-7所列应收账款进行函证，在不考虑样本量的前提下，请指出注册会计师应选择的函证对象，并说明理由。

表8-7　　甲公司应收账款一览表

债务人名称	金额	账龄	备注
A公司	20 000 000	2.5年	
B公司	100 000	1年内	
C公司	30 000	2年	因产品质量问题发生纠纷
D公司	4 000	1.5年	甲公司的子公司
E公司	200 000	3年	

分析提示：

注册会计师应选择A、C、D、E公司进行函证。

A公司，属于金额大的应收账款，而且账龄较长，注册会计师应采用积极式函证。

C公司，属于有纠纷的应收账款，注册会计师应采用积极式函证。

D公司，属于关联方的应收账款，注册会计师应采用积极式函证。

E公司，属于账龄长的应收账款，注册会计师应采用积极式函证。

案例五

背景： ABC会计师事务所在对X股份有限公司2020年度财务报表进行审计时，项目负责人决定由助理人员王某执行应收账款的函证程序。助理人员王某直接向X公司索取了应收账款明细汇总表后，确定了其中100个债务人作为函证对象。由于工作量大，助理人员王某决定请X公司财务人员协助工作。具体步骤为：助理人员王某亲自填写询证函；交X公司财务人员帮助盖章并复印；财务人员将复印件交助理人员王某作为工作底稿，原件由财务人员帮助装入信封，书写地址等并寄发。

问题： 请指出助理人员王某在执行审计过程中存在的问题，并简要说明理由。

分析提示：

(1) 未对应收账款明细汇总表进行必要的核对。

(2) 助理人员王某对函证过程的控制不够。为了提高工作效率，审计人员可以利用被审计单位的人员协助工作，但为了避免询证函的内容被更改，或询证函未寄出，审计人员必须做到真正控制函证的过程。在粘贴信封时，对函证内容、地址等事项重新核对；由审计人员亲自寄发询证函等。

第九章
采购与付款循环审计

学习目标

采购与付款循环审计是对企业的采购与付款业务流程进行风险评估并进行风险应对。通过本章学习，学生能够了解采购与付款循环所涉及的主要会计凭证、会计记录和主要业务活动；理解相关的内部控制和控制测试方法；掌握存货审计的实质性程序。

案例引入

锦州港造假案

2003年2月8日、9日，对于在辽西地区有“第一大港”美称的锦州港与世界四大会计师事务所之一的毕马威会计师事务所来说，是十分尴尬的两天。沈阳市中级人民法院先后受理了四川3位股民及上海的徐倩女士依据财政部的行政处罚状告锦州港涉嫌财务造假、公布虚假信息的案件。

令人关注的是，北京毕马威华振会计师事务所及香港毕马威会计师事务所也一同被告上法庭。这对于两周前因涉嫌美国施乐公司审计欺诈丑闻案而被弄得焦头烂额的毕马威来说，无疑是雪上加霜。

一位锦州港员工告诉记者，该公司1997年以来一直聘请的会计师事务所就是毕马威，而且“合作也很愉快，对方工作也很认真细致”。而之所以出现这样的事情，“主要是为了达到上市的目的，因为证监会规定上市标准之一是净资产收益率要达到10%，而上市后公司也陆续地做了一些回调”。

没想到这一作假的后果犹如一枚定时炸弹，终被引爆。2001年9月至12月，财政部对锦州港2000年及以前年度执行《会计法》情况进行了检查。结果令人大吃一惊：公司2000年及以前年度多确认收入36 717万元，少计财务费用4 945万元；2000年度少计提折旧780万元，相应地少计主营业务成本等780万元；另外，1998—2000年多列资产11 939万元，实际虚增资产约43 803万元。

如此一大笔虚账究竟是如何形成的呢？一般来说，虚增收入、少计财务费用的方式有多种，如预收款直接作为销售收入入账、完工后在建工程产生的费用予以分期摊销等。1996—1999年四年间，公司直接虚增应收账款或货币资金。截至1999年年末，锦州港账面货币资金只有45 693万元，其中有21 367万元是虚构的，锦州港可能也意识到了危险性，从2000年开始，有意填补银行存款巨额窟窿，假账主要从固定资产和在建工程走。到了2001年，公司可能担心虚构巨额银行存款被查，通过虚增在建工程名义将银行存款窟窿补上。这样，到了2001年年末，货币资金被填实了，而在建工程及固定资产虚增了34 164万元。

锦州港不管是造假金额还是性质都是非常严重的，毕马威没有发现浮在水面上的造假，自然是难辞其咎。

第一节 采购与付款循环的特点

一、不同行业类型的采购和费用支出

采购与付款循环是指企业购买商品、劳务和固定资产，以及企业在经营活动中为获取收入而发生的直接或间接支出等活动。部分支出可能与产品收入直接相关，部分支出可能形成企业资产，而这些资产又形成了企业经营活动的基础。采购与付款循环经济业务影响的财务报表项目中重要的有预付款项、存货、固定资产、在建工程、工程物资、固定资产清理、无形资产、开发支出、商誉、长期待摊费用、应付票据、应付账款、长期应付款和管理费用等。不同行业类型的企业，其采购和费用支出有所不同，表9－1列示了部分行业典型的采购和费用支出。

表9－1　　不同行业类型的采购和费用

行业类型	典型的采购和费用支出
贸易业	产品的选择和购买、产品的存储和运输、广告促销费用、售后服务费用
一般制造业	生产过程所需的设备支出，原材料、易耗品、配件的购买与存储支出，市场经营费用，把产成品运达顾客或零售商发生的运输费用，管理费用
专业服务业	律师、会计师、财务顾问的费用支出，包括印刷、通讯、差旅费，电脑、车辆等办公设备的购置和租赁，书籍资料和研究设施的费用
金融服务业	建立专业化的安全的计算机信息网络和用户自动存取款设备的支出，给付储户的存款利息，支付其他银行的资金拆借利息、手续费，现金存放、现金运送和网络银行设施的安全维护费用，客户关系维护费用
建筑业	建材支出，建筑设备和器材的租金或购置费用，支付给分包商的费用；保险支出和安保成本；建筑保证金和通行许可审批方面的支出；交通费、通讯费等；在外地施工时还会发生建筑工人的住宿费用

二、采购与付款循环的凭证和单据

采购与付款交易通常要经过“请购→订货→验收→付款”这样的程序，同销售与收款交易一样，在内部控制比较健全的企业，处理采购与付款交易通常也需要使用很多凭证与会计记录。典型的采购与付款循环所涉及的主要凭证与会计记录有以下几种：

（1）请购单。请购单是由产品制造、资产使用等部门的有关人员填写，送交采购，申请购买商品、劳务或其他资产的书面凭证。

（2）订购单。订购单是由采购部门填写，向另一企业购买订购单上所指定的商品、劳务或其他资产的书面凭证。

（3）验收单。验收单是收到商品、资产时所编制的凭证，列示从供应商处收到的商品、资产的种类和数量等内容。

（4）卖方发票。卖方发票（供应商发票）是供应商开具的，交给买方以载明发运的货物或提供的劳务、应付款金额和付款条件等事项的凭证。

（5）付款凭单。付款凭单是采购方企业的应付凭单部门编制的，载明已收到的商品、资产或接受的劳务、应付款金额和付款日期的凭证。付款凭单是采购方企业内部记录和支付负债的授权证明文件。

（6）转账凭证。转账凭证是指记录转账交易的记账凭证，它是根据有关转账交易（即不涉及库存现金、银行存款收付的各项交易）的原始凭证编制的。

（7）付款凭证。付款凭证包括现金付款凭证和银行存款付款凭证，是指用来记录库存现金和银行存款支出交易的记账凭证。

（8）应付账款明细账。

（9）库存现金日记账和银行存日记账。

（10）供应商对账单。供应商对账单是由供应商按月编制的，标明期初余额、本期购买、本期支付给供应商的款项和期末余额的凭证。供应商对账单是供应商对有关交易的陈述，如果不考虑买卖双方在收发货物上可能存在的时间差等因素，其期末余额通常应与采购方相应的应付账款期末余额一致。

三、采购与付款循环的主要业务活动

在一个企业，如可能的话，应将各项职能活动指派给不同的部门或职员来完成。这样，每个部门或职员都可以独立检查其他部门和职员工作的正确性。下面以采购商品为例，分别阐述采购与付款循环所涉及的主要业务活动及其适当的控制程序和相关的认定。

（一）请购商品、劳务

仓库负责对需要购买的已列入存货清单的项目填写请购单，其他部门也可以对所需要购买的未列入存货清单的项目编制请购单。大多数企业对正常经营所需的物资的购买均作一般授权，比如，仓库在现有库存达到再订购点时就可直接提出采购申请。但对资本支出和租赁合同，企业政策则通常要求作特别授权，只允许指定人员提出请购。请购单可由手工或计算机编制。由于企业内不少部门都可以填列请购单，不便事先编号，为加强控制，每张请购单必须经过对这类支出预算负责的主管人员签字批准。

请购单是证明有关采购交易的“发生”认定的凭据之一，也是采购交易轨迹的起点。

（二）编制订购单

购部门在收到请购单后，只能对经过批准的请购单发出订购单。对每张订购单，采购部门应确定最佳的供应来源。订购单应正确填写所需要的商品品名、数量、价格、厂商名称和地址等，预先予以编号并经过被授权的采购人员签名。其正联应送交供应商，副联则送至企业内部的验收部门、应付凭单部门和编制请购单的部门。随后，应独立检查订购单的处理，以确定是否确实收到商品并正确入账。

这项检查与采购交易的“完整性”认定有关。

（三）验收商品

验收部门首先应比较所收商品与订购单上的要求是否相符，如商品的品名、说明、数量、单编制一式多联、预先编号的验收单，作为验收和检验商品的依据。验收人员将商品送交仓库或其他请购部门时，应取得经过签字的收据，或要求其在验收单的副联上签收，以确立他们所采购的资产应负的保管责任。验收人员还应将其中的一联验收单送交应付凭单部门。

验收单是支持资产或费用以及与采购有关的负债的“存在或发生”认定的重要凭证。定期独立检查验收单的顺序以确定每笔采购交易都已编制凭单，则与采购交易的“完整性”认定有关。

（四）储存已验收的商品存货

将已验收商品的保管与采购的其他职责相分离，可减少未经授权的采购和盗用商品的风险。存放商品的仓储区应相对独立，限制无关人员接近。

这项控制与商品的“存在”认定有关。

（五）编制付款凭单

记录采购交易之前，应付凭单部门应编制付款凭单。这项功能的控制包括以下内容：

（1）确定供应商发票的内容与相关的验收单、订购单的一致性。

（2）确定供应商发票计算的正确性。

（3）编制有预先编号的付款凭单，并附上支持性凭证（如订购单、验收单和供应商发票等）。这些支持性凭证的种类，因交易对象的不同而不同。

（4）独立检查付款凭单计算的正确性。

（5）在付款凭单上填入应借记的资产或费用账户名称。

（6）由被授权人员在凭单上签字，以示批准照此凭单要求付款。所有未付凭单的副联应保存在未付凭单档案中，以待日后付款。

经适当批准和有预先编号的凭单为记录采购交易提供了依据，因此，这些控制与“存在”“发生”“完整性”“权利和义务”和“计价和分摊”等认定有关。

（六）确认与记录债务

正确确认已验收货物和已接受劳务的债务，要求准确、及时地记录负债。该记录对企业财务报表反映和企业实际现金支出有重大影响。与应付账款确认和记录相关的部门一般有责任核查购置的财产，并在应付凭单登记簿或应付账款明细账中加以记录。在收到供应商发票时，应付账款部门应将发票上所记载的品名、规格、价格、数量、条件及运费与订购单上的有关资料核对，如有可能，还应与验收单上的资料进行比较。

应付账款确认与记录的一项重要控制是要求记录现金支出的人员不得经手现金、有价证券和其他资产。恰当的凭证、记录与恰当的记账手续，对业绩的独立考核和应付账款职能而言是必不可少的控制。

（七）付款

通常是由应付凭单部门负责确定未付凭单在到期日付款。企业有多种款项结算方式，以支票结算方式为例，编制和签署支票的有关控制包括以下内容：

（1）独立检查已签发支票的总额与所处理的付款凭单的总额的一致性。

（2）应由被授权的财务部门的人员负责签署支票。

（3）被授权签署支票的人员应确定每张支票都附有一张已经适当批准的未付款凭单，并确定支票收款人姓名和金额与凭单内容的一致。

（4）支票一经签署就应在其凭单和支持性凭证上用加盖印戳或打洞等方式将其注销，以免重复付款。

（5）支票签署人不应签发无记名甚至空白的支票。

（6）支票应预先连续编号，保证支出支票存根的完整性和作废支票处理的恰当性。

（7）应确保只有被授权的人员才能接近未经使用的空白支票。

（八）记录现金、银行存款支出

仍以支票结算方式为例，在手工系统下，会计部门应根据已签发的支票编制付款记账凭证，并据以登记银行存款日记账及其他相关账簿。以记录银行存款支出为例，有关控制包括以下内容：

（1）会计主管应独立检查记入银行存款日记账和应付账款明细账的金额的一致性，以及与支票汇总记录的一致性。

（2）通过定期比较银行存款日记账记录的日期与支票副本的日期，独立检查入账的及时性。

（3）独立编制银行存款余额调节表。

第二节 采购与付款循环的控制测试

一、采购循环的内部控制

内部控制的目标、内部控制与审计测试的关系如表9－2所示。

表9－2 内部控制的目标、内部控制与审计测试的关系

项目	审计目标	关键内部控制	常用的控制测试	常用的实质性程序
1. 所记录的采购都确已收到商品或者已接受劳务	发生	(1) 请购单、订购单、验收单和卖方发票一应俱全，并附在付款凭单后 (2) 采购经适当级别批准 (3) 注销凭证以防止重复使用 (4) 对卖方发票、验收单、订购单和请购单作内部核查	(1) 查验付款凭单后是否附有完整的相关单据 (2) 检查批准采购的标记 (3) 检查注销凭证的标记 (4) 检查内部核查的标记	(1) 复核采购明细账、总账及应付账款明细账，注意是否有大额或者不正常的金额 (2) 检查卖方发票、验收单、订购单和请购单的合理性和真实性 (3) 追查存货的采购账簿记录至存货永续盘存记录 (4) 检查取得的固定资产采购合同、发票
2. 已发生的采购交易均已记录	完整性	(1) 订购单均经事先连续编号并将已完成的采购登记入账 (2) 验收单均经事先连续编号并已登记入账 (3) 应付凭单均经事先连续编号并已登记入账	(1) 检查订购单连续编号的完整性 (2) 检查验收单连续编号的完整性 (3) 检查应付凭单连续编号的完整性	(1) 从验收单追查至采购明细账 (2) 从卖方发票追查至采购明细账
3. 所记录的采购交易估价正确	准确性、计价和分摊	(1) 对计算准确性进行内部核查 (2) 采购价格和折扣的批准	(1) 检查内部核查的标记 (2) 检查批准采购价格和折扣的标记	(1) 将采购明细账中记录的交易同卖方发票、验收单和其他证明文件比较 (2) 复算包括折扣和运费在内的卖方发票填写金额的准确性
4. 采购交易的分类正确	分类	(1) 采用适当的会计科目表 (2) 分类的内部核查	(1) 检查工作手册和会计科目表 (2) 检查有关凭证上内部核查的标记	参照卖方发票，比较会计科目表上分类

续表

项目	审计目标	关键内部控制	常用的控制测试	常用的实质性程序
5. 采购交易按正确的日期记录	截止	（1）要求收到商品或接受劳务后及时记录采购交易 （2）内部核查	（1）检查工作手册并观察有无未记录的卖方发票存在 （2）检查内部核查的标记	将验收单和卖方发票上的日期与采购明细账上的日期进行比较
6. 采购交易被正确记入应付账款和存货等明细账中，并正确汇总	准确性、计价和分摊	应付账款明细账内容的内部核查	检查内部核查的标记	通过加计采购明细账，追查过入采购总账和应付账款、存货明细账的数额是否正确，用以测试过账和汇总的正确性

二、付款循环的内部控制

需要指出的是，对于每个企业而言，由于性质、所处行业、规模和内部控制健全程度等不同，从而使与付款循环相关的内部控制可能也有所不同。

考虑采购与付款循环控制测试的重要性，注册会计师往往对这一循环采用属性抽样审计方法。在测试该循环中的大多数属性时，注册会计师通常选择相对较低的可容忍误差。另外，由于采购与付款循环中财务报表项目所涉及的业务交易量和金额大小往往相差悬殊，使注册会计师在审计时常将其中大额的和不寻常的项目筛选出来，100%加以测试。

很显然，采购与付款的交易测试包括采购交易测试和付款交易测试两个部分。下面，就特殊部分予以说明：

（1）适当的职责分离。如前所述，适当的职责分离有助于防止各种有意或无意的错误。与销售与收款交易一样，采购与付款交易也需要适当的职责分离。财政部于2002年12月23日发布的《内部会计控制规范——采购与付款（试行）》财会〔2002〕21号中规定，单位应当建立采购与付款业务的岗位责任制，明确相关部门和岗位的职责、权限，确保办理采购与付款业务的不相容岗位相互分离、制约和监督。采购与付款业务不相容岗位至少包括：请购与审批；询价与确定供应商；采购合同的订立与审批；采购与验收；采购、验收与相关会计记录；付款审批与付款执行。这些都是对单位提出的、有关采购与付款业务相关职责适当分离的基本要求，以确保办理采购与付款业务的不相容岗位相互分离、制约和监督。

（2）内部核查程序。企业应当建立对采购与付款交易内部控制的监督检查制度。采购与付款内部控制监督检查的主要内容通常包括以下几点：

①采购与付款业务相关岗位及人员的设置情况。重点检查是否存在采购与付款业务不相容职务混岗的现象。

②采购与付款业务授权批准制度的执行情况。重点检查大宗采购与付款业务的授权批准手续是否健全，是否存在越权审批的行为。

③应付账款和预付账款的管理。重点审查应付账款和预付账款支付的正确性、时效性

和合法性。

④有关单据、凭证和文件的使用和保管情况。重点检查凭证的登记、领用、传递、保管、注销手续是否健全，使用和保管制度是否存在漏洞。

（3）对内部控制的目标、内部控制与审计测试的关系表有关内容的说明。

①所记录的采购都确已收到商品或接受劳务。如果注册会计师对被审计单位在这个目标上的控制的恰当性感到满意，为查找不正确的、没有真实发生的交易而执行的测试程序就可大为减少。恰当的控制可以防止那些主要使企业管理层和职员们而非企业本身受益的交易，作为企业的费用支出或资产入账。在有些情况下，不正确的交易是显而易见的。例如，职员未经批准就购置个人用品，或通过在付款凭单登记簿上虚记一笔采购而侵吞公款。但在另外一些情况下，交易的正确与否却很难评判，如支付企业管理人员在俱乐部的个人会费，支付管理人员及其家属的度假费用等。如果发觉企业对这些不正当的、站不住脚的交易的控制不充分，注册会计师在审计中就需要对这些交易有关的单据进行广泛地检查。

②已发生的采购交易都已记录。应付账款是因在正常的商业过程中接受商品和劳务的未付款的负债。已经验收的商品和接受的劳务若未予以入账，将直接影响应付面就余额，从而低计企业的负债。如果注册会计师确信被审计单位所有的采购交易均已准意、及时地登记入账，就可以从了解和测试其内部控制入手进行审计，从而大大减少对固定资产和应付账款等财务报表项目实施实质性程序的工作量，大大降低审计成本。

③所记录的采购交易估价正确。由于许多资产、负债和费用项目的估价有赖于相关采购交易在采购明细账上的正确记录，因此，对这些报表项目实施实质性程序的范围，在很大程度上取决于注册会计师对被审计单位采购交易内部控制执行效果的评价。如果注册会计师认为其采购交易内部控制执行良好。则注册会计师对这些报表项目计价准确性实施的实质性程序的数量，显然要比采购交易内部控制不健全或形同虚设的企业少得多。

当被审计单位对存货采用永续盘存制核算时，如果注册会计师确信其永续盘存记录是准确、及时的，存货项目的实质性程序就可予以简化。被审计单位对永续盘存手续中的采购环节的内部控制，一般应作为审计中对采购交易进行控制测试的对象之一，在审计中起着关键作用。如果这些控制能有效地运行，并且永续盘存记录中又能反映出存货的数量和单位成本，则还可以因此减少存货监盘和存货单位成本测试的工作量。

三、评估重大错报风险

就许多从事制造业的被审计单位而言，固定资产在其资产总额中占有很大的比重，固定资产的购建会影响其现金流量，而固定资产的折旧、维修等费用则是影响其损益的重要因素。固定资产管理一旦失控，所造成的损失将远远超过一般的商品、存货等流动资产。所以，为了确保固定资产的真实、完整、安全和有效利用，被审计单位在采购与付款循环中应当建立、健全和重视固定资产的内部控制。固定资产内部控制的内容如表 9－3 所示。

表9－3　固定资产内部控制的内容

项目	内容
1. 固定资产的预算制度	预算制度是固定资产内部控制中最重要的部分。通常，大中型企业应编制旨在预测与控制固定资产增减和合理运用资金的年度预算；小规模企业即使没有正规的预算，对固定资产的购建也要事先加以计划
2. 授权批准制度	完善的授权批准制度包括：企业的资本性预算只有经过董事会等高层管理机构批准方可生效；所有固定资产的取得和处置均需经企业管理层的书面认可
3. 账簿记录制度	除了固定资产总账，被审计单位还需设置固定资产明细分类账和固定资产登记卡，按固定资产类别、使用部门和每项固定资产进行明细分类核算。固定资产的增减变化均应有充分的原始凭证
4. 职责分工制度	对固定资产的取得、记录、保管、使用、维修、处置等，均应明确划分责任，由专门部门和专人负责
5. 资本性支出和收益性支出的区分制度	企业应制定区分资本性支出和收益性支出的书面标准，通常需明确资本性支出的范围和最低金额，凡不属于资本性支出的范围、金额低于下限的任何支出，均应列作费用并抵减当期收益
6. 固定资产的处置制度	固定资产的处置（包括投资转出、报废、出售等），均要有一定的申请报批程序
7. 固定资产的定期盘点制度	对固定资产的定期盘点，是验证账面各项固定资产是否真实存在、了解固定资产放置地点和使用状况以及发现是否存在未入账固定资产的必要手段
8. 固定资产的维护保养制度	固定资产应有严密的维护保养制度，以防止其因各种自然和人为的因素而遭受损失，并应建立日常维护和定期检修制度，以延长其使用寿命

第三节　采购与付款循环的实质性程序

完成控制测试之后，注册会计师基于控制测试的结果（即控制运行是否有效），确定从控制测试中已获得的审计证据及其保证程度，确定是否需要对具体审计计划中设计的实质性程序的性质、时间安排和范围做出适当调整。采购与付款循环审计包括应付账款审计、固定资产审计、预付账款审、管理费用审计等，现列举其中的两个重要项目——应付账款和固定资产的实质性程序进行详细讲解。

一、应付账款的实质性程序

应付账款是企业在正常经营过程中，因购买材料、商品和接受劳务供应等经营活动而应付给供应商的款项。注册会计师应结合赊购交易进行应付账款的审计。

审计目标与认定的对应关系如表9－4所示。

表 9-4　　审计目标与认定的对应关系

审计目标	财务报表认定				
	存在	完整性	权利和义务	计价和分摊	列报
1. 资产负债表中记录的应付账款是存在的	√				
2. 所有应当记录的应付账款均已记录		√			
3. 资产负债表中记录的应付账款是被审计单位应当履行的现时义务			√		
4. 应付账款以恰当的金额包括在财务报表中，与之相关的计价调整已恰当记录				√	
5. 应付账款已按照《企业会计准则》的规定在财务报表中作出恰当的列报					√

二、应付账款实质性程序

应付账款的审计目标一般包括：确定资产负债表中记录的应付账款是否存在；确定所有应当记录的应付账款是否均已记录；确定资产负债表中记录的应付账款是否为被审计单位应履行的现时义务；确定应付账款是否以恰当的金额包括在财务报表中，与之相关的计价调整是否已恰当记录；确定应付账款是否已按照企业会计准则的规定在财务报表中作出恰当的列报。

（一）获取或编制应付账款明细表

（1）复核加计正确，并与报表数、总账数和明细账合计数核对是否相符。

（2）检查非记账本位币应付账款的折算汇率及折算是否正确。

（3）分析出现借方余额的项目，查明原因，必要时，作重分类调整。

（4）结合预付账款、其他应付款等往来项目的明细余额，调查有无同挂的项目、异常重或与采购无关的其他款项（如关联方账户或雇员账户），如有，应对异常项目作出调整。

（二）选择有效方法对应付账款执行实质性分析程序

根据被审计单位的实际情况，选择以下方法对应付账款执行实质性分析程序：

（1）将期末应付账款余额与期初余额进行比较，分析波动原因。

（2）分析长期挂账的应付账款，要求被审计单位作出解释，判断被审计单位是否缺乏偿债能力或利用应付账款隐瞒利润，并注意其是否可能无需支付。对确实无需支付的应付款的会计处理是否正确，依据是否充分；关注账龄超过 3 年的大额应付账款在资产负债表日后是否偿还，检查偿还记录、单据及披露情况。

（3）计算应付账款与存货的比率、应付账款与流动负债的比率，并与以前年度相关比率对比分析，评价应付账款整体的合理性。

（4）分析存货和营业成本等项目的增减变动，判断应付账款增减变动的合理性。

（三）函证应付账款

一般情况下，并非必须函证应付账款，这是因为函证不能保证查出未记录的应付账款，况且注册会计师能够取得采购发票等外部凭证来证实应付账款的余额。但如果控制风险较高，某应付账款明细账户金额较大或被审计单位处于财务困难阶段，则应考虑进行应付账款的函证。

进行函证时，注册会计师应选择较大金额的债权人，以及那些在资产负债表日金额不大，甚至为零，但为被审计单位重要供应商的债权人，作为函证对象。函证最好采用积极函证方式，并具体说明应付金额。与应收账款的函证一样，注册会计师必须对函证的过程进行控制，要求债权人直接回函，并根据回函情况编制与分析函证结果汇总表，对未回函的，应考虑是否再次函证。

如果存在未回函的重大项目，注册会计师应采用替代审计程序。比如，可以检查决算日后应付账款明细账及库存现金和银行存款日记账，核实其是否已支付，同时检查该笔债务的相关凭证资料，如合同、发票、验收单，核实应付账款的真实性。

（四）检查应付账款相关情况

检查应付账款是否计入正确的会计期间，是否存在未入账的应付账款。

（1）检查债务形成的相关原始凭证，如供应商发票、验收报告或入库单等，查找有无未及时入账的应付账款，确定应付账款期末余额的完整性。

（2）检查资产负债表日后应付账款明细账贷方发生额的相应凭证，关注其采购发票的日期，确认其入账时间是否合理。

（3）获取被审计单位与其供应商之间的对账单（应从非财务部门，如采购部门获取），并将对账单和被审计单位财务记录之间的差异进行调节（如在途款项、在途商品、付款折扣、未记录的负债等），查找有无未入账的应付账款，确定应付账款金额的准确性。

（4）针对资产负债表日后付款项目，检查银行对账单及有关付款凭证（如银行汇款通知、供应商收据等），询问被审计单位内部或外部的知情人员，查找有无未及时入账的应付账款。

（5）结合存货监盘程序，检查被审计单位在资产负债日前后的存货入库资料（验收报告或入库单），检查是否有大额货到单未到的情况，确认相关负债是否计入了正确的会计期间。

如果注册会计师通过这些程序发现某些未入账的应付账款，应将有关情况详细记入工作底稿，并根据其重要性确定是否需建议被审计单位进行相应的调整。

（五）检查已偿付的应付账款情况

针对已偿付的应付账款，追查至银行对账单、银行付款单据和其他原始凭证，检查其是否在资产负债表日前真实偿付。

（六）检查相关原始凭证和会计记录

针对异常或大额交易及重大调整事项（如大额的采购折扣或退回、会计处理异常的交来经授权的交易，或缺乏支持性凭证的交易等），检查相关原始凭证和会计记录，以确认交易的真实性、合理性。

（七）检查不同债务重组方式下的会计处理

被审计单位与债权人进行债务重组的，检查不同债务重组方式下的会计处理是否正确。

（八）标明应付关联方的款项

标明应付关联方［包括持5%以上（含5%）表决权股份的股东］的款项，执行关联方及其交易审计程序，并注明合并报表时应予抵消的金额。

（九）检查应付账款在财务报表中的列报情况

检查应付账款是否已按照企业会计准则的规定在财务报表中作出恰当列报。一般来说，“应付账款”项目应根据“应付账款”和“预付账款”科目所属明细科目的期末贷方余额的合计数填列。

如果被审计单位为上市公司，则通常在其财务报表附注中应说明有无欠持有5%以上（含5%）表决权股份的股东账款；说明账龄超过3年的大额应付账款未偿还的原因，并在期后事项中反映资产负债表日后是否偿还。

三、存货审计实质性程序

（一）存货审计的目标

存货审计的总体目标是验证资产负债表日列示在资产负债表上存货项目余额的真实性和正确性。具体包括：确定被审计单位资产负债表的存货在财务报表日是否确实存在，并为被审计单位所拥有；确定被审计单位在特定期间内发生的存货增减变动业务的记录是否完整，有无遗漏；确定存货的品质状况，以及存货跌价的计提是否合理；确定存货的计价方法是否恰当；确定存货年末余额是否正确；确定存货在财务报表上的披露是否恰当。

（二）存货余额的实质性程序

对会计报表存货余额的实质性程序，是存货审计的重点和难点。存货余额实质性程序的一般步骤可描述如下。

1. 核对各存货项目明细账与总账的余额是否相符

企业存货的种类很多，注册会计师在进行存货的实质性程序时，首先应核对“材料采购”“原材料”“材料成本差异”“产成品”“发出商品”“生产成本”等账目，验证其明细账与总账的余额是否相符；如不相符，应查明原因，并作记录和相应的调整。

2. 执行分析性程序

注册会计师在存货审计过程中往往需要大量运用分析程序来获取审计证据，并协助形成恰当的审计结论。通常运用的分析方法主要有简单比较法和比率分析法。

（1）简单比较法。

①比较前后各期及本年各个月份存货余额及其构成，以评价期末存货余额及其构成的总体合理性。

②对每月存货成本差异率进行比较，以确定是否存在调节成本的现象。

③比较前后各期及本年度内各月份生产成本总额及单位生产成本，以评价本期生产成本的总体合理性。

④比较前后各期及本年度内各月份主营业务成本总额及单位销售成本，以评价主营业务成本的总体合理性。

⑤将存货余额与现有的订单、资产负债表日后各期的销售额和下一年度的预测销售额进行比较，以评估存货滞销和跌价的可能性。

⑥将存货跌价损失准备与本年度存货处理损失的金额相比较，判断被审计单位是否计提足额的跌价损失准备。

⑦将与关联企业发生存货交易频率、规模、价格和账款结算条件与非关联企业对比，判断被审计单位是否利用与关联企业的存货的交易，虚构业务、调节利润。

（2）比率分析法。

①存货周转率。存货周转率是用以衡量销售能力和存货是否有挤压的指标。利用存货周转率进行纵向比较或与其他同行业企业进行横向比较时，要求存货计价持续一致。存货周转率的波动可能意味着被审计单位存在以下情况：有意或无意地减少存货储备、存货管理或控制程序发生变动、存货成本项目发生变动、存货核算方法发生变动、存货跌价准备集体基础或冲销政策发生变动、销售额发生大幅变动等。

②毛利率。毛利率是反映盈利能力的主要指标，用以衡量成本控制及销售价格的变动。毛利率的波动可能意味着被审计单位存在以下情况：销售价格发生变动、销售产品总体结构发生变动、单位产品成本发生变动、固定制造费用比重较大时销售数量发生变动等。

3. 存货的监盘

存货监盘是指注册会计师现场观察被审计单位存货的盘点，并对已盘点存货进行适当检查。存货监盘针对的主要是存货的存在认定、完整性认定以及权利和义务的认定，注册会计师监盘存货的目的在于获取有关存货数量和状况的审计证据，以确认被审计单位记录的所有存货确实存在，已经反映了被审计单位拥有的全部存货，并属于被审计单位的合法财产。

（1）存货监盘计划。注册会计师应当编制存货监盘计划，对存货监盘作出合理安排。存货监盘计划的主要内容包括：①存货监盘的目标、范围及时间安排。存货监盘的目标是获取被审计单位资产负债表日有关存货数量和状况的审计证据，检查存货的数量是否真实完整，是否归属被审计单位，存货有无毁损、陈旧过时、残次和短缺等状况。②存货监盘的要点及关注事项。包括注册会计师实施存货监盘程序的方法、步骤，各个环节应注意的问题以及所要解决的问题。③参加存货监盘人员的分工。④检查存货的范围。

（2）存货监盘程序。

①观察程序。在被审计单位盘点存货前，注册会计师应当观察盘点现场、确定应纳入盘点范围的存货是否已经适当整理和排列，并附有盘点标识，防止遗漏或重复盘点。对未纳入盘点范围的存货，注册会计师应当查明未纳入的原因。

注册会计师在实施存货监盘过程中，应当跟随被审计单位安排的存货盘点人员，注意观察被审计单位事先制定的存货盘点计划是否得到了贯彻执行，盘点人员是否准确无误地记录了被盘点存货的数量和状况。

②检查程序。注册会计师应当对已盘点存货进行适当检查，将检查结果与被审计单位盘点记录相核对，并形成相应记录。

检查的范围通常包括每个盘点小组盘点的存货以及难以盘点或隐蔽性较强的存货。需要说明的是，注册会计师应尽可能避免让被审计单位事先了解将抽取检查的存货项目。

在检查已盘点的存货时，注册会计师应当从存货盘点记录中选取项目追查至存货实物，以测试盘点记录的准确性；注册会计师还应当从存货实物中选取项目追查至盘点记录，以测试存货盘点记录的完整性。注册会计师在实施检查程序时发现差异，很可能表明被审计单位的存货盘点在准确性或完整性方面存在错误。

③需特别关注的事项：存货的状况、存货的移动情况和存货的截止。

④存货监盘结束时的工作。在被审计单位存货盘点结束前，注册会计师应当做到：一是再次观察盘点现场，以确定所有应纳入盘点范围的存货是否均已盘点；二是取得并检查已填用、作废及未使用盘点表单的号码记录，确定其是否连续编号，查明已发放的表单是否均已收回，并与存货盘点的汇总记录进行核对。

（3）特殊情况的处理。

①由于存货的性质或位置而无法实施监盘程序。一是存货的特殊性质。对具有特殊性质的存货实施审计，通常需要依赖内部控制。注册会计师应当复核采购、生产和销售记录，以获取充分、适当的审计证据，还可以向能够接触到相关存货项目的第三方人员询证。此外，注册会计师还可以实施其他替代审计程序。二是存货的特殊位置。在途存货可以通过审查相关凭证加以查验。对于存放在公共仓库中的存货，可通过函证方式查验。

②因不可预见的因素导致无法在预定日期实施存货监盘或接受委托时被审计单位存货盘点已经完成。一是不可预见的因素。如果被审计单位存在良好的内部控制，注册会计师可以考虑改变存货监盘日期，并对预定盘点日与改变后的存货监盘日之间发生的交易进行测试。对于无法亲临现场的情况，注册会计师可考虑委托其他适当人员实施存货监盘。二是接受委托时被审计单位的期末存货盘点已经完成。注册会计师应当评估与存货相关的内部控制的有效性，并根据评估结果对存货进行适当检查或提请被审计单位另择日期重新盘点，同时测试检查日或重新盘点日与资产负债表日之间发生的存货交易。

③委托其他单位保管或已作质押的存货。对被审计单位委托其他单位保管的或已作质押的存货，注册会计师应当向保管人或债权人函证。

4. 存货计价测试

（1）计价测试的一般要求。为验证财务报表上存货余额的真实性，还必须对存货总。存货计价测试包括以下几个步骤：

①样本的选择。选择样本时应着重选择结存余额较大且价格变化比较频繁的项目，同时考虑所选样本的代表性。

②计价方法的确认。注册会计师除应了解掌握被审计单位的存货计价方法外，还应对这种计价方法的合理性与一贯性予以关注，没有足够理由，计价方法在同一会计年度内不得变动。

③计价审计。进行计价审计时，注册会计师首先应对存货价格的组成内容予以审核，然后按照所了解的计价方法对所选择的存货样本进行计价审计。审计时，应尽量排除被审计单位现有计算程序和结果的影响，进行独立测试。测试结果出来后，应与被审计单位账面记录对比，编制对比分析表，分析形成差异的原因。如果差异过大，应扩大测试范围，并根据审计结果考虑是否应提出审计调整建议。

在存货计价审计中，如果企业对期末存货采用成本与可变现净值孰低的方法计价，则注册会计师应充分关注企业对存货可变现净值的确定。

（2）存货成本的计价测试。存货成本审计包括直接材料成本的审计、直接人工成本的审计和制造费用的审计。

①直接材料成本的审计。一般应从审阅材料和生产成本明细账入手，抽查有关的费用凭证，验证企业产品直接耗用材料的数量、计价和材料费用分配是否真实、合理。

②直接人工成本的审计。具体包括：抽查产品成本计算单，检查直接人工成本的计算是否正确；人工费用的分配标准与计算方法是否合理和适当，是否与人工费用分配汇总表中该产品分摊的直接人工费用相符；将本年度直接人工成本与前期进行比较，查明其异常波动的原因；分析比较本年度各个月份的人工费用发生额，如有异常波动，应查明原因；结合应付职工薪酬的检查，抽查人工费用会计记录及会计处理是否正确；对采用标准成本法的被审计单位，应抽查直接人工成本差异的计算、分配与会计处理是否正确，并查明直接人工的标准成本在本年度内有无重大变更。

③制造费用的审计。制造费用是企业为生产产品和提供劳务而发生的各项间接费用，即生产单位为组织和管理生产而发生的费用。制造费用的主要审计程序通常包括：获取或编制制造费用汇总表，并与明细账、总账核对相符，抽查制造费用中的重大数额项目及例外项目是否合理。

审阅制造费用明细账，检查其核算内容及范围是否正确，并应注意是否存在异常交易和事项；如有，则应追查至记账凭证和原始凭证，重点查明被审计单位有无将不应列入成本费用的支出计入制造费用；必要时，对制造费用实施截止测试，即检查资产负债表日前后若干天的制造费用明细账及其凭证，确定有无跨期入账的情况；检查制造费用的分配是否合理，重点查明制造费用的分配方法是否符合被审计单位自身的生产技术条件，分配率和分配额的计算是否正确，有无以人为估计数代替分配数的情况。

5. 存货截止测试

存货截止测试就是要检查截止至当年12月31日，所购入并已包括在12月31日存货盘点范围内的存货。

存货正确截止的关键在于存货实物纳入盘点范围的时间与存货的入账时间都处于同一会计期间。

按照存货正确截止的基本要求，若未将年终在途货物列入当年存货盘点范围，只要相应的负债亦同时记入次年账内，对审计报表的影响并不重要。存货年底截止测试的方法有两种：

(1) 抽查存货盘点日前后的购货发票与验收报告。档案中的每张发票均附有验收报告（或入库单），12 月底入账的发票如果附有 12 月 31 日或之前的验收报告或入库单，则货物肯定已经入库，并包括在本年的实地盘点存货范围内，如果验收报告日期为 1 月的日期，则货物不会列入年底实地盘点存货范围内；反之，如果仅有验收报告或入库单而并无购货发票，则应认真审核每一验收报告单上面是否加盖暂估入库印章，并以暂估价记入当年存货账内，待次年年初以红字冲销。

(2) 查阅验收部门的业务记录。凡接近年底购入的货物，必须查明其相应的购货发票是否在同期入账。在确定截止审计样本时，一般以截止日为界限，分别向前倒推或向后顺推若干日，按顺序选取较大金额购货业务发票或验收报告作审计样本。截止测试完成后，对于发现的截至错误，应提请被审计单位作必要的账务调整。

6. 确认存货在会计报表上的反映是否恰当

存货是资产负债表中流动资产项下的一个重要项目，注册会计师应审查其在资产负债表中的列报是否合规、正确。除此之外，还应就会计报表附注中所披露的存货计价与产品成本计算方法及其变更情况、变更原因与变更结果等进行审计，以查明这些披露事项的恰当性。

四、固定资产审计的实质性程序

（一）固定资产的审计目标

固定资产的审计目标一般包括：确定资产负债表中记录的固定资产是否存在；确定所有应记录的固定资产是否均已记录；确定记录的固定资产是否由被审计单位拥有或控制；确定固定资产以恰当的金额包括在财务报表中，与之相关的计价或分摊已恰当记录；确定固定资产原价、累计折旧和固定资产减值准备是否已按照企业会计准则的规定在财务报表中作出恰当列报。

（二）固定资产的账面余额的实质性程序

1. 获取或编制固定资产和累积折旧分类汇总表

获取或编制固定资产和累计折旧分类汇总表，检查固定资产的分类是否正确并与总账数和明细账合计数核对是否相符，结合累计折旧、减值准备科目与报表数核对是否相符。

固定资产和累计折旧分类汇总表又称一览表或综合分析表，是审计固定资产和累计折旧的重要工作底稿，其参考格式如表 9-5 所示。

固定资产和累计折旧分类汇总表包括固定资产与累计折旧两部分，应按照固定资产类别分别填列。需要解释的是“期初余额”栏，注册会计师对其审计应分三种情况：一是在连续审计情况下，应注意与上期审计工作底稿中的固定资产和累计折旧的期末余额审定数核对相符；二是在变更会计师事务所时，后任注册会计师应查阅前任注册会计师有关工

表9-5　固定资产和累计折旧分类汇总表

被审计单位：

编制人：　　日期：

复核人：　　日期：

固定资产类别	固定资产					累计折旧				
	期初余额	本期增加	本期减少	期末余额	折旧方法	折旧率	期初余额	本期增加	本期减少	期末余额
合计										

作底稿；三是如果被审计单位以往未经注册会计师审计，即在首次接受审计情况下，注册会计师应对期初余额进行较全面的审计。尤其是当被审计单位的固定资产数量多、价值高、占资产总额比重大时，最理想的方法是全面审计被审计单位设立以来延续至期初的“固定资产”和“累计折旧”科目中的所有重要的借贷记录。这样，既可核实期初余额的真实性，又可加深对被审计单位固定资产管理和会计核算工作的了解。

2. 对固定资产实施实质性分析程序

（1）基于对被审计单位及其环境的了解，通过进行以下比较，并考虑有关数据间关系的影响，建立有关数据的期望值：

①分类计算本期计提折旧额与固定资产原值的比率，并与上期比较。

②计算固定资产修理及维护费用占固定资产原值的比例，并进行本期各月、本期与以前各期的比较。

（2）确定可接受的差异额。

（3）将实际情况与期望值相比较，识别需要进一步调查的差异。

（4）如果其差额超过可接受的差异额，调查并获取充分的解释和恰当的佐证审计证据如检查相关的凭证。

（5）评估实质性分析程序的测试结果。

3. 实地检查重要固定资产

实地检查重要固定资产，确定其是否存在，关注是否存在已报废但仍未核销的固定资产。

实施实地检查审计程序时，注册会计师可以以固定资产明细分类账为起点，进行实地追查，以证明会计记录中所列固定资产确实存在，并了解其目前的使用状况；也应考虑以实地为起点，追查至固定资产明细分类账，以获取实际存在的固定资产均已入账的证据。

当然，注册会计师实地检查的重点是本期新增加的重要固定资产，有时，观察范围也会扩展到以前期间增加的重要固定资产。观察范围的确定需要依据被审计单位内部控制的强弱、固定资产的重要性和注册会计师的经验来判断。如为首次接受审计，则应适当扩大检查范围。

4. 检查固定资产的所有权或控制权

对各类固定资产，注册会计师应获取、搜集不同的证据以确定其是否确归被审计单位所有：对外购的机器设备等固定资产，通常经审核采购发票、采购合同等予以确定；对房地产类固定资产，尚需查阅有关的合同、产权证明、财产税单、抵押借款的还款凭据、保险单等书面文件；对融资租入的固定资产，应验证有关融资租赁合同，证实其并非经营租赁；对汽车等运输设备，应验证有关运营证件等；对受留置权限制的固定资产，通常还应审核被审计单位的有关负债项目等予以证实。

5. 检查本期固定资产的增加

被审计单位如果不正确核算固定资产的增加，将对资产负债表和利润表产生长期的影响。因此，审计固定资产的增加，是固定资产实质性程序中的重要内容。固定资产的增加有多种途径，审计中应注意以下几点：

（1）询问管理层当年固定资产的增加情况，并与获取或编制的固定资产明细表进行核对。

（2）检查本年度增加固定资产的计价是否正确，手续是否齐备，会计处理是否正确。

①对外购固定资产，通过核对采购合同、发票、保险单、发运凭证等资料，抽查测试其入账价值是否正确，授权批准手续是否齐备，会计处理是否正确；如果购买的是房屋建筑物，还应检查契税的会计处理是否正确；检查分期付款购买固定资产入账价值及会计处理是否正确。

②对在建工程转入的固定资产，应检查在建工程转入固定资产的时点是否符合会计准则的规定，入账价值与在建工程的相关记录是否核对相符，是否与竣工决算、验收和移交报告等一致；对已经达到预定可使用状态，但尚未办理竣工决算手续的固定资产，检查其是否已按估计价值入账，相关估价是否合理，并按规定计提折旧。

③对投资者投入的固定资产，检查投资者投入的固定资产是否按投资各方确认的价值入账，并检查确认价值是否公允，交接手续是否齐全；涉及国有资产的，检查是否有评估报告并经国有资产管理部门评审备案或核准确认。

④对更新改造增加的固定资产，检查通过更新改造而增加的固定资产，增加的原值是否符合资本化条件，是否真实，会计处理是否正确；重新确定的剩余折旧年限是否恰当。

⑤对融资租赁增加的固定资产，获取融资租入固定资产的相关证明文件，检查融资租赁合同的主要内容，并结合“长期应付款”“未确认融资费用”科目检查相关的会计处理是否正确。

⑥对企业合并、债务重组和非货币性资产交换增加的固定资产，检查产权过户手续是否齐备，检查固定资产入账价值及确认的损益和负债是否符合规定。

⑦如果被审计单位为外商投资企业，检查其采购国产设备退还增值税的会计处理是否正确。

⑧对通过其他途径增加的固定资产，应检查增加固定资产的原始凭证，核对其计价及会计处理是否正确，法律手续是否齐全。

（3）检查固定资产是否存在弃置费用，如果存在弃置费用，检查弃置费用的估计方法和弃置费用现值的计算是否合理，会计处理是否正确。

6. 检查本期固定资产的减少

固定资产的减少主要包括出售、向其他单位投资转出、向债权人抵债转出、报废、毁损、盘亏等。有的被审计单位在全面清查固定资产时，常常会出现固定资产账存实亡现象，这可能是由于固定资产管理或使用部门不了解报废固定资产与会计核算两者间的关系，擅自报废固定资产而未及时通知财务部门作相应的会计核算所致，这样势必造成财务报表反映失真。审计固定资产减少的主要目的就在于查明业已减少的固定资产是否已做适当的会计处理。其审计要点如下：

（1）结合固定资产清理科目，抽查固定资产账面转销额是否正确。

（2）检查出售、盘亏、转让、报废或毁损的固定资产是否经授权批准，会计处理是否正确。

（3）检查因修理、更新改造而停止使用的固定资产的会计处理是否正确。

（4）检查投资转出固定资产的会计处理是否正确。

（5）检查债务重组或非货币性资产交换转出固定资产的会计处理是否正确。

（6）检查转出的投资性房地产账面价值及会计处理是否正确。

（7）检查其他减少固定资产的会计处理是否正确。

7. 检查固定资产的后续支出

检查固定资产的后续支出，确定固定资产有关的后续支出是否满足资产确认条件；如不满足，该支出是否在该后续支出发生时计入当期损益。

8. 检查固定资产的租赁

企业在生产经营过程中，有时可能有闲置的固定资产供其他单位租用；有时由于生产经营的需要，又需租用固定资产。租赁一般分为经营租赁和融资租赁两种。

检查经营租赁时，应查明以下情况：

（1）固定资产的租赁是否签订了合同、租约，手续是否完备，合同内容是否符合国家规定，是否经相关管理部门的审批。

（2）租入的固定资产是否确属企业必需的，或出租的固定资产是否确属企业多余、闲置不用的，双方是否认真履行合同，其中是否存在不正当交易。

（3）租金收取是否签有合同，有无多收、少收现象。

（4）租入固定资产有无久占不用、浪费损坏的现象；租出的固定资产有无长期不收租金、无人过问的情况，是否有变相馈送、转让等情况。

（5）租入固定资产是否已登入备查簿。

（6）必要时，向出租人函证租赁合同及执行情况。

（7）租入固定资产改良支出的核算是否符合规定。

在审计融资租赁固定资产时，除可参照经营租赁固定资产检查要点以外，还应补充实施以下审计程序：

（1）复核租赁的折现率是否合理。

（2）检查租赁相关税费、保险费、维修费等费用的会计处理是否符合企业会计准则的规定。

（3）检查融资租入固定资产的折旧方法是否合理。

（4）检查租赁付款情况。

（5）检查租入固定资产的陈新程度。

（6）检查融资租入固定资产发生的固定资产后续支出，其会计处理是否遵循自有固定资产发生的后续支出的处理原则予以处理。

9. 获取暂时闲置固定资产的相关证明文件

获取暂时闲置固定资产的相关证明文件，并观察其实际状况，检查是否已按规定计提折旧，相关的会计处理是否正确。

10. 获取已提足折旧仍继续使用固定资产的相关证明文件

获取已提足折旧仍继续使用固定资产的相关证明文件，并作相应记录。

11. 获取持有待售固定资产的相关证明文件

获取持有待售固定资产的相关证明文件，并作相应记录。检查对其预计净残值调整是否正确、会计处理是否正确。

12. 检查固定资产保险情况

检查固定资产保险情况，复核保险范围是否足够。

13. 检查有无与关联方的固定资产购售活动

检查有无与关联方的固定资产购售活动，是否经适当授权，交易价格是否公允。对于合并范围内的购售活动，记录应予合并抵消的金额。

14. 检查借款费用情况

对应计入固定资产的借款费用，应根据企业会计准则的规定，结合长短期借款、应付债券或长期应付款的审计，检查借款费用（借款利息、折溢价摊销、汇兑差额、辅助费用）资本化的计算方法和资本化金额，以及会计处理是否正确。

15. 检查购置固定资产时的财务承诺

检查购置固定资产时是否存在与资本性支出有关的财务承诺。

16. 检查固定资产的抵押、担保情况

结合对银行借款等的检查，了解固定资产是否存在重大的抵押、担保情况；如存在，应取证，并作相应的记录，同时提请被审计单位作恰当披露。

17. 确定固定资产是否在财务报表中恰当列报

确定固定资产是否已按照企业会计准则的规定在财务报表中作出恰当列报。

（三）固定资产累计折旧的实质性程序

累计折旧的实质性程序通常包括以下六点：

第一，获取或编制累计折旧分类汇总表，复核加计是否正确，并与总账数和明细账合计数核对是否相符。

第二，检查被审计单位制定的折旧政策和方法是否符合相关会计准则的规定。确定其所采用的折旧方法能否在固定资产预计使用寿命内合理分摊其成本，前后期是否一致，预计使用寿命和预计净残值是否合理。

第三，复核本期折旧费用的计提和分配。

（1）了解被审计单位的折旧政策是否符合规定，计提折旧范围是否正确，确定的使用寿命、预计净残值和折旧方法是否合理；如采用加速折旧法，是否取得批准文件。

（2）检查被审计单位折旧政策前后期是否一致。

（3）复核本期折旧费用的计提是否正确。

①已计提部分减值准备的固定资产，计提的折旧是否正确。

②已全额计提减值准备的固定资产，是否已停止计提折旧。

③因更新改造而停止使用的固定资产是否已停止计提折旧，因大修理而停止使用的固定资产是否照提折旧。

④对按规定予以资本化的固定资产装修费用是否在两次装修期间与固定资产尚可使用年限这两者中较短的期间对资本化的固定资产单独计提折旧，并在下次装修时将该项固定资产装修余额一次全部计入了当期营业外支出。

⑤对融资租入的固定产发生的、按规定可予以资本化的固定资产装修费用，是否单独计提折旧。

⑥对采用经营租赁方式租入的固定资产发生的改良支出，是否在剩余租赁期与租赁资产尚可使用年限两者中较短的期间内，采用合理的方法单独计提折旧。

⑦未使用、不需用和闲置的固定资产是否按规定计提折旧。

⑧持有待售的固定资产折旧计提是否符合规定。

（4）检查折旧费用的分配是否合理，是否与上期一致；分配计入各项目的金额占本期全部折旧计提额的比例与上期比较是否有重大差异。

（5）固定资产增减变动时，有关折旧的会计处理是否符合规定，查明通过更新改造、接受捐赠或融资租入而增加的固定资产折旧费用计算是否正确。

第四，将“累计折旧”账户贷方的本期计提折旧额与相应的成本费用中的折旧费用明细账户的借方相比较，检查本期所计提折旧金额是否已全部摊入本期产品成本或费用。若存在差异，应追查原因，并考虑是否应建议作适当调整。

第五，检查累计折旧的减少是否合理、会计处理是否正确。

第六，确定累计折旧的披露是否恰当。

（四）固定资产减值准备的实质性程序

固定资产减值准备的实质性程序一般包括以下八点：

（1）获取或编制固定资产减值准备明细表，复核加计是否正确，并与总账数和明细账合计数核对是否相符。

（2）检查被审计单位计提固定资产减值准备的依据是否充分，会计处理是否正确。

（3）获取闲置资产的清单，并观察其实际状况，识别是否存在减值现象。

（4）检查资产组的认定是否恰当，计提固定资产减值准备的依据是否充分，会计处理是否正确。

（5）计算本期末固定资产减值准备占期末固定资产原值的比率，并与期初该比率比较，分析固定资产的质量状况。

（6）检查被审计单位处置固定资产时原计提的减值准备是否同时结转，会计处理是否正确。

（7）检查是否存在转回固定资产减值准备的情况。按照企业会计准则的规定，固定资产减值损失一经确认，在以后会计期间不得转回。

（8）确定固定资产减值准备的披露是否恰当。

课后练习

一、单项选择题

1. 在付款环节，下列控制活动中，不正确的是（　　）。

A. 支票的签署应由被授权的财务部门人员负责

B. 被授权签署支票的人员应确定每张支票都附有一张已经适当批准的未付款凭单，并确定支票收款人姓名和金额与凭单内容一致

C. 支票一经签署就应在其凭单和支持性凭证上用加盖印戳或者打洞等方式将其注销，以免漏付款

D. 只有被授权的人员才能接近未使用的空白支票

2. 注册会计师在审查ABC公司2020年度财务报表的“应付账款”项目时，发现“应付账款”科目中包含本期估价入库的采购商品300万元，经审核，未附有供应商名称、商品品种、数量及金额计算等凭证。审计人员应采取的措施是（　　）。

A. 认可被审计单位的处理　　B. 取得估价入库的详细资料

C. 作为虚假事项处理　　D. 不必过问

3. 丙公司在采购与付款循环中实施的下列各种控制措施中，与负债“完整性”认定关系最密切的是（　　）。

A. 会计主管监督为采购交易而编制的记账凭证中账户分类的适当性

B. 验收单均经事先连续编号并确保已验收的采购交易登记入账

C. 验收单、供应商发票上的日期与采购明细账中的日期核对一致

D. 独立检查应付账款总账金额与采购明细账中的日期单档案中的总金额的一致性

4. 下列审计程序中，注册会计师最有可能获取固定资产存在的审计证据的是(　　)。

A. 观察经营活动，并将固定资产本期余额与上期余额进行比较

B. 询问被审计单位的管理层和生产部门

C. 以检查固定资产实物为起点，检查固定资产明细账和相关凭证

D. 以检查固定资产明细账为起点，检查固定资产实物和相关凭证

5. 采购与付款环节的下列单据中，可能不需要连续编号的是（　）。

A. 请购单　　B. 订购单　　C. 验收单　　D. 入库单

二、多项选择题

1. 应付账款明细表由被审计单位编制时，注册会计师应采取的行为有（　　）。

A. 审核其计算的准确性

B. 核对该明细表与应付账款总账是否相符

C. 审查明细表上应付账款分类准确性

D. 直接作为审计工作底稿

2. 注册会计师在检查ABC公司2020年度财务报表的“应付账款”项目时，应核实其“应付账款”项目是否按照（　　）科目所属明细科目的期末贷方余额的合计数填列。

A. “应付账款”　　B. “应收账款”　　C. “预付账款”　　D. “预收账款”

3. 注册会计师在检查被审计单位固定资产折旧时，应注意计提的折旧范围不应包括（　　）。

A. 已提足折旧继续使用的固定资产　　B. 因改良停用的固定资产

C. 已全额计提减值准备的固定资产　　D. 未使用的、不需用的固定资产

4. 注册会计师向被审计单位生产负责人询问的下列事项中，可能难以获取审计证据的有（　　）。

A. 固定资产的抵押情况　　B. 固定资产的报废或毁损情况

C. 固定资产的投保及其变动情况　　D. 固定资产折旧的计提情况

5. 下列内部控制制度中，能够防止或者发现采购与付款环节发生错误或者舞弊的有（　　）。

A. 被审计单位应建立采购与付款交易的岗位责任制，明确相关部门和岗位的职责、权限，确保办理采购与付款交易的不相容岗位相互分离、制约和监督

B. 采购部门在收到请购单后，对所有的请购单及时发出订购单，该订购单应预先顺序编号并经过被授权的采购人员签名

C. 收到采购发票后，应立即送采购部门与订货单、验收单核对相符

D. 采用总价法记录现金折扣，并严格复核是否发生折扣损失

三、判断题

1. 内部控制良好的企业，在收到商品时应由负责验收的人员将商品同订单仔细核对后编制验收单。（　　）

2. 注册会计师对固定资产进行实地检查时，可以以固定资产明细账为起点，重点检查本期新增加的重要固定资产。（　　）

3. 检查固定资产减少业务的主要目的在于检查因不同原因而减少的固定资产的会计处理是否符合有关规定，相关的数额计算是否正确。（　　）

4. 在一般情况下，注册会计师实地检查固定资产的重点是以前年度增加的固定资产。（　　）

5. 如果某一应付账款明细科目期末余额为零，注册会计师就不需要将其列为函证对象。（　　）

四、案例分析题

ABC会计师事务所的注册会计师M负责审计甲公司2020年度财务报表，审计工作底稿中与负债审计相关的部分内容摘录如下：

（1）甲公司各部门使用的请购单未连续编号，请购单由部门经理批准，超过一定金额的还需总经理批准，注册会计师M认为该项控制设计有效，实施了控制测试，结果满意。

（2）为查找未入账的应付账款，注册会计师M检查了资产负债表日后应付账款明细账贷方发生额的相关凭证，并结合存货监盘程序，检查了甲公司资产负债日前后的存货入库资料，结果满意。

（3）由于2021年人员工资和维修材料价格连续上涨，甲公司实际发生的产品质量保证支出与以前年度预计数相差较大，注册会计师M要求管理层就该差异进行追溯调整。

（4）甲公司有一笔账龄在3年以上、金额重大的其他应付款，因2020年度未发生变

动，注册会计师 M 未实施进一步审计程序。

要求：针对上述（1）～（4）项，逐项指出注册会计师 M 的做法是否恰当；如不恰当，请简要说明理由。

案例实训

案例一

审计人员审查应付账款期末余额变动合理性时，可采用的分析方法有哪些？

分析提示：将本期各主要应付账款账户余额与上期余额进行比较，计算并对比分析应付账款占当年流动负债的比率，计算并对比分析应付账款占采购金额的比率。

案例二

背景：某审计人员接受指派，对某被审计单位进行年度财务审计，假定：①该审计人员目前正在对应付账款项目的审计编制计划。②上年度工作底稿显示共寄发 100 封询证函，对该客户的 1 000 家供货商进行抽样函证，样本从余额较大的各明细账中抽取。为了证明函证结果与被审计单位会计记录间的较小差异，审计人员和被审计单位均花费较多时间。

对于未回复的供货商，均运用其他审计程序进行了审计，没有发生异议。

问题：

（1）说明该审计人员在制定将予实施的审计程序时，应考虑哪些审计目的？

（2）说明该审计人员应否使用函证，如应使用函证，列举使用函证的各种情况？

（3）说明上年度进行函证时，选取有较大年末余额的供货商进行函证为何不一定是最有效的方法？本年度在选样函证应付账款时，该审计人员宜采用何种更有效的程序？

分析提示：

（1）该审计人员已对应付账款项目编制计划，在制定审计程序时，应考虑以下审计目的：

①确定相关的内部控制是否完善有效。

②证明资产负债表上所列负债是否和账册所载相符，并代表已经发生的所有交易。

③确定应付账款的负债是否完整，以保证一切现有债务均经记载。

④查明所有应付账款是否适当评价，并特别注意低计的可能性。

⑤确定资产负债表的表达是否适当。

（2）在主要的供货商并未提供月结单或定期对账单，或虽有这类账单但是委托人员未曾用于调节应付账款账户时，或在应付账款内部控制不甚健全时，该审计人员应使用函证程序。

（3）函证应付账款的目的在于揭示未入账的负债，函证具有巨额结欠数字的账户不一定能达到上述目标。审计人员宜邮寄询证函给予委托人有实际交往或往来频繁的债权人（不论决算日有无余额）。此外，亦宜寄给关系人（供货商）及具有非常交易的供货商——或许都是未曾入账的应付款的可能来源。

案例三

背景：某审计组长让两位审计人员审查应付账款，这两位审计人员查阅了所有应付账款的会计记录，并向被审计单位索取了有关应付账款的无漏记债务说明书，进而作出如下结论：被审计单位的应付账款已全部入账，且入账应付账款均存在。

问题：

（1）上述结论是否正确？

（2）审计组长应让两位审计人员补充执行哪些审计程序？

分析提示：

（1）上述结论中被审计单位的应付账款已全部入账的结论不正确。因为审计人员对此除了索取有关应付账款的无漏记债务说明书外，未采取任何其他审计程序，而被审计单位的无漏记债务说明书是出自被审计单位的承诺书，是内部证据，证明力较弱，不能替代、减轻审计人员的审计责任，审计人员不能因此而减少相应的审计查证。

（2）审计组长应让两位审计人员补充执行的审计程序包括：①审阅结账日之前签发的验收单，追查到应付账款明细账，检查是否有货物已收，而负债未入账的应付账款。②检查被审计单位决算日后收到的购货发票，确定这些发票记录的负债是否应计入所审计的会计期间。③检查被审计单位决算日后应付账款明细账贷方发生额的相应凭证，确定其入账时间是否正确。④其他程序，如询问被审计单位会计和采购人员等。

案例四

背景：B注册会计师接受委托，对常年审计客户丙公司2015年度财务报表进行审计。丙公司为玻璃制造企业，存货主要有玻璃、煤炭和烧碱，其中少量玻璃存放于外地公用仓库。另有丁公司部分水泥存放于丙公司的仓库。丙公司拟于2020年12月29日至12月31日盘点存货。以下是B注册会计师撰写的存货监盘计划的部分内容。

1. 存货监盘的目标

检查丙公司2020年12月31日存货数量是否真实完整。

2. 存货监盘的范围

2020年12月31日库存的所有存货，包括玻璃、煤炭、烧碱和水泥。

3. 监盘时间

存货的观察与检查时间均为2020年12月31日。

4. 存货监盘的主要程序

（1）与管理层讨论存货监盘计划。

（2）观察丙公司盘点人员是否按照盘点计划盘点。

（3）检查相关凭证以证实盘点截至日前所有已确认为销售但尚未装运出库的存货均已纳入盘点范围。

（4）对于存放在外地公用仓库的玻璃，主要实施检查货运文件、出库记录等替代程序。

问题：

(1) 请指出存货监盘计划中的目标、范围和时间存在的错误，并简要说明理由。

(2) 请判断存货计划中列示的主要程序是否适当，若不恰当，请予以修正。

分析提示：

(1) 三处错误：

错误之一：目标错误，存货监盘的目标不恰当，监盘目标应为获取有关存货数量和状况的审计证据。

错误之二：范围错误，丁公司的水泥所有权不属于丙公司，不应纳入监盘范围。

错误之三：时间错误，存货的观察与检查时间应与盘点时间相协调，应为12月29日至12月31日。

(2) 程序 (1) 不恰当。修改为：复核或与管理层讨论存货盘点计划。

程序 (2) 恰当。

程序 (3) 不恰当。修改为：检查相关凭证以证实盘点截至日前所有已确认为销售但尚未装运出库的存货均未纳入盘点范围。

程序 (4) 不恰当。修改为：对于存放在外地公用仓库的玻璃，应实施函证或利用其他替代程序。

案例五

背景：审计人员在对某公司2015年12月31日的固定资产进行清点时，发现如表9－6所示的情况。

表9－6　　某公司固定资产清点情况一览表

固定资产名称	固定资产明细账	固定资产卡片	实存价值	每台单价
甲	80 000	80 000	78 000	2 000
乙	70 000	70 000	80 000	10 000
丙	100 000	90 000	100 000	10 000
丁	29 500	28 000	28 000	500

问题：根据上述清点的情况，分析可能存在的问题，并提出审计意见。

分析提示：

其一，甲种设备账卡相符，实物短缺1台，有可能是该设备已报废处理，但是账卡未注销，查明后应注销账卡；也可能因保管不善，设备被盗，查明后要追究保管者的责任；也可能是设备出租，但没有记入“出租固定资产”科目，应补记。

其二，乙种设备账卡相符，实物多出1台，有可能是该设备已报废处理，账卡已注销，但实物仍在使用；也可能是购进时未作固定资产入账而作低值易耗品入账，但盘点时作为固定资产，查明后，应对照其价值和使用年限，确认其符合标准，则补记入固定资产明细账和卡片账，若不符合标准，则不作盘盈，不记入固定资产账簿；也有可能是将租入固定资产误作为盘盈，查明后应将设备在备查簿上登记。

其三，丙种设备明细账与实物相符，但卡片少1台，有可能是购进时，有1台没有在卡片上登记，查明后要补记卡片。

其四，丁种设备卡片和实物相符，但固定资产明细账多出3台，有可能是该3台设备已出售，但明细账没有注销，查明后应予以注销。

第十章
货币资金审计

学习目标

货币资金审计是针对企业的货币资金项目展开控制测试和实质性程序。通过本章学习，要求学生了解货币资金与各类交易循环的关系；熟悉货币资金内部控制的特点；理解库存现金和银行存款的审计目标；掌握库存现金和银行存款的实质性程序。

案例引入

达美公司货币资金审计案

诚信会计师事务所受托审计达美股份有限公司2010年度的会计报表。达美股份有限公司是一家上市较早的商业类公司，公司主营为零售业务，同时有一部分房地产开发业务，并与某网站合作，开展网上售货业务。公司对零售业务部分采用售价金额核算法，毛利率的计算结转采用分类毛利率法，定期对库存商品进行盘点，有一套相对严密的内部管理制度。公司自上市后业绩一直较为平稳，股价波动不大。

审计人员在对该公司货币资金的内部控制采用“调查表法”“检查凭证法”和“实地考察法”进行符合性测试的基础上，发现该公司货币资金的内部控制存在一定的漏洞，主要表现在以下三个方面：

（1）财务部稽核人员对收款台的现金盘点坚持不够好，未能经常进行不定期盘点。

（2）通过查看支票登记本发现，领用的票据号码不连续，存在领用支票不登记的现象。

（3）对现金和银行存款的支付基本能坚持审批制度，但在审批的职责权限划分上不够明确，从抽查的支付凭证来看，经常出现对相同业务的审批有时是财务经理的签字，有时是业务经理的签字，控制不够严格。

在发现了上述问题之后，审计人员确认该公司的内部控制属于中信赖程度，因此，适当地扩大了对达美股份有限公司货币资金进行实质性测试的范围。如采取盘存法对现金进行了突击性盘点；采取抽查法对现金日记账和银行存款日记账进行了抽查；采取审阅法、调节法和函证法对银行存款的真实性和合法性进行了审查。

经过审计人员对上述内容进行认真的检查、仔细的核对，针对审计过程中发现的达美股份有限公司“服装柜组发生短款次数频繁”“私设小金库”“出租出借银行账号”“因购货单位支付空头支票而未及时调账”“短期贷款未入账”“达美劳动服务公司明显存在开阴阳发票”和“短期投资记账错误”等问题与达美股份有限公司进行了交换，并提出了调整的建议。

第一节　货币资金审计的特点

企业资金营运过程，从资金流入企业形成货币资金开始，到通过销售收回货币资金、成本补偿确定利润、部分资金流出企业为止。企业资金的不断循环，构成企业的资金周转。货币资金的增减变动与企业的日常经营活动密切相关，且涉及多个业务循环。

货币资金业务涉及的凭证和会计记录主要有：①现金盘点表。②银行对账单。③银行存款余额调节表。④有关科目的记账凭证。⑤现金日记账和银行存款日记账。

第二节　货币资金内部控制和控制测试

一、货币资金内部控制

由于货币资金是企业流动性最强，控制风险最高的资产，是企业生存与发展的基础。因此，企业必须加强对货币资金的管理和控制，建立健全货币资金内部控制，以确保：全部应收进的货币资金均能收进，并及时正确地予以记录；不应该支出的货币资金都能够及时予以制止，并排除在企业核算范围之外；已发生的货币资金支出是按照经批准的用途进行的，并及时正确地予以记录；库存现金、银行存款报告正确，并得以恰当保管；正确预测企业正常经营所需的货币资金收支额，确保企业有充足又不过剩的货币资金余额。

根据财政部于2001年6月22日发布的《内部会计控制规范——货币资金（试行）》，货币资金的内部控制包括以下内容。

（一）岗位分工及授权批准

（1）单位应当建立币资金业务的岗位责任制，明确相关部门和岗位的职责权限，确保办理货币资金业务的不相容岗位相互分离、制约和监督。出纳人员不得兼任稽核、会计档案保管和收入、支出、费用、债权债务账目的登记工作。单位不得由一人办理货币资金业务的全过程。

（2）单位应当对货币资金业务建立严格的授权批准制度，明确审批人对货币资金业务的授权批准方式、权限、程序、责任和相关控制措施，规定经办人办理货币资金业务的职责范围和工作要求。审批人应当根据货币资金授权批准制度的规定，在授权范围内进行审批，不得超越审批权限。经办人应当在职责范围内，按照审批人的批准意见办理货币资金业务。对于审批人超越授权范围审批的货币资金业务，经办人员有权拒绝办理，并及时向审批人的上级授权部门报告。

（3）单位应当按照规定的程序办理货币资金支付业务。

①支付申请。单位有关部门或个人用款时，应当提前向审批人提交货币资金支付申请，注明款项的用途、金额、预算、支付方式等内容，并附有效经济合同或相关证明。

②支付审批。审批人根据其职责、权限和相应程序对支付申请进行审批。对不符合规定的货币资金支付申请，审批人应当拒绝批准。

③支付复核。复核人应当对批准后的货币资金支付申请进行复核，复核货币资金支付申请的批准范围、权限、程序是否正确，手续及相关单证是否齐备，金额计算是否准确。支付方式、支付单位是否妥当等。复核无误后，交由出纳人员办理支付手续。

④办理支付。出纳人员应当根据复核无误的支付申请，按规定办理货币资金支付手续，及时登记现金和银行存款日记账。

（4）单位对重要货币资金支付业务，应当实行集体决策和审批，并建立责任追究制度，防范贪污、侵占、挪用货币资金等行为。

（5）严禁未经授权的机构或人员办理货币资金业务或直接接触货币资金。

（二）现金和银行存款的管理

（1）单位应当加强现金库存限额的管理，超过库存限额的现金应及时存入银行。

（2）单位必须结合本单位的实际情况，确定本单位现金的开支范围。不属于现金开支范围的业务应当通过银行办理转账结算。

（3）单位现金收入应当及时存入银行，不得用于直接支付单位自身的支出。因特殊情况需坐支现金的，应事先报经开户银行审查批准。单位借出款项必须执行严格的授权批准程序，严禁擅自挪用、借出货币资金。

（4）单位取得的货币资金收入必须及时入账，不得私设“小金库”，不得账外设账，严禁收款不入账。

（5）单位应当严格按照《支付结算办法》等国家有关规定，加强银行账户的管理，严格按照规定开立账户，办理存款、取款和结算。单位应当定期检查、清理银行账户的开立及使用情况，发现问题，及时处理。同时，单位应当加强对银行结算凭证的填制、传递及保管等环节的管理与控制。

（6）单位应当严格遵守银行结算纪律，不准签发没有资金保证的票据或远期支票，套取银行信用；不准签发、取得和转让没有真实交易和债权债务的票据，套取银行和他人资金；不准无理拒绝付款，任意占用他人资金；不准违反规定开立和使用银行账户。

（7）单位应当指定专人定期核对银行账户，每月至少核对一次，编制银行存款余额调节表，使银行存款账面余额与银行对账单调节相符。如调节不符，应查明原因，及时处理。

（8）单位应当定期和不定期地进行现金盘点，确保现金账面余额与实际库存相符。发现不符，及时查明原因，作出处理。

（三）票据及有关印章的管理

（1）单位应当加强与货币资金相关的票据的管理，明确各种票据的购买、保管、领用、背书转让、注销等环节的职责权限和程序，并专设登记簿进行记录，防止空白票据的遗失和被盗用。

（2）单位应当加强银行预留印鉴的管理。财务专用章应由专人保管，个人签名章必须由本人或其授权人员保管。严禁一人保管支付款项所需的全部印章。

（3）按规定需要有关负责人签字或盖章的经济业务，必须严格履行签字或盖章手续。

（四）监督检查

单位应当建立对货币资金业务的监督检查制度，明确监督检查机构或人员的职责权限，定期和不定期地进行检查。

货币资金监督检查的内容主要包括以下几点：

（1）检查是否存在货币资金业务不相容职务混岗的现象。

（2）检查货币资金支出的授权批准手续是否健全，是否存在越权审批行为。

（3）检查是否存在办理付款业务所需的全部印章交由一人保管的现象。

（4）检查票据的购买、领用、保管手续是否健全，票据保管是否存在漏洞。

对监督检查过程中发现的货币资金内部控制中的薄弱环节，应当及时采取措施，加以纠正和完善。

二、货币资金控制测试

（一）了解货币资金内部控制

注册会计师可以根据实际情况采用不同的方法实现对货币资金内部控制的了解。一般而言，对货币资金内部控制制度的了解可以采用以下三种方法：

（1）编写内部控制书面说明。将调查所得用文字逐条说明。

（2）编制内部控制调查表。将内部控制中每一项内容用表格列示出来，逐条说明其执行情况。如“现金出纳和现金账是否规定分别管理”“现金支票与支票印鉴是否规定分别保管”“支付现金是否有规定审批手续”等。

（3）编制内部控制流程图。将货币资金的业务处理程序用图解形式表达出来，可以通过流程图。注册会计师在编制之前应通过询问、观察等调查手段收集必要的资料，然后根据所了解的情况采用一定符号，将业务处理程序和凭证进行联结，并用简要的文字说明将内部控制制度表达出来。该方法的主要优点是形式简明，便于找出薄弱环节，也便于评审，因此采用较广泛。但绘制流程图需要一定技术，有一定难度，所以评价时通常要与上述两种方法相互结合。

若年度审计工作底稿中已有以前年度的调查表或流程图，注册会计师可根据调查结果加以修正，以供本年度审计之用。一般地，了解货币资金内部控制时，注册会计师应当注意检查货币资金内部控制是否建立并严格执行。

（二）初步评价货币资金内部控制

对货币资金内部控制所涉及的控制风险进行初步的评价，其目的在于确定注册会计师是否应该依赖内部控制。如果准备依赖，则应对内部控制进行符合性测试；否则，直接进行实质性测试。注册会计师对货币资金内部控制进行初步评价时，重点应了解：①款项的收支是否按规定的程序和权限办理。②是否存在与本单位经营无关的款项收支情况。③是否存在出租、出借银行账户的情况。④出纳与会计的职责、岗位是否严格分离。⑤现金是否妥善保管。⑥是否定期进行盘点、核对等。

（三）测试货币资金的内部控制

测试货币资金的内部控制一般包括以下内容。

（1）抽取并检查收、付款凭证。为测试货币资金收、付款的内部控制，注册会计师应按货币资金的收、付款凭证分类，选取适当的样本量，作如下检查。如表 10－1 所示。

表 10－1

收款凭证的检查	付款凭证的检查
1. 核对收款凭证与存入银行账户的日期和金额是否相符	1. 检查付款的授权批准手续是否符合规定
2. 核对货币资金银行存款日记账的收入金额是否正确	2. 核对货币资金、银行存款日记账的付出金额是否正确
3. 核对收款凭证与银行对账单是否相符	3. 核对付款凭证与银行对账单是否相符
4. 核对收款凭证与应收账款等相关明细账的有关记录是否相符	4. 核对付款凭证与应付账款等相关明细账的记录是否一致
5. 核对实收金额与销货发票等相关凭据是否一致等	5. 核对实付金额与购货发票等相关凭据是否相符等

（2）检查一定期间的现金、银行存款日记账及相关账户的记录。现金、银行存款日记账审查的范围和广度视具体情况而定，但注册会计师至少应从以下几个方面检查现金、银行存款的日记账：

①根据日期、凭证号栏的记载，查明是否以记账凭证为依据逐笔序时登记并结出余额，有无前后日期和凭证号前后顺序颠倒的情况。

②根据摘要栏、金额栏和对方科目栏的记载，判断经济业务的会计处理、会计科目的使用是否恰当。

③根据结存余额栏的记录，查明是否有异常红字及其原因。

④检查其有无计算错误，加总是否正确无误。

⑤根据日记账提供的线索，核对总账中的现金、银行存款、应收账款、应付账款等有关账户的记录，看其是否相符。

如果检查中发现问题较多，说明被审计单位货币资金的会计记录不够可靠。

（3）抽取一定期间的银行存款余额调节表，查验被审计单位是否按月正确编制并经复核。为了证实银行存款记录的正确性，注册会计师必须抽取一定期间的银行存款余额调节表，将其同银行对账单、日记账、总账进行核对，确定被审计单位是否按月正确编制并复核银行存款余额调节表。

（4）检查外币资金的折算方法是否符合有关规定，是否与上年度一致。对于有外币货币的被审计单位，注册会计师应检查外币货币资金有关的日记账及“财务费用”“在建工程”等科目的记录，确定企业有关外币货币资金的增减变动是否采用交易发生日的即期汇率将外币金额折算为记账本位币金额，或者采用按照系统合理的方法确定的、与交易发生日即期汇率近似的汇率折合为记账本位币，选择采用汇率的方法前后各期是否一致；检查企业的外币货币资金的余额是否采用期末即期汇率折合为记账本位币金额；折算差额的会计处理是否正确。

（四）评价货币资金内部控制制度

注册会计师在完成上述程序之后，即可对货币资金的内部控制进行评价。主要应从三个方面评价：一是评价内部控制制度的弱点，要把薄弱环节作为控制的重点；二是评价内部控制制度的合理性，考虑现有内部控制制度的效果，有否影响工作效率；三是评价内部控制制度的有效性，考虑贯彻得是否有力。

总的来说，评价时，注册会计师应首先确定货币资金内部控制可信赖的程度以及存在的薄弱环节和缺点，然后据以确定在货币资金实质性程序中对哪些环节可以适当减少审计程序，哪些环节应增加审计程序，作重点检查，以减少审计风险。

第三节　货币资金审计实质性程序

一、库存现金实质性程序

（一）库存现金的审计目标

企业的库存现金包括人民币现金和外币现金。现金是企业流动性最强的资产，尽管其在企业资产总额中所占有的比重不大，但由于企业发生的舞弊事件大都与现金有关，因此，现金审计非常重要。

库存现金的审计目标主要包括：①有关现金的内部控制制度是否存在和有效。②现金收支业务是否完整地入账，有无遗漏。③记录在账的现金是否确实存在，有无挪用现象，是否属于被审计单位所有。④现金的会计记录是否正确无误。⑤有关现金的计价，如外币汇兑损益的计算等是否正确，有无虚增或虚减现金的可能。⑥现金收支业务的发生是否符合有关法律、法规的规定。⑦财务报表对现金余额的反映是否恰当等。审计目标与管理层认定如表10－2所示。

表 10－2　　审计目标与管理层认定

审计目标	财务报表认定				
	存在	完整性	权利和义务	计价和分摊	列报
1. 资产负债表中的“货币资金”项目中的库存现金在资产负债表日是存在的	√				
2. 所有应当记录的现金收支业务均已记录完毕		√			
3. 记录的库存现金由被审计单位拥有或者控制			√		
4. 库存现金以恰当的金额包括在财务报表的“货币资金”项目中，与之相关的计价调整已恰当记录				√	
5. 库存现金已按照《企业会计准则》的规定在财务报表中作出恰当的列报					√

（二）现金的实质性测试

现金的实质性程序一般包括以下几种：

（1）核对现金日记账与总账的余额是否相符。注册会计师测试现金余额的起点，是核对现金日记账与总账的余额是否相符。如果不相符，应查明原因，并作出适当调整。

（2）实施分析程序。注册会计师应比较现金余额的本期实际数与预算数以及上年度账户余额的差异变动，还要比较有关项目的一些比率（如流动比率、速动比率、现金周转率等）的变动情况。对本期数字与上期实际数或本期预算数的异常差异或显著波动必须进一步追查原因，确定审计重点。

（3）盘点库存现金。通常包括对已收到但未存入银行的现金、零用金、找换金等的盘点。盘点库存现金的时间和人员应视被审计单位的具体情况而定，但必须有出纳员和被审计单位会计主管人员参加，并由注册会计师进行监盘。盘点和监盘库存现金的步骤和方法主要有以下几点：

①制定库存现金盘点程序，实施突击性的检查，时间最好选择在上午上班前或下午下班后进行，盘点的范围一般包括企业各部门经管的现金。在进行现金盘点前，应由出纳员将现金集中起来存入保险柜。必要时可加以封存，然后由出纳员把已办妥现金支付手续的收付款凭证登入库存现金日记账。企业库存现金存放部门有两处或两处以上的，应同时进行盘点。

②审阅库存现金日记账并同时与现金收付凭证相核对。一方面，检查日记账的记录与凭证的内容和金额是否相符，另一方面，了解凭证日期与日记账日期是否相符或接近。

③由出纳员根据库存现金日记账加计累计数额，结出现金结余额。

④盘点保险柜的现金实存数，同时编制“库存现金盘点表”，分币种、面值列示盘点金额。

⑤资产负债表日后进行盘点时，应调整至资产负债表日的金额。

⑥将盘点金额与库存现金日记账余额进行核对，如有差异，应查明原因，并作出记录或适当调整。

⑦若有冲抵库存现金的借条、未提现支票、未作报销的原始凭证，应在“库存现金

盘点表”中注明或作出必要的调整。

（4）检查现金收支的正确截止日期。被审计单位资产负债表的货币资金项目中的库存现金数额，应以结账日实有数额为准。因此，注册会计师必须验证现金收支的截止日期。通常，注册会计师可考虑对结账日前后一段时期内现金收支凭证进行审计，以确定是否存在跨期事项，是否应考虑提出调整建议。

（5）检查外币现金的折算是否正确。对于有外币现金收支业务的被审计单位，注册会计师应审查被审计单位对外币现金的收支是否按规定的汇率折合为记账本位币金额，外币现金的期末余额是否按期末市场汇率折合为记账本位币；外币折合额是否按规定记入有关账户；折算及处理是否与上年度一致。

（6）检查库存现金是否在资产负债表上恰当披露。根据有关规定，库存现金在资产负债表的“货币资金”项目中反映，注册会计师应在实施上述审计程序后，确定库存现金账户的期末余额是否恰当，进而确定库存现金是否在资产负债表上恰当披露。

二、银行存款的实质性程序

（一）银行存款的审计目标

银行存款是指企业存放在银行或其他金融机构的各种款项。按照国家有关规定，凡是独立核算的企业都必须在当地银行开设账户。企业在银行开设账户以后，除按核定的限额保留库存现金外，超过限额的现金必须存入银行；除了在规定的范围内可以用现金直接支付的款项外，在经营过程中所发生的一切货币收支业务，都必须通过银行存款账户进行结算。

银行存款的审计目标主要包括：①确定被审计单位资产负债表中的银行存款在资产负债表日是否确实存在，是否为被审计单位所拥有。②确定被审计单位在特定期间内发生的银行存款收支业务是否均已记录完毕，有无遗漏。③确定银行存款的余额是否正确。④确定银行存款在财务报表上的披露是否恰当。

审计目标与管理层认定如表10－3所示。

表10－3 审计目标与管理层认定

审计目标	财务报表认定				
	存在	完整性	权利和义务	计价和分摊	列报
1. 资产负债表中的“货币资金”项目中的银行存款在资产负债表日是存在的	√				
2. 所有应当记录的银行存款收支业务均已记录完毕		√			
3. 记录的银行存款由被审计单位拥有或者控制			√		
4. 银行存款以恰当的金额包括在财务报表的“货币资金”项目中，与之相关的计价调整已恰当记录				√	
5. 银行存款已按照《企业会计准则》的规定在财务报表中作出恰当的列报					√

（二）银行存款的实质性程序

银行存款的实质性程序一般包括以下几种：

（1）银行存款日记账与总账的余额是否相符。注册会计师测试银行存款余额的起点，是核对银行存款日记账与总账的余额是否相符。如果不相符，应查明原因，并考虑是否应建议作出适当调整。

（2）实施分析程序。计算定期存款占银行存款的比例，了解被审计单位是否存在高息资金拆借。如存在高息资金拆借，应进一步分析拆出资金的安全性，检查高额利差的入账情况；计算存放于非银行金融机构的存款占银行存款的比例，分析这些资金的安全性。

（3）取得并检查银行存款余额调节表。检查银行存款余额调节表是证实资产负债表中所列银行存款是否存在的重要程序。银行存款余额调节表通常应由被审计单位根据不同的银行账户及货币种类分别编制。取得银行存款余额调节表后，注册会计师应检查调节表中未达账项的真实性，以及资产负债表日后的进账情况，如果查明存在应于资产负债表日之前进账的，应作出记录并提出适当的调整建议。其程序一般包括以下几个方面：

①验算调节表的数字计算。

②对于金额较大的未提现支票、可提现的未提现支票以及注册会计师认为重要的未提现支票，列示未提现支票清单，注明开票日期和收票人姓名或单位。

③追查截止日期银行对账单上的在途存款，并在银行账户调节表上注明存款日期。

④检查截止日期仍未提现的大额支票和其他已签发 1 个月以上的未提现支票。

⑤追查截止日期银行对账单已收、企业未收的款项性质及款项来源。

⑥核对银行存款总账余额、银行对账单加总金额。

（4）函证银行存款余额。银行存款函证是指注册会计师在执行审计业务过程中，需要以被审计单位名义向有关单位发函询证，以验证被审计单位的银行存款是否真实、合理、完整。按照国际惯例，财政部和中国人民银行于 1999 年 1 月 6 日联合印发了《关于做好企业的银行存款、借款及往来款项函证工作的通知》（以下简称《通知》）。《通知》对函证工作提出了明确的要求，并规定：各商业银行、政策性银行、非银行金融机构要在收到询证函之日起 10 个工作日内，根据函证的具体要求，及时回函并可按照国家的有关规定收取询证费用；各有关企业或单位根据函证的具体要求回函。

函证银行存款余额是证实资产负债表所列银行存款是否存在的重要程序。通过向往来银行函证，注册会计师不仅可了解企业资产的存在，还可了解企业账面反映所欠银行债务的情况，并有助于发现企业未入账的银行借款和未披露的或有负债。

注册会计师应向被审计单位在本年存过款（含外埠存款、银行汇票存款、银行本票存款、信用卡存款、信用证保证金存款）的所有银行发函，其中包括企业存款账户已结清的银行，因为有可能存款账户已结清，但仍有银行借款或其他负债存在。并且，虽然注册会计师已直接从某一银行取得了银行对账单和所有已付支票，但仍应向这一银行进行函证。

（5）检查银行存单。编制银行存单检查表，检查是否与账面记录金额一致，是否被质押或限制使用，存单是否为被审计单位拥有。

①对已质押的定期存款，应检查定期存单，并与相应的质押合同核对，同时关注定期

存单对应的质押借款有无入账。

②对未质押的定期存款，应检查开户证明书原件。

③对审计外勤工作结束日前已提取的定期存款，应核对相应的兑付凭证、银行对账单和定期存款复印件。

（6）检查银行存款账户存款人是否为被审计单位。如果存款人非被审计单位，应获取该账户户主和被审计单位的书面声明，确认资产负债表日是否需要调整。

（7）关注是否有对变现有限制或存放在境外的款项。如果存在，是否已作必要调整和披露。

（8）对不符合现金及现金等价物条件的银行存款在审计工作底稿中予以列明，以考虑对现金流量表的影响。

（9）抽查大额银行存款的收支。注册会计师应抽查大额银行存款（含外埠存款、银行汇票存款、银行本票存款、信用证存款）收支的原始凭证内容是否完整，有无授权批准，并核对相关账户的进账情况。如有与被审计单位生产经营业务无关的收支事项，应查明原因并作相应的记录。

（10）审核银行存款收支的正确截止。企业资产负债表上银行存款金额应包括当年最后一天收到的所有存放于银行的款项，而不得包括其后收到的款项；同样，企业年终前开出的支票不得在年后入账。因此，注册会计师应当在清点支票及支票存根时，确定各银行账户最后一张支票的号码，同时查实该号码之前的所有支票均已开出，以确保银行存款收付的正确截止。

（11）检查银行存款的列报是否恰当。根据有关规定，企业的银行存款在资产负债表的“货币资金”项目中反映。所以，注册会计师应在实施上述审计程序后，确定银行存款账户的期末余额是否恰当，进而确定银行存款是否在资产债表上恰当披露。

课后练习

一、单项选择

1. 注册会计师对库存现金实有数额的审计应通过对库存现金实施（　　）来进行的。

A. 函证　　B. 监盘　　C. 分析程序　　D. 重新计算

2. 货币资金审计不涉及的凭证与记录是（　　）。

A. 库存现金盘点表　　B. 银行对账单

C. 银行存款余额调节表　　D. 库存现金对账单

3. 注册会计师在测试被审计单位的银行存款内部控制时，应当对收款凭证实施的检查，下列说法中，不恰当的是（　　）。

A. 核对收款凭证与银行对账单是否相符

B. 核对银行存款日记账的收入金额是否正确

C. 核对收款凭证与存入银行账户的日期和金额是否相符

D. 核对收款凭证与应付账款等相关明细账的记录是否相符

4. 注册会计师负责审计大华公司2020年度财务报表，了解到大华公司因特殊事项需要坐支现金的均符合公司内部控制的要求。下列选项中，属于能够授权审批公司坐支现金的是（ ）。

A. 大华公司开户银行　　B. 大华公司财务总监
C. 大华公司董事长　　D. 大华公司内部审计部门

5. 下列关于货币资金的管理及记录的说法中，恰当的是（ ）。
A. 货币资金包括现金和银行存款
B. 经营过程中发生的一切货币收支业务均可使用现金
C. 不应将现金大量留存在企业
D. 对于保证金等受限资金，应在编制财务报表中披露

二、多项选择题

1. 影响银行存款的循环包括（ ）。
A. 销售与收款循环　　B. 采购与付款循环
C. 筹资与投资循环　　D. 生产与仓储循环

2. 下列对监盘库存现金的表述中，正确的有（ ）。
A. 监盘库存现金，是证实资产负债表所列库存现金是否存在的一项重要程序
B. 实施突击性检查，时间最好是上午上班之前或者下午下班时进行
C. 在盘点之前，注册会计师应将库存现金集中起来
D. 对库存现金存放部门有两处或两处以上的，应同时进行盘点

3. 下列审计程序中，属于货币资金的控制测试程序的有（ ）。
A. 监盘库存现金
B. 检查外币现金的折算方法是否符合有关规定
C. 检查付款的授权批准手续是否符合规定
D. 检查银行存款余额调节表中未达账项在资产负债表日后的进账情况

4. 监盘库存现金，可以实现的审计目标有（ ）。
A. 确定库存现金在财务报表日是否确实存在，是否为被审计单位所有
B. 确定在特定期间内发生的现金收支业务是否均已记录完毕
C. 确定库存现金的余额是否正确
D. 确定库存现金在财务报表上的披露是否恰当

5. 下列对函证银行存款的处理中，正确的有（ ）。
A. 对存款余额为零的开户银行也进行了函证
B. 注册会计师委托出纳将函证信送交银行
C. 函证银行存款的同时，也对银行借款和借款抵押的情况进行了函证
D. 对存款余额较小的开户行采用的是消极式函证

三、判断题

1. 监盘库存现金必须有出纳员和被审计单位会计机构负责人参加，并由注册会计师亲自进行盘点。（ ）

2. 监盘库存现金通常采用突击的方式进行，库存现金保管人员不必始终在场。（ ）

3. 若被审计单位某一银行账户已结清，注册会计师可不再向此银行进行函证。（　）

4. 资产负债表日后进行库存现金盘点时，注册会计师应倒推计算调整至资产负债表日的金额。（　）

5. 银行存款函证的目的不包括查找未入账的银行借款。（　）

案例实训

案例一

背景： 湖南某上市公司出纳梁某，采取偷盖公司银行印鉴和法人章，使用作废的、没有登记的现金支票等方法，在近5年期间先后挪用3 000多万元用于炒股，给单位造成损失1 137.8万余元。长沙市中级人民法院以挪用公款罪和挪用资金罪，判处梁某17年徒刑。

问题： 案例中该上市公司的内部控制有哪些缺陷？

分析提示：

货币资金是流动性最强、控制风险最高的资产。案例中出纳梁某连续作案5年之后才被发现，主要的原因是该公司监督、检查机制的不健全。

主要表现在：

第一，银行印鉴未能妥善保管。根据印章管理的相关规定，财务专用章应由专人保管，法人章应由本人或其授权人员保管，出纳能多次将本不由其保管的财务专用章和法人章同时拿到，不能不说公司在管理印章上漏洞之大。

第二，票据单证保管不善，使用情况缺乏必要记录和检查。案例中梁某利用作废、未登记的支票进行作案，说明对于有价票据及空白单证疏于管理，没有严格票据的日常保管，票据的使用和流转也没有书面记录，对作废票据没有妥善处置。

第三，授权审批程序不够合理。出纳能够把大量的资金挪用出来，应该是要经过授权批准的。如果当时有严格的授权审批程序，舞弊行为应该及时被发现才对。公司应当规定经办人办理货币资金业务的职责范围和工作要求；审批人应当根据货币资金授权批准制度的规定，在授权范围内进行审批，不得超越审批权限；经办人应当在职责范围内，按照审批人的批准意见办理货币资金业务。

第四，检查、核对机制缺失。上述舞弊行为未被及时发现的另一原因就是公司缺乏检查、核对机制。账账核对、账实核对是防范及发现货币资金舞弊的重要控制手段，应由负责账务保管和记录以外的人员进行定期和不定期的检查、核对。对有形的实物资产（如现金、有价证券和存货等）要定期和不定期盘点来核实资产的存在性和完整性；对不具实物形态的资产（如银行存款、应收账款等）和负债则定期通过询问、函证和对账等方式验证查实。

案例二

背景：ABC会计师事务所派出审计小组对R公司2015年度财务报表进行审计。注册会计师A负责审计货币资金项目。R公司在公司总部大楼和营业部各有一出纳部门。为顺利实施库存现金监盘程序，注册会计师A在监盘日的前一天通知该公司财务负责人，要求其告知出纳做好相应准备。考虑到出纳每天上午上班后要去银行办理有关业务，监盘时间分别安排在上午10点和11点进行。次日10点，注册会计师A来到总部大楼出纳部，先由出纳将现金全部放入保险柜，然后将全部凭证入账，结出当时现金日记账余额，然后注册会计师A在出纳在场的情况下清点现金，并作出记录。清点后，由出纳填写“库存现金盘点表”。该表经出纳员和注册会计师A共同签字后，由注册会计师A收回作为工作底稿，并将其与现金日记账核对。11点后，注册会计师A来到营业部出纳部门实施监盘，程序同上。

问题：注册会计师A在监盘过程中有何不当之处？

分析提示：

注册会计师A在监盘过程中的不当之处有以下几点：

第一，监盘现金应采用突击形式，不应事先通知被审计单位。

第二，监盘时间应安排在上班或下班的时候，不应在10点左右。

第三，两地的现金应同时监盘。

第四，盘点现金时财务负责人必须参加。

第五，注册会计师应亲自编制现金监盘表。

第六，现金监盘表上应该有出纳、被审计单位财务负责人和注册会计师的签字。

案例三

背景：2015年3月11日下午5点30分，审计人员参加对华光工厂库存现金的清查盘点工作。清查结果如下：

（1）实点库存现金（人民币）结存数：100元币120张，50元币80张，10元币220张，5元币84张，2元币175张，1元币220张，5角币50张，2角币20张，1角币51张，5分币32张，2分币14张，1分币8张。

（2）查明现金日记账截至2015年3月10日的账面余额为21 679.24元。

（3）查出已经办理收款手续尚未入账的收款凭证（191号至202号）金额合计为4 372.31元。

（4）查出已经办理付款手续尚未入账的付款凭证（203号至211号）金额合计为4 126.14元。

（5）发现现金日记账中夹有下列借据，共计2 560元：职工刘红借学费250元，职工王敏借学费110元，职工许要华借药费1 000元，职工万广华借药费1 200元。

（6）发现保险柜中有3月1日收到销售产品的转账支票1张，计价7 500元。

（7）发现保险柜中有待领工资215元，单独包封。

（8）银行核定库存现金限额10 000元。

问题：指出该企业现金管理中存在的主要问题，并提出审计意见。

分析提示：

该企业现金管理中存在下列主要问题：

（1）白条借据抵库。出纳员擅自以白条方式借给4名职工现金，共计2 560元，抵充库存入账。

（2）账款不符。盘点日止账面应存额为21 925.41元，而实际盘存库存现金仅为19 226.06元，提不出任何理由。

（3）银行核定该厂库存现金限额为10 000元，而实际库存超过限额9 226.06元。

（4）出纳员工作拖拉，未及时登记现金日记账。

（5）收入销货款的转账支票未及时送存银行，已超过支票有效期，该笔货款将被对方开户银行拒付。

针对上述问题，提出审计意见如下：

（1）白条抵库的现金2 560元，如经有关人员正式审批，应做其他应收款入账处理，或限期归还或敦促报销。

（2）出纳员短缺现金139.35元，应在进一步查明原因后，按有关规定追究其责任，作出处理。

（3）今后应坚持按银行核定限额存放库存现金。

（4）出纳员今后应坚持做到及时登账，日清日结。

（5）应及时与购货单位联系，收回7 500元销货款。

案例四

背景：审查某企业的现金付款凭证时，其中一张摘要是“退回A零售店包装物押金600元”。所附原始凭证为邮局汇款单。后来发现本月又以“A零售店收到退还押金收据”为原始凭证记支出账，金额为600元。

问题：此时，审计人员应该如何安排下一步的审计程序？

分析提示：当审计人员发现以邮局汇款单为依据记录的现金支出时，应当以记账依据不全为由提请被审计单位说明缘由，并注意相同金额的支出；当后来发现本月又以“A零售店收到退还押金收据”为原始凭证记入支出600元时，应将邮局汇款单据收据与A零售店收到退回押金收据核对，如果核对相符，就表明会计人员将一笔支出的原始凭证分作两处重复报账，贪污现金600元。

案例五

背景：注册会计师张雷在审查甲厂10月银行存款余额调节表时，发现一笔未达账项：银行已收，企业未收的存款利息为800元，11月银行存款日记账中没有此项记录。查询11月对账单，发现用现金支票提取现金800元，日记账未记录，查明贪污利息属实。张雷在对银行存款项目实施审计程序时还发现：

（1）审核银行存款余额调节表时，发现未达账项“银行已收企业未收”1 200万元；“银行已付企业未付”1 500万元；“企业已收银行未收”1 300万元；“企业已付银行未付”1 400万元的发生时间在3～5年之间。

（2）追查审阅“银行对账单”时发现银行对账单中有2份的户名分别为A单位和B

单位。经询问被审计单位有关人员，据称为回避银行扣款，而将款项以A、B两单位的名义开立账户记载收支事项。

（3）审阅不同存款账户明细账时，发现C银行账户中银行存款为负数。

问题：张雷应当作出怎样的审计判断和处理？

分析提示：

（1）由于会计处理时间差异和其他一些原因，企业银行存款的账面余额在某一时点和银行存款余额互有未达账项，应当说是普遍存在的现象。但根据“权责发生制”的原则、“及时性”原则和“匹配性”原则，银行未达账项多且账龄长，肯定会对企业的财务状况和经营成果产生重大影响，还可能存在应处理的或有损失。因此，张雷在查证未达账项的性质和款项来源后，要提请被审计单位对未达账项特别是时间较长的事项及时清理，查明原因进行会计处理，调整财务报表有关项目。如果甲厂不采取适当的措施，张雷应当在审计工作底稿和审计报告中作出充分披露。

（2）从法律角度讲，既然银行账号的户名分别为A、B单位，因此就不能确认被审计单位具有其所有权，所提供的银行对账单也不能作为确认银行存款的合法证据。张雷应要求被审计单位调整被审计财务报表项目数额，还要对此处理方法提出纠正建议。

（3）银行存款项目明细账户出现负数，从会计核算角度看是一种非正常现象。根据职业判断其原因可能有串户事项或收入事项的凭证未进行会计处理。对此，张雷应根据银行对账单查明原因，提请被审计单位进行适当会计处理。如果被审计单位拒绝调整意见，张雷应当判断其对审计报告的影响程度，予以适当处理。

案例六

在进行年度财务报表审计时，为了证实被审计单位在临近12月31日签发的支票未予入账，注册会计师实施的最有效审计程序是审查12月31日的银行存款余额调节表还是审查12月31日的银行对账单？

分析提示：都不是，而是审查12月的支票存根。只要被审计单位已签发了支票，必然会有支票存根。所以，注册会计师根据连续编号的支票存根追查银行存款日记账，这是最有效的方法。如果持票人尚未到银行办理转账手续，不管审查12月31日的银行存款余额调节表，还是审查12月31日的银行对账单，均无法查出未入账的已签发支票。

案例七

背景：注册会计师在对P公司2020年度财务报表进行审计时，对P公司的银行存款实施的部分审计程序为：取得2020年12月31银行存款余额调节表；向开户银行寄发银行询证函，并直接收取寄回的询证函回函；取得开户银行2021年1月31日的银行对账单。

问题：

（1）请问注册会计师向开户银行询证的作用有哪些？

（2）请问注册会计师应采取什么方式才能直接收回开户银行的询证函回函？目的是什么？

（3）请问注册会计师取得银行存款余额调节表后，应检查哪些内容？

（4）请问注册会计师索取开户银行2021年1月31日的银行对账单，能证实2020年12月31日银行存款余额调节表的哪些内容？

分析提示：

（1）注册会计师通过向开户银行函证，不仅可以查明P公司银行存款、借款的存在，而且还可以发现企业未登记入账的银行存款借款。

（2）在询证函内指明回函请直接寄往注册会计师所在的会计师事务所，或在询证函内附上贴足邮票的以注册会计师所在的会计师事务所为回函地址的信封。注册会计师直接收回开户银行询证函的目的是防止P公司截留或更改回函。

（3）注册会计师应检查银行存款余额调节表中未达账项的真实性，以及资产负债表日后的入账情况。

（4）注册会计师索取开户银行2021年1月31日的银行对账单，可以证实列示在银行存款余额调节表上的在途存款和未兑现支票的真实性。

第十一章 舞弊审计

学习目标

舞弊是现代企业需要重点关注和防范的问题。本章主要介绍了如何防止或发现舞弊，通过本章的学习，学生需要了解舞弊的概念、特征以及发生因素，了解防止或发现舞弊是被审计单位治理层和管理层的责任，了解注册会计师舞弊审计的程序和技术；能够运用所学理论与实务知识研究相关案例，提高在特定业务情景中分析问题与解决问题的能力。

案例引入

舞弊风险的评估和应对

天丰节能的主要产品为聚氨酯节能板和岩棉板，天丰节能属于金属面夹芯板制造业，该行业企业规模较小，分布比较分散。天丰节能的主要产品为聚氨酯节能版和岩棉板，可应用于建筑外墙的保温，具备一定的市场占有率。公司销售方式为直销，客户包括建筑项目施工单位。2010—2012 年，天丰节能通过虚构客内虚构销售业务等方式虚构收入，通过虚构进口设备采购和贷款利息支出资本化方式虚增固定资产和在建工程，导致分别虚增利润 409 万元、1 404 万元、1 626 万元，分别达到当年利润总额的 14%、23% 和 23%。经查，天风节能采用的财务舞弊手法并不高明，存在以下多处破绽，例如，在虚构销售收入方面，收入记账凭证明显缺少增值税发票、出库单等原始凭证；收入回款凭证只附有内部收款收据，部分缺少银行回单，部分附有“特殊”银行回单，如没有银行抬头、没有账户名称和账号，收款方账号并非天丰节能账号等异常情况。

利安达 IPO 审计底稿包括 2010 年、2011 年、2012 年三年的审计底稿。利安达在 2012 年的 IPO 审计底稿中记录了如下工作：与天丰节能高级管理人员进行了访谈，基于职业判断确定报表层次的重要性水平和认定层次的重要性水平；将销售收款循环、固定资产循环作为重要循环；经评估，营业收入及应收账款存在的重大错报风险等级为最高，在建工程、固定资产存在的重大错报风险等级为高。在应对措施方面，审计师对应收账款、应付账款进行了函证，对于未收到回函的部分款项执行了替代程序；在银行存款审计中，获取了银行账户清单和银行对账单，对其中部分账户执行了函证程序；在固定资产审计中，对新增固定资产进行了检查，对部分固定资产进行了盘点。利安达2011年和2012年的IPO审计底稿中未见总体审计策略、具体审计计划、重要性水平确定表、风险评估汇总表等工作底稿。

第一节 舞弊概述

审计准则规定，在计划和实施审计工作已将审计风险降至可接受的低水平时，注册会计师应当考虑由于舞弊导致的财务报表重大错报风险。

一、舞弊的特征

舞弊是指被审计单位的管理层、治理层、员工或第三方使用欺骗手段获取不当或非法利益的故意行为。舞弊行为主体的范围很广，可能是被审计单位的管理层、治理层、员工或第三方。涉及管理层或治理层一个或多个成员的舞弊通常被称为“管理层舞弊”，只涉及被审计单位员工的舞弊通常被称为“员工舞弊”。无论是何种舞弊，都有可能涉及被审计单位内部或与外部第三方的串谋，而舞弊行为的目的则是为特定个人或利益集团获取不当或非法利益。

舞弊是一个非常宽泛的法律概念。也正是由于这种特点，使社会公众对有关舞弊的法律责任在认识上存在较大差异。例如，有观点认为注册会计师在执行财务报表审计业务过程中，应当有责任同时查出并报告被审计单位存在的各种舞弊行为（即使是那些对财务报表没有影响的舞弊行为）。但一方面，当舞弊行为对财务报表不产生重大影响时，注册会计师用以识别和应对财务报表重大错报风险的审计程序可能无法涉及这些行为；另一方面，注册会计师也不具备合适的资格和身份对舞弊是否已经发生作出法律意义上的判定。所以注册会计师对潜在的舞弊行为的着眼点在于，这种故意行为是否可能导致财务报表出现重大错报，一旦可能影响到财务报表，这种行为就和财务报表审计目标发生了关联。由于判断舞弊是否在法律意义上明确发生或在技术意义上明确发生，具有很大的困难或在身份上不合适，因此注册会计师在实务工作中并非只有先明确判定舞弊是否发生之后，才实施随后的审计程序。只要注册会计师根据职业判断产生怀疑或顾虑，就值得引起其关注和重视并考虑采取相应措施。

二、舞弊的种类

在形形色色的利润操纵手法中，资产造假占据了主要地位。我国近年来影响较大的财报表舞弊案绝大多数与资产项目的造假有关，上市公司琼民源、蓝田股份、东方锅炉、成都红光就是其中的典型。造假的公司一般使用五种手段来非法提高资产价值和虚增盈利，即虚构收入、虚假的时间差异、隐瞒负债和费用、虚假披露以及资产计价舞弊。其中资产计价舞弊是资产造假的惯用手法。而存货项目因其种类繁多并且具有流动性强、计价方法多样的特点，又导致存货高估构成资产计价舞弊的主要部分。中外上市公司中，涉及存货舞弊的案例为数众多，其中比较著名的有麦克森和罗宾斯公司、斯温道色拉油公司、权益基金、百斯特公司，法尔莫公司以及中国的红光实业公司、天津广夏（集团）有限公司等。这些公司所策划的舞弊案给注册会计师带来了很大的审计风险。

在财务报表审计中，注册会计师通常只关注下列两类舞弊行为：一类是对财务信息作出虚假报告，另一类是侵占资产。这两类行为都可能导致财务报表发生错报，且都属于故意错报。

（一）对财务信息作出虚假报告

对财务信息作出虚假报告的可能缘由，是管理层希望误导财务报表使用者对被审计单位业绩或盈利能力的判断。之所以会发生这种行为，是因为管理层需要履行受托资产保值增值的经管责任，而财务业绩（特别是盈利能力）往往被视为受托经管责任履行情况的替代指标。

第一，对财务信息作出虚假报告的动机主要包括以下几点：

（1）迎合市场预期或特定监管要求。

（2）谋取以财务业绩为基础的私人报酬最大化。

（3）偷逃或骗取税款。

（4）骗取外部资金。

（5）掩盖侵占资产的事实。

第二，对财务信息作出虚假报告通常表现为以下几个方面：

（1）对财务报表所依据的会计记录或相关文件记录的操纵、伪造或篡改。

（2）对交易和事项或其他重要信息在财务报表中的不真实表达或故意遗漏。

（3）对与确认、计量、分类或列报有关的会计政策和会计估计的故意误用。

（二）侵占资产

侵占资产是指被审计单位的管理层或员工非法占用被审计单位的资产。侵占资产的手段很多，主要包括以下几种：

（1）贪污收入款项。例如，侵占收回的货款、将汇入已注销账户的收款转移至个人银行账户。

（2）盗取货币资金、实物资产或无形资产。例如，窃取存货自用或特卖，通过向公司竞争者泄露技术资料以获取回报。

（3）使被审计单位对虚构的商品或劳务付款。例如，向虚构的供应商支付款项、收取供应商提供的回扣并提高采购价格、虚构员工名单并支取工资。

（4）将被审计单位资产挪为私用。例如，将公司资产作为个人贷款或关联方贷款的抵押。

实际上，侵占资产通常伴随着虚假或误导性的文件记录，其目的是隐瞒资产缺失或未经适当授权使用资产的事实。

三、舞弊发生的三个要素

舞弊行为的发生可与以下要素密切相关：

（1）实施舞弊的动机或压力。这是舞弊发生的首要条件。比如，侵吞、挪用资产的动机可能是个人生活的入不敷出，或是为了满足对奢华物质生活的贪欲；对财务信息作出虚假报告，可能是因为管理层出于被审计单位外部或内部实现特定利润目标（有可能是不切实际的目标）的压力，特别是当没有实现特定的财务目标将会对管理层产生重大不利后果（如影响到管理层个人的经济利益或职务升迁）时。

（2）实施舞弊的机会。舞弊的发生说明存在舞弊者得以实施舞弊行为的机会。比如，如果内部控制可以被处于关键管理职位或熟知内部控制的某个薄弱环节的人员所凌驾或规避，那么就存在着对财务信息作出虚假报告或挪用资产的机会。

（3）舞弊者为舞弊行为寻找的借口。舞弊者可能会为舞弊行为寻求貌似合理的借口，以求得内心的平衡或解脱。例如，当某人侵占资产时，其内心可能认为其所在的组织未能向其提供应有的待遇或补偿。这些貌似合理的借口，往往与舞弊者特定的性格特征和价值取向有关。

上市公司出于完成财务计划、维持或提升股价、增资配股、获取贷款、保住上市资格等目的，常常采用各种手段虚报利润。常见的利润操纵手段包括不恰当核算特殊交易（如债权，债务重组，非货币交易，关联交易等）、滥用会计政策及会计估计变更、错误确认费用及负债、资产造假等。

第二节　治理层、管理层和注册会计师的责任

一、治理层和管理层的责任

防止或发现舞弊是被审计单位治理层和管理层的责任。虽然审计准则并不规范注册会计师以外主体的行为，但在准则中明确治理层和管理层的这种责任，反映了注册会计师行业在这个问题上的态度和立场，具有积极的沟通作用。

内部控制是防止或发现舞弊的第一道防线，治理层有责任监督管理层建立和维护这方面的内部控制。在防止或发现舞弊的责任方中，治理层发挥的是一种监督职责，即监督管理层建立和维护内部控制。治理层积极的监督有助于保证管理层在树立诚信文化方面的受托责任。在行使治理职能时，治理层有责任考虑管理层凌驾于控制之上或对财务报告过程产生其他不当影响的可能性。例如，管理层试图操纵利润以误导财务报表使用者对被审计单位财务业绩的看法。

管理层有责任在治理层的监督下建立良好的控制环境，维护有关控制政策和程序，以实现经营有效性目标、财务报告可靠性目标和遵守法律法规目标。从财务报表及其审计的角度看，管理层的责任包括制定和维护与财务报告可靠性相关的控制，并对可能导致财务

报表发生重大错报的风险实施管理。

美国注册会计师协会和其他几个职业会计团体一起，出版了《管理层反舞弊方案和控制：防范和发现舞弊指南》。该书认为以下三个方面的行动有助于防范舞弊的发生：

（1）营造和保持讲诚信和讲道德的文化。

（2）评估舞弊风险并实施方案和控制、化解风险。

（3）建立适当的舞弊监督程序，如由审计委员会监督内部控制和财务报告。

二、注册会计师的责任

尽管注册会计师在发现舞弊方面有很大的局限性，但是从总的趋势来看，注册会计师行业应当更积极地承担发现舞弊的责任。注册会计师对发现舞弊的责任可以从以下两个方面界定：

第一，注册会计师有责任按照中国注册会计师审计准则的规定实施审计工作，获取财务报表在整体上不存在重大错报的合理保证，无论该错报是由于舞弊还是错误导致。

第二，注册会计师应当在整个审计过程中保持职业怀疑态度，考虑管理层凌驾于控制之上的可能性，并应当意识到，可以有效发现错误的审计程序未必适用于发现舞弊导致的重大错报。由于管理层往往能够直接或间接地操纵会计记录并编报虚假财务信息，管理层舞弊导致的重大错报未被发现的风险，通常大于员工舞弊导致的重大错报未被发现的风险。影响注册会计师发现舞弊导致的重大错报的因素主要包括以下几点：

（1）舞弊者的狡诈程度。舞弊者越狡诈，实施的舞弊行为可能越隐蔽，注册会计师也就越难以发现。

（2）串通舞弊的程度。串谋可能导致原本虚假的审计证据被注册会计师误认为具有说服力，因此，如果舞弊涉及串谋，舞弊导致的重大错报就更难以发现（相对于没有涉及串谋的情形而言）。这种难度还随着串谋的广泛程度和精心程度的增加而加大，即牵涉面越广（或串谋越精心），舞弊导致的重大错报越难以被发现。

（3）舞弊者在被审计单位的职位级别。舞弊者的职位级别越高，注册会计师识别舞弊导致的重大错报所受到的阻力就越大，也就越难以发现舞弊导致的重大错报。

（4）舞弊者操纵会计记录的频率和范围。虽然操纵会计记录的频率和范围的确会影响到注册会计师对舞弊导致的重大错报的识别，但其影响可能不像前几项因素那么直接。例如，舞弊者频繁地操纵会计记录，一种可能是被注册会计师发现的概率增大，但也有可能是舞弊者通过频繁实施舞弊，使其效果更具常态，也就更具隐蔽性和迷惑性。又如，被操纵的会计记录涉及的范围越广（或程度越大），一种可能是被注册会计师发现的概率增大，但也有可能是舞弊者通过对多项会计记录的共同操纵和相互“印证”，使注册会计师反而更难以察觉异常情况。再如，对涉及判断（如会计估计）的项目，即使注册会计师可能发现存在着实施舞弊的机会，也往往难以确定有关错报是出于故意还是无意（即无法判定财务信息被操纵的程度）。

（5）舞弊者操纵的每笔金额的大小。如果舞弊者将大笔金额的舞弊目标分割为多笔较小金额的错报（并可能伴随频繁、均匀或无规律的舞弊行为特征）。发现舞弊导致重大错报的可能性通常会有所降低。

因此，如果在完成审计工作后发现舞弊导致的财务报表重大错报，特别是串通舞弊或伪造文件记录导致的重大错报，并不必然表明注册会计师没有遵守审计准则。注册会计师是否按照审计准则的规定实施了审计工作，取决于其是否根据具体情况实施了审计程序，是否获取了充分、适当的审计证据，以及是否根据证据评价结果出具了恰当的审计报告。

第三节　舞弊审计的程序和技术

注册会计师在财务报表审计中考虑舞弊时，同样需要采用风险导向审计的总体思路，即：首先识别和评估舞弊风险，然后采取恰当的措施有针对性地予以应对。注册会计师应当实施下列审计程序，以获取用于识别舞弊导致的财务报表重大错报风险所需的信息。

一、询问

（一）询问对象

询问程序对于注册会计师获取信息，评估审计风险十分有用，注册会计师应当询问管理层、内部审计人员和内部其他相关人员，以确定其是否知悉任何舞弊事实、舞弊嫌疑或舞弊指控。其中，内部其他相关人员包括以下几类：

（1）直接参与财务报告过程的业务人员。

（2）负责生成、处理或记录复杂、异常交易的人员及其监督人员。

（3）负责法律事务的人员。

（4）负责道德事务的人员。

（5）负责处理舞弊指控的人员。

在询问时，注册会计师应当考虑询问不同级别的人员。

（二）询问内容

注册会计师应该根据不同的询问对象，运用职业判断，确定询问内容。

（1）在了解被审计单位及其环境时，注册会计师应当向管理层询问下列事项：

①管理层对舞弊导致的财务报表重大错报风险的评估。

②管理层对舞弊风险的识别和应对过程。

③管理层就其对舞弊风险的识别和应对过程与治理层沟通的情况。

④管理层就其经营理念及道德观念与员工沟通的情况。

（2）如果被审计单位设有内部审计职能，注册会计师应当询问内部审计人员，询问内容主要包括下列事项：

①内部审计人员对被审计单位舞弊风险的认识。

②内部审计人员在本期是否实施了用以发现舞弊的程序。

③管理层对通过内部审计程序发现的舞弊是否采取了适当的应对措施。

④内部审计人员是否了解任何舞弊事实、舞弊嫌疑或舞弊指控

二、考虑影响舞弊风险的因素

(一) 考虑舞弊风险因素

舞弊风险因素是指注册会计师在了解被审计单位及其环境时识别的、可能表明存在舞弊动机或压力、机会的事项或情况，以及被审计单位对可能存在的舞弊行为的合理化解释。审计准则指出，在了解被审计单位及其环境时，注册会计师应当考虑所获取的信息是否表明存在舞弊风险因素。当然，舞弊风险因素的存在并不一定表明发生了舞弊，但在舞弊发生时通常存在舞弊风险因素。

注册会计师应当运用职业判断，考虑被审计单位的规模、复杂程度、所有权结构及所处行业等，以确定舞弊风险因素的相关性和重要程度。

(二) 考虑异常关系或偏离预期的关系

注册会计师实施分析程序有助于识别异常的交易和事项，以及对财务报表和审计产生影响的金额、比率和趋势。在实施分析程序以了解被审计单位及其环境时，注册会计师应当考虑可能表明存在舞弊导致的重大错报风险的异常关系或偏离预期的关系。

在实施分析程序时，注册会计师应当预期可能存在的合理关系，并与被审计单位记录的金额、依据记录金额计算的比率或趋势相比较；如果发现异常关系或偏离预期的关系，例如，出现显著高于同期同行业平均利润率，或者缺乏合理基础的大幅度扭亏或过快的利润增长等现象，注册会计师应当在识别舞弊导致的重大错报风险时考虑这些比较结果。

(三) 组织项目组讨论

项目组应当讨论由于舞弊导致财务报表发生重大错报的可能性。在整个审计过程中，项目组成员应该持续交换可能影响舞弊导致的重大错报的风险评估及其应对程序的信息。

项目负责人应当参与项目组内部的讨论，并根据职业判断、以往的审计经验以及对被审计单位本期变化情况的了解，确定参与讨论的项目组成员。项目组的关键成员应当参与讨论。如果项目组需要拥有信息技术或其他特殊技能的专家，这些专家也应当参与讨论。项目组讨论的内容通常包括以下方面：

(1) 由于舞弊导致财务报表重大错报的可能性，重大错报可能发生的领域及方式。

(2) 在遇到哪些情形时需要考虑存在舞弊的可能性。

(3) 已了解的可能产生舞弊动机或压力、提供舞弊机会、营造舞弊行为合理化环境的外部和内部因素。

(4) 已注意到的对被审计单位舞弊的指控。

(5) 已注意到的管理层或员工在行为或生活方式上出现的异常或无法解释的变化。

(6) 管理层凌驾于控制之上的可能性。

(7) 是否有迹象表明管理层操纵利润，以及采取的可能导致舞弊的操纵利润手段。

(8) 管理层对接触现金或其他易被侵占资产的员工实施监督的情况。

(9) 为应对舞弊导致财务报表重大错报可能性而选择的审计程序，以及各种审计程序的有效性。

（10）如何使拟实施审计程序的性质、时间和范围不易为被审计单位预见。

项目负责人应当在讨论时强调在整个审计过程中对舞弊导致的重大错报风险保持警惕的重要性。

三、评估和应对舞弊导致的重大错报风险

（一）识别和评估舞弊导致的重大错报风险

舞弊导致的重大错报风险属于需要注册会计师特别考虑的重大错报风险，即特别风险。注册会计师实施舞弊风险评估程序的目的在于识别因舞弊导致的重大错报风险。因此，在识别和评估财务报表层次以及各类交易、账户余额、列报认定层次的重大错报风险时，注册会计师应当识别和评估舞弊导致的重大错报风险。

在运用职业判断评估舞弊导致的重大错报风险时，注册会计师应当考虑以下因素：

（1）实施风险评估程序获取的信息，并考虑各类交易、账户余额、列报，以识别舞弊风险。

（2）将识别的风险与认定层次可能发生错报的领域相联系。

（3）识别的风险是否重大。

（4）识别的风险导致财务报表发生重大错报的可能性。

对财务信息作出虚假报告导致的重大错报通常源于多计或少计收入，注册会计师应当假定被审计单位在收入确认方面存在舞弊风险，并应当考虑哪些收入类别以及与收入有关的交易或认定可能导致舞弊风险。也就是说，注册会计师在评估舞弊导致的重大错报风险时，应当特别关注被审计单位收入确认方面的舞弊风险。

注册会计师应当了解管理层为防止或发现舞弊而设计、实施的内部控制，以进一步了解舞弊风险因素及管理层对舞弊风险的态度。因此，对于舞弊导致的重大错报风险，注册会计师应当评价被审计单位相关控制的设计情况，并确定其是否已经得到执行。

（二）应对舞弊导致的重大错报风险

在识别和评估舞弊导致的重大错报后，注册会计师需要采取适当的应对措施，以将审计风险降至可接受的低水平。舞弊导致的重大错报风险属于特别风险，注册会计师应当专门针对该风险实施实质性程序。注册会计师通常从三个方面应对此类风险：①总体应对措施。②针对舞弊导致的认定层次的重大错报风险实施的审计程序。③针对管理层凌驾于控制之上的风险实施的程序。

1. 总体应对措施

注册会计师应当针对评估的舞弊导致的财务报表层次重大错报风险确定下列总体应对措施：

（1）考虑人员的适当分派和督导。人员的适当分派和督导是应对财务报表层次重大错报风险的有效措施之一。作为项目负责人的注册会计师应当根据舞弊导致的财务报表层次的重大错报风险的评估结果，分派具备相应知识和技能的人员，或利用专家（如法律

专家、计算机专家、鉴定评估专家等）的工作。

（2）考虑被审计单位采用的会计政策。注册会计师应当考虑被审计单位管理层对重大会计政策（特别是涉及主观计量或复杂交易时）的选择和运用，是否可能表明管理层通过操纵利润对财务信息作出虚假报告。例如，如果发现被审计单位管理层选用的会计政策过于激进，或者不恰当地采用或变更重大会计政策，注册会计师就应当充分考虑这些事项背后的真正原因是不是管理层意图操纵利润，其结果会不会导致财务报表产生重大错报。

（3）在选择进一步审计程序的性质、时间和范围时，应当注意使某些程序不为被审计单位预见或事先了解。熟悉常规审计程序的被审计单位内部人员更有能力掩盖其对财务信息作出虚假报告的行为，注册会计师在选择进一步审计程序的性质、时间和范围时，应当有意识地避免被这些人员预见或事先了解。注册会计师应当考虑采取下列措施：

①对通常由于风险程度较低而不会作出测试的账户余额实施实质性程序。

②调整审计程序的时间，使之有别于预期的时间安排。

③运用不同的抽样方法。

④对不同地理位置的多个组成部分实施审计程序。

⑤以不预先通知的方式实施审计程序。

2. 针对舞弊导致的认定层次的重大错报风险实施的审计程序

注册会计师应对舞弊导致的认定层次的重大错报风险的基本思路，应是通过适当调整或改变拟实施审计程序的性质、时间和范围，增强审计程序的效果和审计证据的说服力。

（1）改变拟实施审计程序的性质，以获取更为可靠、相关的审计证据，或获取其他佐证性信息，包括更加重视实地观察或检查，在实施函证程序时改变常规函证内容，询问被审计单位的非财务人员等。

（2）改变实质性程序的时间，包括在期末或接近期末实施实质性程序，或针对本期较早时间发生的交易事项或贯穿于整个本期的交易事项实施测试。

（3）改变审计程序的范围，包括扩大样本规模，采用更详细的数据实施分析程序等。

注册会计师针对舞弊导致的认定层次重大错报风险所采取的具体应对措施，取决于已发现的舞弊风险因素类型以及各类具体的交易、账户余额相关认定。

3. 针对管理层凌驾于控制之上的风险实施程序

由于管理层在被审计单位的地位，管理层凌驾于控制之上的风险几乎在每个审计项目中都会存在，对财务信息作出虚假报告通常与管理层凌驾于控制之上有关。

管理层通过凌驾于控制之上实施舞弊的手段主要包括以下几种：

（1）编制虚假的会计分录，特别是在临近会计期末时。

（2）滥用或随意变更会计政策。

（3）不恰当地调整会计估计所依据的假设及改变原先作出的判断。

（4）故意漏记、提前确认或推迟确认报告期内发生的交易和事项。

（5）隐瞒可能影响财务报表金额的事实。

（6）构造复杂的交易以歪曲财务状况或经营成果。

（7）篡改与重大或异常交易相关的会计记录和交易条款。

管理层凌驾于控制之上的风险属于特别风险，注册会计师针对该特别风险应当实施的审计程序包括以下几种：

（1）测试日常会计核算过程中作出的会计分录以及为编制财务报表作出的调整分录是否适当。在设计和实施审计程序，以测试日常会计核算过程中作出的会计分录以及为编制财务报表作出的调整分录是否适当时，注册会计师应当采取下列措施：

①了解被审计单位的财务报告过程，并了解被审计单位对日常会计分录及财务报表编制过程中的调整分录的控制。

②评价被审计单位对日常会计分录及财务报表编制过程中的调整分录的控制，并确定其是否得到执行。

③询问被审计单位内部参与财务报告过程的人员是否注意到在编制会计分录或调整分录时存在不恰当或异常活动。

④确定测试的时间。

⑤选择拟测试的会计分录或调整分录。为选择拟测试的会计分录或调整分录并确定适当的测试方法。

（2）复核会计估计是否有失公允，从而可能产生舞弊导致的重大错报。管理层通常通过故意作出不当的会计估计对财务信息作出虚假报告。在复核会计估计是否有失公允，从而可能产生舞弊导致的重大错报时，注册会计师应当采取下列措施：

①从财务报表整体上考虑管理层作出的某项会计估计是否反映出管理层的某种偏向，是否与注册会计师所获取审计证据表明的最佳估计存在重大差异。

②复核管理层在以前年度财务报表中作出的重大会计估计及其依据的假设。

如果发现管理层作出的会计估计可能有失公允，注册会计师应当评价这是否表明存在舞弊导致的重大错报风险。注册会计师应当考虑管理层在作出会计估计时是否同时高估或低估所有准备，从而使收益在两个或多个会计期间内得以平滑，或达到某特定收益水平。

（3）对于注意到的、超出正常经营过程或基于对被审计单位及其环境的了解显得异常的重大交易，了解其商业理由的合理性。在了解这些交易的商业理由的合理性时，注册会计师应当考虑下列事项：

①交易的形式是否过于复杂。

②管理层是否已与治理层就此类交易的性质和会计处理进行讨论并作出适当记录。

③管理层是否更强调需要采用某种特定的会计处理方式，而不强调交易的经济实质。

④对于涉及不纳入合并范围的关联方（包括特殊目的实体）的交易，是否已得到治理层的适当审核与批准。

⑤交易是否涉及以往未识别的关联方，或不具备实质性交易基础或独立财务能力的第三方。

四、评价审计证据

财务报表审计是一个累积和不断修正的过程。随着计划的审计程序的实施，注册会计师可能发现获取的信息与评估舞弊导致的重大错报风险所依据的信息存在重大差异。在这种情况下，注册会计师应当考虑修正风险评估结果，并据以修改原计划的其他审计程序的性质、时间和范围。也就是说，注册会计师应当根据实施的审计程序和获取的审计证据，评价对认定层次重大错报风险的评估是否仍然适当。如果认为不适当，注册会计师应当考虑实施追加的审计程序或修改审计程序。

（一）考虑审计工作完成阶段实施分析程序的结果对舞弊风险评估的影响

注册会计师应该考虑，在审计工作完成或接近完成阶段实施的分析程序，是否表明存在以往未识别的舞弊导致的重大错报风险。注册会计师应当运用职业判断确定可能表明存在舞弊导致的重大错报风险的趋势或关系，尤其是与期末确认的收入或利润有关的异常趋势或关系。

（二）发现舞弊时对审计的影响

如果发现某项错报，注册会计师应当考虑该项错报是否表明存在舞弊。如果某项错报表明存在舞弊，注册会计师应当考虑该项错报对审计工作其他方面的影响，特别是考虑管理层声明的可靠性。注册会计师不应将审计中发现的舞弊视为孤立发生的事项。注册会计师还应当考虑发现的错报是否表明，在某一特定领域存在舞弊导致的更高的重大错报风险。

如果认为错报是舞弊或可能是舞弊导致的，即使错报金额对财务报表的影响并不重大，注册会计师仍应考虑错报涉及的人员在被审计单位中的职位。如果错报涉及较高级别的管理层，即使错报金额对财务报表的影响并不重大，也可能表明存在更具广泛影响的问题。在这种情况下，注册会计师应当采取下列措施：

（1）重新评估舞弊导致的重大错报风险，并考虑重新评估的结果对审计程序的性质、时间和范围的影响。

（2）重新考虑此前获取的审计证据的可靠性，包括管理层声明的完整性和可信性，以及作为审计证据的文件和会计记录的真实性，并考虑管理层与员工或第三方串通舞弊的可能性。

如果认为财务报表存在舞弊导致的重大错报，或虽认为存在舞弊但无法确定其对财务报表的影响，注册会计师应当考虑该事项对审计的影响。

五、与管理层、治理层和监管机构的沟通

（一）与管理层的沟通

考虑到舞弊的性质和注册会计师在发现舞弊导致的财务报表重大错报的过程中可能遇到的困难，注册会计师应当获取管理层就下列事项作出的书面声明：

（1）设计和执行内部控制以防止或发现舞弊是管理层的责任。

（2）已向注册会计师披露了其对舞弊导致的财务报表重大错报风险的评估结果。

（3）已向注册会计师披露了已知的涉及管理层、在内部控制中承担重要职责的员工以及其舞弊行为可能对财务报表产生重大影响的其他人员的舞弊或舞弊嫌疑。

（4）已向注册会计师披露了从现任和前任员工、分析师、监管机构等方面获知的、影响财务报表的舞弊指控或舞弊嫌疑。

如果发现舞弊或获取的信息表明可能存在舞弊，注册会计师应当尽早将此类事项与适当层次的管理层沟通。注册会计师应当运用职业判断确定拟沟通的适当层次的管理层，并考虑串通舞弊的可能性、舞弊嫌疑的性质和重大程度等因素的影响。通常情况下，拟沟通的管理层应当比涉嫌舞弊人员至少高出一个级别。

（二）与治理层的沟通

如果发现舞弊涉及管理层、在内部控制中承担重要职责的员工以及其舞弊行为可能对财务报表产生重大影响的其他人员，注册会计师应当尽早将此类事项与治理层沟通。在审计工作的前期，注册会计师应当就审计中可能发现的，不会导致财务报表重大错报的员工舞弊如何进行沟通与治理层达成共识。

如果注意到旨在防止或发现舞弊的内部控制在设计或执行方面存在重大缺陷，注册会计师应当尽早告知适当层次的管理层和治理层。

如果识别出管理层未加控制或控制不当的舞弊导致的重大错报风险，或认为被审计单位的风险评估过程存在重大缺陷，注册会计师应当就此类内部控制缺陷与治理层沟通。

注册会计师应当考虑是否还存在以下需要与治理层讨论的有关舞弊的事项：

（1）注册会计师对管理层实施的财务报表错报风险评估及相关控制评估的性质、范围和频率的疑虑。

（2）管理层未能恰当应对已发现的内部控制重大缺陷的事实。

（3）管理层未能恰当应对已发现的舞弊的事实。

（4）注册会计师对被审计单位控制环境的评价，包括对管理层胜任能力和诚信的疑虑。

（5）注册会计师注意到的可能表明管理层对财务信息作出虚假报告的行为。

（6）注册会计师对超出正常经营过程的交易的授权适当性的疑虑。

（三）与监管机构的沟通

如果在审计过程中对管理层、治理层的诚信产生怀疑，或在审计过程中发现管理层和治理层的重大舞弊，注册会计师应当考虑征询法律意见，以采取适当措施。注册会计师应当根据法律、法规的规定，确定是否向监管机构报告管理层和治理层的重大舞弊。如果法律、法规规定注册会计师有就管理层和治理层的重大舞弊进行报告的义务，注册会计师应当按法律法规规定进行报告。

课后练习

一、单项选择题

1. 注册会计师应当针对评估的舞弊导致的财务报表层次重大错报风险确定总体应对措施，其中不恰当的是（　　）。

A. 考虑人员的适当分派和督导

B. 考虑被审计单位采用的会计政策

C. 考虑利用计算机专家的工作

D. 考虑对存货的监盘改在期末并对余额并不是很大的存货进行抽查

2. 为了更有效地实施审计，在审计中通常有一些假设，下面这些假设中，较合理的是（　　）。

A. 假定被审计单位在收入确认方面存在舞弊风险

B. 假定被审计单位是不诚信的

C. 假定审计中发现的舞弊不是孤立发生的事项

D. 为保证将重大舞弊查出，可假定舞弊的重大错报风险为最高，即100%

3. 注册会计师采用组织项目组讨论程序评估舞弊风险时，（　　）不宜参与讨论。

A. 审计项目负责人　　B. 外聘的信息技术专家

C. 内部审计人员　　D. 审计部门经理

4. 下列对舞弊的说法中，不恰当的有（　　）。

A. 注册会计师有责任按照审计准则的规定实施审计工作，获取财务报表在整体上存在重大错报的合理保证

B. 侵占资产通常伴随着虚假或误导性的文件记录

C. 由于审计的固有限制，即使按照审计准则的规定恰当地计划和实施审计工作，注册会计师也不能对财务报表整体不存在重大错报获取绝对保证

D. 注册会计师不应将审计中发现的舞弊视为孤立发生的事项

5. 如果在审计过程中发现管理层和治理层的重大舞弊，注册会计师应当（　　）。

A. 与治理层沟通　　B. 与管理层沟通

C. 征询法律意见　　D. 向监管机构报告

二、多项选择题

1. 针对管理层凌驾于控制之上的特别风险，注册会计师的应对措施包括（　　）。

A. 测试编制财务报表作出的调整分录是否适当

B. 复核会计估计是否有失公允

C. 了解异常的重大交易商业理由的合理性

D. 询问管理层并要求出具对舞弊的专项声明书

2. 如果发现某项错报，并认为可能是舞弊导致时，注册会计师应当（　　）。

A. 考虑修改审计程序的性质、时间和范围

B. 向被审计单位管理层或治理层报告

C. 重新考虑有关人员所作陈述的可靠性

D. 考虑错报所涉及的人员的职位

3. 如果注册会计师已经证实被审计单位确实存在舞弊，注册会计师应当（　　）。

A. 提请被审计单位管理层或治理层作适当处理

B. 考虑对财务报表的影响

C. 征求律师意见

D. 解除业务约定

4. 下面属于“对财务信息作出虚假报告”类舞弊行为的是（　　）。

A. 对财务报表所依据的会计记录或相关文件记录的操纵、伪造或篡改

B. 对交易和事项或其他重要信息在财务报表中的不真实表达或故意遗漏

C. 对与确认、计量、分类或列报有关的会计政策和会计估计的故意误用

D. 隐瞒资产缺失或未经适当授权使用资产而作的虚假或误导性的文件记录

5. 当注册会计师对与舞弊相关的内部控制进行测试和评价时，应当与治理层沟通的情况是（　　）。

A. 内部控制在设计或执行方面存在重大缺陷

B. 管理层未加控制导致舞弊的重大错报风险

C. 管理层控制不当导致舞弊的重大错报风险

D. 被审计单位的风险评估过程存在重大缺陷

三、判断题

1. 注册会计师在审计中发现由舞弊引起了财务报表的错报，由于该错报金额对财务报表的影响并不重大，注册会计师便结束了对该错报的审计。（　　）

2. 注册会计师在对应收账款函证时，由于助理人员的失误将函证的金额书写错误并寄发，收到回函后发现对方表明"信息证明无误"，则注册会计师认为该应收账款可能存在舞弊的迹象。（　　）

3. 舞弊者操纵会计记录的频率或范围，与注册会计师发现由该舞弊导致的重大错报的能力呈正向关系。（　　）

案例实训

案例一

背景：注册会计师A在对B公司2021年度财务报表审计时，通过与该公司管理层和前任注册会计师沟通，察觉到可能存在导致该公司年度财务报表失实的错误与舞弊。

问题：

（1）注册会计师A对查明B公司可能存在的错误与舞弊有何责任？

（2）注册会计师A对查明B公司存在的错误与舞弊有何报告责任？

分析提示：

（1）注册会计师A对查明B公司可能存在的错误与舞弊的责任有以下几点：

①评估B公司可能发生的错误与舞弊导致财务报表严重失实的风险。

②在规划审计工作时，提供能证明会计报表中可能存在重大错误与舞弊的合理保证。

③在编制和实施审计计划时，应以应有的职业怀疑态度取得能查明导致财务报表严重失实的重大错误与舞弊的合理保证。

（2）注册会计师A对查明B公司存在的错误与舞弊的报告责任有以下几点：

①注册会计师A应以适当方式向B公司管理层告知审计过程中发现的重大错误及所有舞弊，并详细记录于工作底稿。

②对于涉嫌重大错误或舞弊的人员，注册会计师A应以适当方式向B公司高层管理人员报告。

③当怀疑 B 公司最高层管理人员涉及舞弊时，注册会计师 A 应当考虑采取适当的措施。必要时，应当征求律师的意见或解除业务约定。

案例二

背景：注册会计师在对 A 公司进行 IPO 审计时通常需要关注被审计单位是否存在重大错报风险，其中要特别关注是否存在由舞弊导致的重大错报风险，请你尝试分析，注册会计师针对舞弊导致的认定层次的重大错报风险实施的审计程序有哪些？

分析提示：注册会计师应当考虑通过下列方式，应对舞弊导致的认定层次重大错报风险：

（1）改变拟实施审计程序的性质，以获取更为可靠、相关的审计证据，或获取其他佐证性信息，包括更加重视实地观察或检查，在实施函证程序时改变常规函证内容，询问被审计单位的非财务人员等。

（2）改变实质性程序的时间，包括在期末或接近期末实施实质性程序，或针对本期较早时间发生的交易事项或贯穿于本会计期间的交易事项实施测试。

（3）改变审计程序的范围，包括扩大样本规模、采用更详细的数据实施分析程序等。

注册会计师对舞弊导致的认定层次重大错报风险所采取的具体应对措施，取决于发现的舞弊风险因素类型以及各类具体的交易、账户余额相关认定。

案例三

背景：注册会计师在对 A 公司进行 IPO 审计时通常需要关注被审计单位是否存在重大错报风险，其中要特别关注是否存在由舞弊导致的重大错报风险，请你尝试分析，注册会计师在了解被审计单位及其环境和应对审计风险时，应当如何评估和应对舞弊导致的重大错报风险？

分析提示：舞弊导致的重大错报风险属于特别风险，注册会计师应当专门针对该风险实施实质性程序。注册会计师应当针对评估的舞弊导致的财务报表层次重大错报风险确定总体应对措施，并针对评估的舞弊导致的认定层次重大错报风险设计和实施进一步审计程序。

为应对评估的舞弊导致的重大错报风险，注册会计师应当保持高度的职业怀疑态度，包括：①对有关重大交易的文件记录进行检查时，对文件记录的性质和范围的选择保持敏感（例如，对管理层提供的重要记录所依赖的信息系统进行测试）。②就管理层对重大事项作出的解释或声明，有意识地通过其他信息予以验证。

案例四

背景：万福生科（湖南）农业开发股份有限公司（以下简称“万福生科”）成立于 2003 年 5 月，注册地为湖南省常德市，2009 年 10 月完成股份制改造，2011 年 9 月上市。实际控制人为龚某福、杨某华夫妇，主营高麦芽糖浆、麦芽糊精、淀粉、淀粉糖的生产、销售以及粮食、大米、饲料的销售等。中磊会计师事务所有限责任公司（以下简称“中磊所”）承接了万福生科 IPO 审计业务（2008～2011 年上半年）及 2011 年年报审计业务，均出具了标准无保留意见的审计报告，审计收费分别为 98 万元和 40 万元。

注册会计师在评估舞弊风险时，认为管理层为满足上市要求和借款融资需要，存在粉饰财务报表的动机和压力。在IPO总体审计策略中，审计师评估的可能存在重大错报风险的领域包括营业收入、应收账款、预付账款等。审计师针对重大错报风险领域，计划采取以下审计程序来应对风险：应收账款函证及替代测试，查阅相关销售合同，抽查凭证等，检查应收账款的真实性；对粮食采购经纪人现场询证，确认预付账款期末余额的真实性；针对营业收入重点进行分析性复核，加大对销售凭证的抽查，选择部分销售客户进行销售情况的特殊函证，选择一些销售大客户及有现金结算的客户进行现场走访，以获取销售及收款真实性的外部证据。

问题： 注册会计师在对被审计范围进行风险应对程序时，应当根据实施的审计程序和获取的审计证据，评价对认定层次重大错报风险的评估是否仍然适当。如果认为不适当，注册会计师应当考虑追加实施哪些审计程序？

分析提示：

（1）考虑审计工作完成阶段实施分析程序的结果对舞弊风险评估的影响。

（2）如果发现某项错报，注册会计师应当考虑该项错报是否表明存在舞弊。

（3）如果错报涉及较高级别的管理层，即使错报金额对财务报表的影响并不重大，也可能表明存在更具广泛影响的问题。在这种情况下，注册会计师应当采取下列措施：

①重新评估舞弊导致的重大错报风险，并考虑重新评估的结果对审计程序的性质、时间和范围的影响。

②重新考虑此前获取的审计证据的可靠性，包括管理层声明的完整性和可信性，以及作为审计证据的文件和会计记录的真实性，并考虑管理层与员工或第三方串通舞弊的可能性。

案例五

背景： 美国俄亥俄州阳土敦市的法尔莫公司的资产造假案最终导致了莫纳斯及其公司的破产，同时也使为其提供审计服务的“五大”会计师事务所损失了数亿美元。案件的经过是：自获得第一家药店开始，莫纳斯就梦想着把他的小店发展成一个庞大的药品帝国，其所实施的策略就是他所谓的“强力购买”，即通过提供大比例折扣来销售商品。莫纳斯首先做的就是把实际上并不盈利且未经审计的药店报表拿来，用自己的笔为其加上并不存在的存货和利润。然后凭着自己空谈的天分及一套夸大了的报表，在1年之内骗得了足够的投资用于收购了8家药店，奠定了他的小型药品帝国的基础。这个帝国后来发展到了拥有300家连锁店的规模。一时间，莫纳斯成为金融领域的风云人物，他的公司则在阳土敦市赢得了令人崇拜的地位。一次偶然的机会导致这个精心设计的、至少引起5亿美元损失的财务舞弊事件浮出水面之时，莫纳斯和他的公司炮制虚假利润已达1年之久。这些年他和他的几位下属保持了两套账簿，一套用以应付注册会计师的审计，一套反映糟糕的现实。他们先将所有的损失归入一个所谓的“水桶账户”，然后再将该账户的金额通过虚增存货的方式重新分布到公司的数百家成员药店中。他们仿造购货发票、制造增加存货并减少销售成本的虚假记账凭证、确认购货却不同时确认负债、多计或加倍计算存货的数量。财务部门之所以可以隐瞒存货短缺是因为注册会计师只对300家药店中的4家进行存货监盘，而且他会提前数月通知法尔莫公司他们将检查哪些药店。管理人员随之将那4家药店堆满实物存货，而把那些虚增的部分分配到其余的296家药店。如果不考虑会计造假，法尔莫公司实际已濒临破产。在最后一次审计中，其现金已紧缺到供应商因其未能及时支付购货款而威胁取消对其供货的地步。注册会计师们一直未能发现这起舞弊，他们为此付出了昂贵的代价。这项审计失败使为法尔莫公司审计的会计师事务所在民事诉讼中损失了3亿美元。法尔莫公司财务总监被判33个月的监禁，莫纳斯本人则被判入狱5年。

问题：如何识别存货舞弊？

分析提示：为何注册会计师们一直未能发现法尔莫公司舞弊的迹象呢？或许，他们可能太信任他们的客户了，他们从报纸上阅读到关于它的文章，从电视中看到关于莫纳斯努力奋斗的报道，从而为这种欺骗性的宣传付出了代价；他们也可能是在错误的假设下执行审计，即认为他们的客户没有进行会计报表舞弊的动机，因为它正在大把大把地赚钱。回顾整个事件，只要任何人问一下这样一个基本的问题，即“一个以低于成本出售商品的公司怎能赚钱?”注册会计师们或许就能够发现这起舞弊事件。

此案件给我们敲响了警钟，存货审计是如此的重要，也是如此的复杂，使存货舞弊并非仅凭简单的监盘就可查出。不过，如果注册会计师能够弄清这些欺骗性操纵是如何进行的，对于发现这些舞弊将会大有帮助，这就意味着注册会计师必须掌握识别存货舞弊的技术。

存货的价值确定涉及两个要素：数量和价格。确定现有存货的数量常常比较困难，因为货物总是在不断地被购入和销售；不断地在不同存放地点间转移以及投入生产过程之中。存货单位价格的计算同样可能存在问题，因为采用先进先出法、后进先出法、平均成本法以及其他的计价方法所计算出来的存货价值将不可避免地存在较大的差异。正因如此，复杂的存货账户体系往往成为极具吸引力的舞弊对象。

不诚实的企业常常利用以下几种方法的组合来进行存货造假：虚构不存在的存货，存货盘点操纵，以及错误的存货资本化。所有这些精心设计的方案有一个共同的目的，即虚增存货的价值。

虚构存货。正如莫纳斯所做的那样，一个极易想到的增加存货资产价值的方法是对实际上并不存在的项目编造各种虚假资料，如没有原始凭证支持的记账凭证、夸大存货盘点表上的存货数量、伪造装运和验收报告以及虚假的定购单，从而虚增存货的价值。因为很难对这些伪造的材料进行有效识别，注册会计师往往需要通过其他的途径来证实存货的存在与估价。

存货盘点操纵。注册会计师在很大程度上依赖对客户存货的监盘来获取有关存货的审计证据。证实存货数量的最有效途径是对其进行整体盘点。注册会计师必须合理、周密地安排盘点程序并谨慎地予以执行。盘点的时间应尽量接近年终结账日。在盘点时应尽可能采取措施以提高盘点的有效性，比如各存放点同时盘点、停止存货流动以及盘点数额达到合理的比例等。不过，即使注册会计师谨慎地执行了该程序，也不能保证发现所有重大的舞弊。这是因为存货的盘点测试存在以下局限性：

第一，管理当局往往派代表跟随注册会计师，一方面记录下测试的结果，另一方面也可掌握测试的地点及进程等情况。这样，审计客户就有机会将虚构的存货加计到未被测试的项目中，从而错误地增加存货的总体价值。第二，在执行盘点测试程序时，注册会计师一般会事先通知客户测试的时间和地点以便其做好盘点前的准备工作。但是，对于那些有多处存货存放地点的公司，这种事先通知使管理当局有机会将存货短缺隐藏在那些注册会计师没有检查的存放点。第三，有时注册会计师并不执行额外的审计程序以进一步检查已经封好的包装箱。这样，为虚报存货数量，管理当局会在仓库里堆满空箱子。

错误的存货资本化。虽然任何存货项目都可能存在不恰当资本化的情况，但产成品项目中这方面的问题尤为突出。有关产成品被资本化的部分通常是销售费用和管理费用。为了发现这些问题，注册会计师应当对生产过程中的有关人员进行访谈，以获取归入存货成本的费用归集与分配过程是否适当的信息。审计客户往往可列出很多看似非常充分的理由，用以支持通过对存货项目进行资本化而增加利润的处理。此类舞弊往往是财务总监在总裁的指使下实施的。因此，在对关键人物的正式访谈中，如果怀疑有人指使他们夸大有关存货的信息，注册会计师应采取一种直截了当的方式，以责难的态度迫使其说出真相。

通过分析程序识别可能的存货舞弊。既然靠监盘并不能发现所有重大舞弊行为，注册会计师必须执行分析程序。一个不诚实的客户可通过多种途径去操纵存货信息。注册会计师必须从多种思维角度去看待那些数据，以最大可能地发现有关的舞弊行为。不仅要推测舞弊是如何进行的，而且要推测客户为什么要舞弊以及客户为什么要将这种违规做法作为首要的选择。也就是说注册会计师要对管理当局实施重大存货舞弊的动机和机会进行评估以发现资产造假行为。

管理当局舞弊的动机。客户进行舞弊的动机可谓多种多样，对其进行分析并在执行审计过程中予以考虑将有助于发现可能的舞弊。导致管理当局产生舞弊冲动的常见原因有：客户正面临财务困难；客户管理当局面临完成财务计划的压力；存货为资产负债表中的一个重大项目；存在合同所限定的供货方面的压力；客户企图得到用存货担保的融资；管理当局面临来自资本市场的压力，如股价下跌、公司面临退市或被收购的风险等。

管理当局舞弊的机会。存在以下情况时管理当局进行存货舞弊的可能性会增加：客户是一个制造企业，或者说其拥有一个确定存货价值的复杂系统；客户涉及高新技术或其他迅变动的行业；客户拥有众多的存货存放地点。

管理当局舞弊的迹象。虚构资产会使公司的账户失去平衡。与以前的期间相比，销售本会显得过低，而存货和利润则显得过高。